# PSICANÁLISE E DEMOCRACIA

Blucher

# PSICANÁLISE E DEMOCRACIA

*Interlocuções entre clínica, política e cultura*

*Organizadoras*

Gisele Papeti

Helenice Oliveira Rocha

*Psicanálise e democracia: interlocuções entre clínica, política e cultura*

Editora Edgard Blücher Ltda.

*Publisher* Edgard Blücher
*Editor* Eduardo Blücher
*Coordenador editorial* Rafael Fulanetti
*Coordenadora de produção* Ana Cristina Garcia
*Produção editorial* Andressa Lira
*Preparação de texto* Cristiana Gonzaga Souto Corrêa
*Diagramação* Departamento de produção
*Revisão de texto* Ariana Corrêa
*Capa* Departamento de produção
*Imagem da capa* iStockphoto

**Blucher**

Rua Pedroso Alvarenga, 1245, 4º andar
04531-934 – São Paulo – SP – Brasil
Tel.: 55 11 3078-5366
**contato@blucher.com.br**
**www.blucher.com.br**

Segundo o Novo Acordo Ortográfico, conforme 6. ed. do *Vocabulário Ortográfico da Língua Portuguesa*, Academia Brasileira de Letras, julho de 2021.



Dados Internacionais de Catalogação na Publicação (CIP)
Heytor Diniz Teixeira, CRB-8/10570

Psicanálise e democracia: interlocuções entre clínica, política e cultura / organizadoras Gisele Papeti, Helenice Oliveira Rocha. – São Paulo : Blucher, 2025.

266p. – (Coleção Formação em psicanálise).

Bibliografia
ISBN 978-85-212-2673-4 (Impresso)
ISBN 978-85-212-2670-3 (Eletrônico - Epub)
ISBN 978-85-212-2671-0 (Eletrônico - PDF)

1. Psicanálise. 2. Democracia. 3. Psicanálise e política. 4. Psicanálise e cultura. 5. Psicanálise e sociedade. 6. Clínica psicanalítica

CDU 159.964.2

Índice para catálogo sistemático:
1. Psicanálise CDU 159.964.2

# Coleção Departamento Formação em Psicanálise

O Departamento Formação em Psicanálise do Instituto Sedes Sapientiae, em parceria com a editora Blucher, publica, com este livro, o décimo volume de sua coleção, cuja proposta é promover um debate vivo e intenso acerca dos desafios da psicanálise no campo social, político e cultural que nos envolve em nosso tempo.

Continuamos ancorando esta coletânea nos fundamentos e nas diretrizes da Carta de Princípios do Instituto Sedes Sapientiae – ao qual o Departamento pertence. Dessa maneira, com este livro, assim como nos volumes anteriores, renovamos o convite ao pensamento subversivo que a psicanálise convoca por meio de sua práxis e de seus fundamentos propostos desde Freud. Esse é o nosso compromisso por meio das publicações que esta coleção apresenta de forma consistente, já há tantos anos.

Agora, adentrando os campos complexos e delicados da Psicanálise e da Democracia, propondo intersecções entre eles, esperamos continuar contribuindo para a ampliação de questionamentos e de reflexões críticas, num caminho constante de mudanças e de perseverança.

Desejamos que a experiência de caminhar pelos meandros das ideias aqui contidas seja enriquecedora e traga novas e boas perspectivas de futuro.

*Comissão de Publicação*

# Organizadoras, autoras e autores

**Andréa Máris Campos Guerra**

Psicanalista. Doutora em Teoria Psicanalítica pela Universidade Federal do Rio de Janeiro (UFRJ) com Estudos Aprofundados na Université de Rennes 2 (França). Docente no Departamento e no Programa de Pós-Graduação em Psicologia da Universidade Federal de Minas Gerais (UFMG), onde coordena o Núcleo @ PSILACS (Psicanálise e Laço Social no Contemporâneo). Professora visitante na França, Bélgica e Colômbia. Coordenadora do projeto editorial Decolonização e Psicanálise da n-1 edições. Autora de diversos livros e artigos, dentre eles o *Sujeito suposto suspeito: a transferência no Sul Global* (n-1 edições, 2022).

**Cristina Rocha Dias**

Psicóloga e psicanalista. Mestre e doutoranda em Psicologia Clínica pelo Instituto de Psicologia da Universidade de São Paulo (IPUSP). Membro do Laboratório Psicanálise, Sociedade e Política da USP (PSOPOL). Docente e supervisora do curso Formação em Psicanálise do Instituto Sedes Sapientiae. Docente do curso de Pós-Graduação em Sociopsicologia da Fundação Escola de Sociologia e Política de São Paulo (FESPSP). Coordenadora do Núcleo de Fomento e Pesquisa "Psicanálise na Encruzilhada" e supervisora do Serviço de Proteção a vítimas de violência (SPVV).

**Edson Luiz André de Sousa**

Psicanalista. Analista membro da Associação Psicanalítica de Porto Alegre (APPOA). Foi professor titular do Instituto de Psicologia da Universidade Federal do Rio Grande do Sul (UFRGS). Possui doutorado e pós-doutorado pela Universidade de Paris VII; e pós-doutorado pela École des Hautes Etudes en Sciences Sociales (EHESS) de Paris. Autor, entre outros, de *Freud* (Abril, 2005), *Uma invenção da utopia* (Lumme, 2007), *Sigmund Freud: ciência, arte e política* em coautoria com Paulo Endo (L&PM, 2009), *Imaginar o amanhã* em coautoria com Abrão Slavutzky (Diadorim, 2021) e *Furos no futuro: psicanálise e utopia* (Artes & Ecos, 2022).

**Fabio Chiossi**
Psicanalista pelo Departamento Formação em Psicanálise do Instituto Sedes Sapientiae, onde dá aula no curso Fundamentos da Psicanálise e sua Prática Clínica. Ex-jornalista, com graduação e mestrado em filosofia pela Pontifícia Universidade Católica de São Paulo (PUC-SP).

**Fernanda Canavêz**
Doutora em Teoria Psicanalítica, professora do Instituto de Psicologia da Universidade Federal do Rio de Janeiro (UFRJ) e do Programa de Pós-Graduação em Psicologia da Universidade Federal Rural do Rio de Janeiro (UFRRJ), coordenadora do marginália – Laboratório de Psicanálise e Estudos sobre o Contemporâneo. Autora de *Entre compromisso e resistência: os descaminhos do sintoma neurótico* (Multifoco, 2011). Coorganizadora, em parceria com Joel Birman, de *Psicanálise à brasileira* (Devires, 2024).

**Gisele Papeti (org.)**
Psicanalista. Psicóloga com pós-graduação em saúde pela Santa Casa de Misericórdia de São Paulo. Membro da comissão de publicação e do Departamento Formação em Psicanálise do Instituto Sedes Sapientiae. Coorganizadora do livro *Psicologia das massas: um século de pensamento crítico* (Blucher, 2022).

**Helenice Oliveira Rocha (org.)**
Psicanalista. Professora e supervisora do curso Formação em Psicanálise do Instituto Sedes Sapientiae. Membro do Departamento Formação em Psicanálise. Autora do livro *O ideal: um estudo psicanalítico* (Vetor, 2012). Coautora do livro *Psicologia das massas: um século de pensamento crítico* (Blucher, 2022).

**Lucas Charafeddine Bulamah**
Psicólogo e psicanalista. Mestre e doutor em Psicologia Clínica pelo Instituto de Psicologia da Universidade de São Paulo. Professor do Curso de Formação em Psicanálise do Centro de Estudos Psicanalíticos de São Paulo. Membro do Grupo de Pesquisas Sándor Ferenczi. Autor dos livros *História de uma regra não escrita* (Zagodoni, 2020) e *O self anônimo* (Zagodoni, 2021).

**Maria Helena Saleme**
Psicanalista e psicóloga. Mestre em Psicologia Clínica pela Pontifícia Universidade Católica de São Paulo (PUC-SP). Docente e supervisora do Departamento Formação em Psicanálise do Instituto Sedes Sapientiae. Autora do livro *A normopatia na formação do analista* (Escuta, 2008). Coautora dos livros *Ofício do*

*psicanalista: formação vs. regulamentação* (Casa do Psicólogo, 2009) e *O ofício do psicanalista II: por que não regulamentar a psicanálise* (Escuta, 2019).

**Marta Quaglia Cerruti**
Psicóloga e psicanalista. Doutora em Psicologia Clínica pelo Instituto de Psicologia da Universidade de São Paulo (USP). Membro do Laboratório Psicanálise, Política e Sociedade da USP. Membro da Rede Interamericana de Psicanálise e Política da USP. Membro e professora do Departamento Formação em Psicanálise e da diretoria do Instituto Sedes Sapientiae.

**Miriam Debieux Rosa**
Psicanalista. Professora titular do Instituto de Psicologia da Universidade de São Paulo (USP). Coordenadora do Laboratório Psicanálise, Sociedade e Política (PSOPOL) e do Grupo Veredas: psicanálise e imigração. Pró-reitora adjunta para Inclusão e Pertencimento da USP (2022-2026). Foi presidente fundadora da Rede Interamericana de Psicanálise e Política (REDIPPOL, 2018-2022). Possui Pós-doutorado pela Université Paris Diderot, Paris 7, França (CNPq, 2015-2016), na temática de violência e imigração. É autora de artigos e livros, destacando-se *A clínica psicanalítica face ao sofrimento sociopolítico* (Escuta/Fapesp, 2016).

**Paulo Bueno**
Psicanalista. Psicólogo pela Pontifícia Universidade Católica de São Paulo (PUC-SP). Mestre e doutor em Psicologia Social pela PUC-SP. Supervisor clínico e institucional. Coordenador do Módulo "Psicanálise e Sociedade" do Instituto Gerar de Psicanálise. Professor convidado do Programa Fellowship (Columbia University, 2021-2022 ). Autor de *Coisas que o Pedro me ensina: crônicas de uma paternidade* (Editora 106, 2022).

**Paulo Cesar Endo**
Psicanalista. Psicólogo e mestre em Psicologia Clínica pela Pontifícia Universidade Católica de São Paulo (PUC-SP). Pesquisador e professor livre-docente do Instituto de Psicologia da Universidade de São Paulo (USP). Coordenador do Grupo de Pesquisa Direitos Humanos, Democracia, Política e Memória do Instituto de Estudos Avançados da USP. É autor, entre outros, do livro agraciado com o Prêmio Jabuti *A violência no coração da cidade: um estudo psicanalítico* (Escuta/Fapesp, 2005), fruto de seu doutorado. Foi um dos fundadores e organizadores da plataforma "Psicanalistas pela democracia" (2016-2020).

# Apresentação

A ideia de adentrar e explorar o campo exposto neste livro nos surgiu há alguns anos, mobilizadas pela intenção de mantermos o Departamento Formação em Psicanálise como um espaço que provoca e sustenta o desejo de diálogos entre psicanálise, clínica, cultura e, evidentemente, política, bem como pelo objetivo de contribuir de forma consistente para um movimento de transformação da realidade social que nos rodeia.

Pretendemos, com estes ensaios e ideias neles desenvolvidas, levar às pessoas um conjunto de importantes reflexões sobre um tema que urge ser abordado: um diálogo consistente e aprofundado entre psicanálise e democracia.

Do tempo transcorrido entre o início deste projeto até sua conclusão, a pertinência e legitimidade da temática do livro foram se confirmando paulatinamente e também de maneira preocupante diante dos cenários mundiais que têm se formado. A realidade cotidiana, os fatos políticos e sociais da atualidade, os conflitos, as guerras (reais e virtuais) e as ameaças sofridas pela(s) democracia(s) ao redor do mundo, nos convocam, mais do que nunca, para assumirmos uma posição ética diante desta conjuntura.

Psicanálise e democracia: se estamos de acordo que fora do regime democrático a psicanálise não se sustenta, não basta que nos posicionemos contra qualquer ameaça a esse regime. Somos, também, instigados – e aqui reside um dos principais propósitos deste livro – a pensar as interlocuções entre clínica psicanalítica, política e cultura, a partir de experiências plurais, seja no campo teórico, seja no campo da práxis, das diversas autoras e autores aqui presentes.

Resguardando o que a disciplina criada por Freud nos legou de mais original e extraordinário, e, paradoxalmente, a interrogando de maneira criativa, acreditamos que poderemos estar à altura de um debate necessário, única maneira de fazermos face a algumas – entre tantas – razões do mal-estar contemporâneo.

Esperamos que os textos desta coletânea, apresentados de maneira generosa, instigante e brilhante pela psicanalista Andréa Guerra, que nos presenteou com a escrita do prefácio, sirvam de debate, fomentando o campo político do ofício da psicanálise na esfera social, fundamental em qualquer tempo.

A todas e todos, uma boa leitura!

*Gisele Papeti*
*Helenice Oliveira Rocha*

São Paulo, Julho, 2025

# Conteúdo

# Prefácio

*Andréa Máris Campos Guerra*

Esta é uma obra que já nasce clássica. Ler, de forma crítica e utópica, o que se escreve na repetição das formas políticas atuais de (obstáculo aos) processos democráticos, implica uma nova tomada de posição da psicanalista e também da psicanálise. Como poesia e arma política, operar com conteúdo e forma joga com os novos processos políticos de participação e representação.

A psicanálise, ao tomar o inconsciente como elemento inarredável do que define a experiência do humano, a pulsão como o que (des)orienta o movimento político de uma existência e a linguagem como domesticação da qual não se pode fugir, forja uma lógica acerca do inescapável da complexidade política do mundo. Não há como não vivermos senão no enfrentamento de seus impasses. E a democracia é um deles.

*Separabilidade*, *determinabilidade* e *sequencialidade* criaram a ilusão das certezas racionais e científicas no momento-ato mesmo de criação do Estado Democrático Moderno. Denise Ferreira Silva, em *A dívida impagável*, convida-nos a darmos um passo pós-kantiano e pós-hegeliano em relação a esse projeto. Suas três formas, a *separabilidade*, que cria dualidades extrínsecas, assentada na *determinabilidade* da razão e na *sequencialidade* linear do tempo, continuam a infletir na *forma* com que o pensamento ocidental se estabelece, se reproduz e se fortalece, inclusive na política.

No fundo, configuram o corpo político como uma espécie de *todo* composto de partes formalmente independentes. Criam a ilusão de *unicidade* e apagam a diferença em seu interior. Entretanto, como unidades formais, essas partes são eticamente distintas em relação ao corpo hegemônico, insidiosamente imposto europeu-masculino--burguês-branco-religioso-cis-heteronormativo.

Operar com a infinidade de possibilidades singulares de apresentação de um corpo-sujeito-político em confronto com as estratégias públicas de seu apagamento cria o campo de tensão necessário à composição das formas plurais de participação. Como a democracia pode se manter viva face às próprias aporias de sua forma e dos movimentos insidiosos de seu exercício? O ato da representação sempre deixa de fora um irrepresentável para se constituir. Essa é a aporia da democracia.

Além disso, ela exige, a cada passo do complexo movimento (geo)político de simultaneidades de coparticipação solidária, o isolamento da presença do corpo e de sua materialidade simbólica. Quando a *scala naturae* aristotélica foi estratificada pelo projeto colonial do Estado Moderno em que a democracia se funda, ela sedimentou o impossível do movimento da representação, no ato mesmo de fundação de sua condição de possibilidade. Dito em outras palavras: ao criar a igualdade do *demos*, definiu também a desigualdade de seu recorte, em termos de quem poderia participar como *povo*.

Desde então, a estratificação das escalas do humano – homem--mulher-não binário, branco-negro-amarelo-vermelho, rico-classe-média-pobre-miserável, cidadão-migrante-refugiado-apátrida – e do não humano – ser vivo, ser falante, ser animal, ser vegetal, ser mineral, ser inanimado – foram forjadas para criar sedimentos e agregados de poder, lógicas de representação da (des)igualdade. Partículas políticas em movimento dentro de um esquadrinhamento rígido, ocultado. A política é um suplemento agregado à vida. Eis-nos hoje diante da obscenidade da forma que desenha as possibilidades e as impossibilidades de seu conteúdo, de sua escrita, de seus modos de presença.

Todo um campo de invisibilidade se constituiu, assim, no Estado Moderno, pela afirmação-negação da participação nos regimes democráticos. A diferença, estratificada e classificada, se tornou desigualdade. Subalternizada, racializada, generificada, a alteridade precisou ser adestrada para sustentar a regularidade. Neste mesmo ato, tornou-se matéria de violação pelo sistema jurídico que, corolário ao político, intenta manter suas rédeas. Um Mundo Ordenado que subtrai um Mundo Implicado de seu devir político democrático.

Como a potência de um corpo e de um ser podem caber em um sistema representativo de igualdades calcado na eliminação ou inferiorização da diferença? Como as hierarquias determinadas pelo próprio sistema jurídico-político para alimentar o circuito do gozo-capital podem transcender suas intrínsecas condições de figuração? Com a psicanálise, este exuberante livro toma os artifício da luta contra os desvios do exercício democrático do poder como seu horizonte.

Face à indiferença ética, a *implicabilidade*. Face ao impossível de tudo representar, a presença de novas formas políticas de participação. Face às estratégias intencionais de apagamento, o grito da luta que escreve a presença. Face às escalas hierárquica dos seres, a diferença radical inconformada. Face à linguagem que domestica, a pulsão que jorra na criação de outros mundos possíveis.

Os limites de a representação dar conta da coisa e da experiência plenamente nos confronta com as bordas da alteridade e as beiras da linguagem que realizam, criativa ou violentamente, o devir político num mundo em crise. Vivemos em um mundo democrático em luta desigual. Contraditório? Paradoxal. Talvez não haja outra solução senão a afirmação de presenças inéditas que forçam o sistema democrático a se remontar.

Neste livro, deparamo-nos com as experiências abissais desses limiares: econômico, jurídico, subjetivo, político. Ensaios de uma densidade rigorosa e criativa releem o mesmo e o novo na democracia, de modo a constituir, não apenas uma outra semântica ou uma nova gramática, mas sobremaneira uma *não* estrutura que se abre em hiatos e fendas de múltiplas possibilidades de se pensar a realização em exercício do político.

Todo esse arranjo se torna possível face ao uso aplicado da Psicanálise que, aqui, como sistema de pensamento e como ferramenta, sempre clínico-política, desvela forma e suspeita de conteúdo. Os mecanismos defensivos do inconsciente forjam acessos à memória, ao que se pode e ao que não se pode escrever da experiência pulsional, para depois poder ser esquecido e grafado como processo histórico, registros de nossa democracia.

O corpo, face ao sistema de representação política democrática, extrapola a palavra num mais além que sempre reconvoca, pulsionalmente, o regime erótico do prazer. Aqui, a descoberta freudiana nos ensina que a palavra traumatiza e o político implica sua gestão. Entretanto, num mundo sólido e atravessado pelas fronteiras nacionais, pela economia global neoliberal, pela hierarquia racial e pela normatividade do gênero, essa gestão responde à intencionalidade do gozo estratificado e esquadrinhado pelos regimes de poder, histórica e geopoliticamente demarcados. Enfrentar os desvios do desgoverno do poder implica na produção de fissuras em suas bases totalitárias.

A democracia, criada para garantir ao povo o poder, nasce junto com a estratificação do acúmulo, com a interdição do acesso e com a forja da hierarquia racial, econômica e de gênero das sujeitas políticas. Como a democracia pode efetivamente se realizar sem estar, desde sua constituição originária, deturpada? Se o fascismo é um de seus excessos declarados, o cotidiano da democracia não tem sido menos deturpado em seu exercício. Como superar as próprias armadilhas políticas do fato democrático?

Como categoria e referente, ativar a capacidade interruptiva do não representado (e do denegado político) e tornar seus desvios e ausências de valor ético em ferramenta analítica são atos que mobilizam a potência afirmativa de decisão democrática. A Psicanálise, nesta obra magnifica, é uma chave que se oferece como leitura em ato. Nela estão reunidas doze reflexões da mais alta sofisticação sobre o tema da democracia, em tempos sombrios de autoritarismo, intolerância e ascensão da ultradireita.

Autores e autoras, pensadores(as) brasileiros(as) de envergadura mobilizam princípios psicanalíticos, conceitos e práxis, numa lógica nada convencional ou trivial, face ao complexo problema da efetivação da democracia. Partem do contexto brasileiro para questionar a forma e o fundo das estratégias atualizadas do manejo do poder nos regimes democráticos, com sutilezas e surpresas de raciocínio que deixam a leitora do livro de queixo caído... O exercício político, em risco democrático permanente, torna-se atento às ciladas do sistema, mas, ao mesmo tempo, as suas possibilidades de exercício em ato-acontecimento cotidiano. Uma verdadeira inspiração!

Assim, no primeiro capítulo, Miriam Debieux Rosa, tomando a democracia como "um significante, recurso norteador de uma governabilidade possível de acolhimento à alteridade, necessário diante do imaginário distópico", analisa a estrutura material e simbólica de seus desvios. Numa lúcida análise de suas dificuldades atuais, propõe três orientações: nortear nossa ação política pela democracia como orientação face à distopia do fim da história, não responder em espelho à gestão dos afetos que incitam discursos de ódio e, finalmente, escutar o sujeito silenciado, emudecido e aterrorizado, a partir dos marcadores sociais que sobre ele recaem, suprimindo qualquer participação do analista num gozo excludente e autoritário.

No segundo capítulo, Cristina Rocha Dias, numa "cartografia de uma economia pensada a partir da periferia, como estratégia de sobrevivência e de resistência", pergunta pelo acesso democrático – para todos? – à psicanálise. Uma questão que se deslocou da antiga crítica de que a psicanálise era burguesa para, hoje, discutir como a psicanálise pode ser acessada por qualquer um/a/e. Como se poderia pensar em privatizar "o laço democrático, fazendo com que a garantia do exercício da liberdade seja um valor ou objeto a ser consumido individualmente, marcado pela desigualdade e pelo privilégio de classe, resultado do encontro com o outro da diferença"? Impensável. Essa é sua bela defesa entre perguntas cortantes que percorremos como numa cerrada floresta que se abre à vista em sobrevoo ao final do texto!

Edson Luiz André de Sousa, com lampejos de poesia e obras artísticas, formula sua pergunta inquieta sobre o horizonte utópico da democracia. É um refresco! Ele mobiliza a categoria da angústia para pensar como podemos ser mobilizados a quebrar o mesmo, a interromper o circuito da repetição, a partir de movimentos inéditos que dela podem nascer. A angústia não é sem objeto. E é o objeto *a*, objeto lógico da fissura da linguagem, que o autor mobiliza para propor o que pode interromper um discurso, como o totalitário. Sua indicação é a composição de estratégias para a desidentificação diante do fascismo. E arriscar uma psicanálise nessa direção é seu convite.

Na sequência, Paulo Cesar Endo nos surpreende com sua tese sobre como regimes autoritários podem ser montados dentro de regimes democráticos. Como somos capazes de eleger democraticamente líderes fascistas? Ele retoma o esquema do pente freudiano para explicar que "entre percepção e motilidade todo o sistema mnêmico seria sacrificado em nome da rápida compreensão da situação liminar e opressora na qual a vida estaria em risco". Daí toda ação política se instauraria no regime da sobrevivência: sofra e viva, para não perecer. A temporalidade traumática se torna recorrente, numa dinâmica na qual a demanda de amor se converte na urgência que autoriza o ódio. Assim, se justifica pulsionalmente o pior nos governos fascistas.

Há, porém e sempre, faíscas de luz no horizonte trágico do circuito mortífero das pulsões, como nos convida a pensar Helenice Oliveira Rocha. Democracia e Psicanálise carregam os rasgos paradoxais da provisoriedade e da perenidade como recursos de sua própria estrutura contra a monopolização do saber ou qualquer outra forma de totalização. O apelo infantil à proteção face ao desamparo pode convidar ao totalitarismo, sustentado pelo narcisismo das pequenas diferenças. Porém, a mesma porta, que pode se abrir para movimentos de ilusória completude, é aquela que suporta a diferença como alteridade radical que convida a laços inéditos. *Pharmakon*: o veneno é o remédio!

Na mesma linha das soluções aos impasses da democracia, Gisele Papeti realiza um primoroso trabalho de revisão da noção de resistência na psicanálise freudiana, subvertendo o uso do conceito clínico para uma proposição política criativa e positiva. Após um percurso sobre sua teorização, a autora articula, sobre o tripé psicanálise, ética e política, o comprometimento do psicanalista em nomear o que, "da ordem do horror traumático", seguia silenciado nos processos de opressão e de vulnerabilização. Não ceder pode, então, indicar, para o trato clínico da resistência, a direção de preservação do sujeito face ao exercício do poder dessubjetivante: "resistir para re-existir"!

Uma outra abertura face ao totalitarismo antidemocrático é desenvolvida por Marta Quaglia Cerruti a partir do riso. Numa erudita elaboração, a autora mostra como "o sem sentido da própria existência, como uma brecha que se abre na própria linguagem, trabalhando nas bordas do sentido" pode apontar, pelo chiste, "para a possibilidade de um laço capaz de superar os limites do recalque de forma criativa, uma maneira de não incorporar a crueldade e não se submeter a uma mortificação passiva". Tendo o prazer e a partilha como princípio e a rebeldia criativa como método, encontramos vias de oposição às mais variadas posições "que testemunham o empobrecimento do erotismo e seus efeitos deletérios: servidão voluntária, masoquismo e o beco escuro da repetição". Instigante!

Num movimento elíptico, Fernanda Canavêz lança sua ousada aposta anticolonial no múltiplo. Numa perspectiva situada, propõe como alternativa à lógica colonizadora da tirania do Um, a opção anticolonial como meio de "problematizar nossa herança moderna/colonial na psicanálise". A autora busca contornar a resistência autoimunitária do próprio campo psicanalítico, que corre o risco de se fechar em unicidades por medo de se perder. Ao que propõe a multiplicidade de teorias e métodos, deslocando o saber psicanalítico do risco da reprodução de uma lógica hegemônica e colonizadora em seu próprio interior. Proposta epistêmica de alto valor político.

Numa leitura winnicottiana, Lucas Charafeddine Bulamah enfrenta o impasse do identitarismo com originalidade. Dispõe em seu texto a revisitação de textos clássicos, centrais e laterais, ao estudo da obra de Winnicott. Como argumento forte, retoma a dupla noção de *self*, enquanto *being* e enquanto atributo, para discutir sua pertinência hoje como ponto de ancoragem para uma leitura política do sujeito, mas não como obstáculo à recriação de si. Permanentemente móvel, "o verdadeiro *self* está ali onde estão ausentes as identidades", abrindo a analítica do poder a novos vislumbres por caminhos pouco usuais.

Na interinfluência entre psicanálise e política, Maria Helena Saleme dá as mãos a diferentes pensadores ocidentais e modernos, seguindo com Freud ao lado, para responder à inquietante questão sobre ser a política necessária. Com questões incisivas no deslizamento de suas afiadas interrogações, aloca à psicanálise um lugar-eixo face à civilização, por não dispensar a política. Ao contrário, a partir de sua única regra de ouro – *fale o que lhe vier à cabeça* –, a autora nos indica o "convite para um novo tipo de relacionamento, sem as normas sociais pelas quais fomos adestrados". Por isso mesmo, a psicanálise é, desde sempre, um instrumento de transformação.

Retomando Hobbes como teoria essencial da filosofia política, Paulo Bueno atravessa a discussão da política no diálogo com a psicanálise, tornando evidente como o significante pode constituir a "política do Um". Num detalhado mergulho na reflexão sobre a intersetorialidade, traz o testemunho de como a incidência da psicanálise nas políticas públicas aponta seu avesso. E testemunha, com a riqueza de casos clínicos, orientados pela psicanálise e tomados como interrogantes da política, o quanto a dissolução do Um desfaz os processos que tendem ao totalitarismo nos dispositivos públicos.

A obra se encerra de modo magistral! Fábio Chiossi retoma o clássico romance de George Orwell e o aplica, de modo inconteste e original, cômico se não fosse trágico, à recente experiência fascista do governo brasileiro com o ex-presidente Jair Messias Bolsonaro. O livro não poderia se encerrar de modo mais contundente com a analítica detalhada dos interstícios por onde uma grande parcela de cidadãos escorrega no caminho confortável do conservadorismo e no comodismo sadomasoquista da submissão.

Viver junto não é evidente. Este livro vigoroso o testemunha. O problema da democracia, ao final da leitura, mostra-se, entretanto, não apenas um imbróglio pessoal, no sentido da tomada de posição política. Ele é também coletivo, enquanto estratégia de pertencimento e decisão sobre a governabilidade do humano. E, sobretudo, é ainda estrutural, como vimos ao longo de cada passo frondoso desta extraordinária obra. Ao se deter sobre a política desde a psicanálise, seus capítulos evidenciam que o problema da democracia não é apenas atinente à razão e ao bom senso, à justiça ou ao sistema político que a encerra.

O poder se articula por *processos*, mas também por *sujeitos* políticos. A regulação, num mundo dos excessos, implica em como articular o pulsional com a linguagem, o corpo com o sistema de representação, o tempo com a geopolítica – em torções que deslocam o dentro-fora euclidiano de seu regime binário. Ir além e forçar o sistema a fazer caber qualquer fragmento de corpo político é tarefa humana das mais delicadas, truncadas e difíceis... e nós, definitivamente, não somos iguais nessa luta.

Como lembra Guimarães Rosa, viver é uma questão de rasgar-se e remendar-se. "O rio não quer chegar, mas ficar largo e profundo".

Carece gente para cuidar de seus confins, manter as matas ciliares e cuidar para que seu leito não seque. Em tempos de crise climática, a metáfora extrapola seu fim e nos indica que a democracia ainda é uma aposta! E a psicanálise, nesta obra, nos transmite o quanto ler o inconsciente no texto brutal da vida, longe de encerrar um passado vitoriano, indica o quanto teremos um longo passado a enfrentar pela frente!

# 1. Democracia: da distopia à atualização da psicanálise perante os marcadores sociais

*Miriam Debieux Rosa*

Este escrito nasce em um tempo em que a preocupação e o desânimo estão presentes frente aos movimentos nacionais e internacionais de escalada da extrema direita e de seus métodos. A ameaça é de perda da perspectiva da organização democrática, na ausência de uma verdade consensual sobre passado e presente, especialmente na realidade brasileira que tem uma história marcada por negacionismos, recalques e/ou foraclusão da lógica escravocrata, colonial e patriarcal que nos funda, a qual permaneceu sob outros véus e agora sem véu nenhum – a crueza e a crueldade expostas e aplaudidas na cena social em gozo sem limites. As lutas brutais se intensificarem no mundo, destacando-se a guerra da Rússia contra a Ucrânia e os conflitos entre Israel e o Hamas, que desencadearam uma violência sem limites contra os moradores da Faixa de Gaza, na Palestina.

Nesse contexto nos perguntamos "o que cabe à psicanálise nesse tempo de ameaça da gestão democrática?" O que nos orienta no presente sob risco e futuro incerto?

Neste texto, refiro-me à "democracia" como um significante, recurso norteador de uma governabilidade possível de acolhimento à alteridade, necessário diante do imaginário distópico (Penha & Rosa, 2023) de falta de recursos para enfrentamento da queda das nações, inclusive a nossa, nas mãos do fascismo, sem chance para construir um futuro. Para desconstruir as distopias destaco a importância de situar os seus termos em termos históricos e políticos (Penha & Rosa, 2023; Penha & Gonsalves, 2018) para localizar, nomear e construir estratégias de enfrentamento às formas de dominação advindas do patriarcado, do colonialismo e do capitalismo (Santos & Meneses, 2010). Trata-se de elucidar as astúcias e os impasses no pacto social e apontar os impasses perante o mal-estar colonial (Faustino & Rosa 2023; Faustino, 2020).

Pretendo situar as dimensões políticas, sociais e subjetivas da resistência e, dada a concepção de que a preparação da guerra passa por imprimir um discurso de verdade que a justifique, apresento a contribuição política e subjetiva que a psicanálise oferece face aos discursos que determinam os marcadores sociais alvos da dominação, espoliação e morte (Rosa, 2022b). Assim, trata-se de uma atualização da psicanálise em que vemos a teoria e a clínica psicanalítica revisitadas sob a ótica dos impasses de nosso tempo, dos sintomas, angústias e gozos que nos atormentam pela sua potência de repetição em diferentes tempos históricos.

## *Democracia – um significante norteador perante o imaginário distópico*

Estamos diante de uma profunda reconfiguração geopolítica, social e subjetiva com futuro incerto diante da qual sobrevém uma angústia de aniquilamento sem perspectivas na construção do laço social. Torna-se evidente, tanto na Europa quanto nos Estados Unidos, o alto preço cobrado pelas promessas do capitalismo avançado e do liberalismo de uma vida com conforto material, que seria possível a todos que, com *um esforço a mais*, como diria o Marquês de Sade (2003, p. 49), acessariam individualmente supostas liberdade e prosperidade em seus empreendimentos.

Os percalços desse atual ideário recaem sobre as formas de subjetivação – ou dessubjetivação, desumanização – de todos, mas são particularmente perversos sobre aqueles assinalados pelos marcadores sociais de discriminação. Constata-se que vivemos um aprofundamento e uma extensão dos racismos, em que muitos pagam além de uma libra de carne, em perda de gozo, como diz Lacan, e são submetidos a uma mera sobrevivência, no aguardo ansioso e na luta por sua libertação, ou, ao menos, por um lampejo de futuro para seus descendentes que dê coragem para sustentar sua luta.

No Brasil, e embora não somente nele, o abalo à democracia é evidente, apoiado pelos historicamente poderosos do país, que fomentam discursos de ódio ampliados em seu escopo aos homossexuais, às mulheres e aos sempre odiados quando ousam sair do "seu lugar", os pobres e os negros e negras.

Não há uma verdade consensual sobre o passado e o presente, sendo a nossa história marcada por negacionismos, recalques e/ou foraclusão da lógica escravocrata, colonial e patriarcal que nos funda e que permaneceu sob outros véus. Atualmente sem véu algum, a crueza e a crueldade são expostas e aplaudidas na cena social em gozo sem limites. Retorna sem máscaras, das entranhas da história, o negativismo histórico condensado na suposta democracia racial que perpetua a desigualdade obscena.

Temos debatido os restos da colonialidade que sobrevivem em nossa cultura, presentes na distopia de nossos laços sociais contemporâneos, como exposto em "Zumbis e distopia: os restos da colonialidade e o apagamento das lutas de libertação" (Penha & Rosa, 2023). Metodologicamente recorremos a personagens do imaginário social, que interrogam o lugar do outro na cena social e na política. Compreendemos que os zumbis, enquanto imagem mnêmica social, trazem visibilidade às políticas de degradação do outro, sua dominação, seu extermínio, bem como de desmobilização política. A contextualização histórica e geográfica da origem e da construção desses personagens reforça a constatação da lógica colonizadora e escravagista ali presente, fundamentada nos modos de captura dos desejos, corpos e vida dos sujeitos, culminando no efeito de obliteração das perspectivas de futuro.

Com o intuito de debater a distopia presente nos laços sociais contemporâneos e a sua suposta impossibilidade de transformação, propomos nos contrapor elucidando as estratégias de poder e resistência através de duas direções: 1) demonstrando que uma das formas de governar é fomentar o desamparo e a desmobilização das manifestações coletivas, desqualificadas como hordas acéfalas; e 2) demonstrando que se mantêm na sociedade brasileira restos da colonialidade nos laços sociais aperfeiçoados no neoliberalismo. Para tanto, metodologicamente, destacamos personagens presentes no imaginário social – zumbis e vampiros –, portadores de questões que interrogam o lugar do outro na cena social, a pertença, a política e os processos de dominação.

A figura do zumbi, enquanto a lembrança encobridora do colonizador sobre o negro escravizado haitiano, não só denuncia a desqualificação das lutas de libertação como nada mais do que atos violentos de uma horda acéfala, como também oferece a oportunidade de reinstituir a dignidade dos movimentos que visam à transformação social. Dentro de determinada perspectiva crítica, os zumbis passam a representar a imagem mnêmica social dos libertários que não cessam de lutar. Tornam-se a simbolização do impossível de governar, reagem ao destino certo da condição de mortos, recuperando a potência de construção de um comum na alteridade.

Nesse contexto, a democracia comparece como significante norteador perante o imaginário distópico, indicativa de uma governabilidade possível, uma gestão da pólis marcada pelo mal-estar, pelo conflito, por tensões e disputas justamente por sermos uma sociedade plural e diversa – os pactos fazem-se necessários para construir um comum possível e transitório. A sucessão de tais pactos traçam a história de uma sociedade.

Várias perguntas nos instigam: o que a psicanálise pode nos dizer sobre o laço social, o tempo e a resistência necessária em tempos de guerra? Quais experiências de resistência temos na história? Traçar um horizonte de futuro pode ser uma modalidade de resistência democrática que a psicanálise pode ajudar a construir e sustentar.

## *Formas de dominação: patriarcado, colonialismo, capitalismo e o mal-estar colonial*

Nas palavras de Santos e Meneses (2010), atualmente são evidentes a ascensão das políticas nacionalistas e excludentes, assim como a do racismo e da xenofobia, com formas renovadas de segregação e políticas de morte – o tempo parece retroagir ao pior da nossa história social e política, comparecendo, com novas roupagens, as do patriarcado, do colonialismo e do racismo.

Segundo os autores, os conflitos decorrem da articulação desigual e combinada dos três modos principais de desigualdade estrutural nas sociedades modernas. São eles: capitalismo, colonialismo e patriarcado, este último, mais precisamente, o heteropatriarcado. O colonialismo não terminou com os processos de independência, mas continuou sob muitas outras formas, entre as quais o neocolonialismo, guerras imperiais, racismo, xenofobia e islamofobia. Todas essas formas têm em comum o fato de implicarem a degradação humana de quem é vítima da dominação colonial.

A diferença principal entre os três modos de dominação é que, enquanto o capitalismo pressupõe a igualdade abstrata de todos os seres humanos, o colonialismo e o patriarcado pressupõem que as suas vítimas são seres sem plena dignidade humana, seres sub-humanos. Esses três modos de dominação têm atuado sempre de modo articulado ao longo dos últimos cinco séculos e suas variações são tão significativas quanto sua permanência subjacente.

Tais constatações, lidas sob a ótica de impasses, sintomas, angústias e gozos que nos atormentam, nos remetem à potência de sua repetição. Repetição é uma modalidade temporal que tem por função repetir um passado que não se inscreveu, negado, desacontecido. A compulsão à repetição tenta ligar os elementos de uma experiência não adquirida para que esta possa se tornar presente e, dessa forma, atualizar o inconsciente. Por sua vez, o sintoma indica um arranjo bem-sucedido do sujeito sustentado em uma teoria própria sobre as modalidades possíveis de satisfação nas relações com o outro, sociais e amorosas – arranjo que, no entanto, se solidifica e caduca, incitando uma atualização, como veremos a seguir (Rosa, 2021; Rosa, 2022a).

Trata-se de detectar a estratégia política da classe dominante ao impor um laço social segregatório e racista travestido de pacto civilizatório – modo em que as relações escravocratas persistem naturalizadas e sob outras roupagens (Rosa, 2016). Sobre o mal-estar, podem-se destacar dois pontos: de um lado, a dimensão estrutural da dor de existir em sociedade, para além do ideal idílico de felicidade; de outro lado, está a dimensão contingente, da política de distribuição de bens materiais e culturais, que rege cada sociedade em particular, e que atribui ou exila as possibilidades de existência de cada um na comunidade (Rosa, 2022).

Nesse cenário, percebe-se que nem todos pagam o mesmo preço pela pertença à civilização. Todos têm restrições pulsionais exigidas em troca da proteção e pertença. No entanto, os modos de pertença e segurança no campo social incidem do modo diverso sobre o sujeito e seu sofrimento, a depender dos modos de governança e de inscrição social, o que inclui o tema da desigualdade, promovendo, para além do mal-estar social, sofrimento sociopolítico e silenciamento.

Ressalte-se, portanto, que o pacto social nem sempre é um pacto civilizatório. A generalização histórica é instrumento que encobre os processos de dominação, tomando o imaginário pelo simbólico, o outro pelo Outro. Travestido de pacto civilizatório, certos arranjos sociais buscam naturalizar os lugares sociais, evitando dar visibilidade aos embates sociais, políticos e econômicos, pautados na manutenção da ordem social específica que representam.

Enfatizamos que distinguir "processo civilizatório" de manipulações sociais e políticas para o exercício de um poder coercitivo é fundamental para localizar os modos de cooptação subjetiva pelo poder e direcionar a escuta clínica – o assentimento subjetivo será ao pacto civilizatório, mas não às políticas segregatórias (Rosa, 2016).

Em um passo a mais nessas considerações, Faustino (2020) estabelece um diálogo entre escritos de Freud e de Fanon para propor que a experiência colonial imprime um tipo particular de estranhamento, aqui nomeado como "mal-estar colonial". No artigo "O mal-estar colonial: racismo, indivíduo e subjetivação na sociabilidade contemporânea", Faustino e Rosa (2023) demonstram que se soma ao mal-estar, relativo ao desassossego dos indivíduos diante do preço a pagar pela pertença e segurança no laço social, a recusa do reconhecimento de sua pertença e do seu direito de usufruto do pacto social, travestido de pacto civilizatório. O sofrimento sociopolítico resultante do racismo antinegro contemporâneo se expressa a partir de um *duplo mal-estar*.

Nesse artigo, as interpelações de Fanon nos convocam a indicar que está em jogo no colonialismo justamente a suspensão do pacto civilizatório para alguns sujeitos envolvidos no laço social, impondo um tratado unilateral em que à elite econômica é permitida toda sorte de expansão agressiva e obscena dirigida às classes populares. A confusão entre o pacto e sua interdição faz parte da estratégia política para impedir as subversões vistas como, estas sim, violentas e contra a lei. O laço social perverso que se estabelece é que, embora não participem da distribuição dos bens materiais e culturais, os sujeitos devem se submeter passivamente às condições de vida impostas, naturalizando o sofrimento sociopolítico.

Temos constatado um pacto de classe social impeditivo da escuta daqueles historicamente minorizados – uma resistência do analista que classifica em supostos diagnósticos modalidades de existências possíveis diante da opressão e desamparo social (Rosa, 2002). Lacan (1985) recoloca esse tema afirmando que: "Existe apenas uma resistência, é a resistência do analista" (p. 601). Maliska (2004) acrescenta: "Quer dizer, é a essa resistência que somos convocados a falar do nosso lugar de analista. Essa resistência nos angustia, nos deixa sem palavras" (p. 2). E Lacan (2021) alerta: "A boa vontade do analisante não encontra jamais nada pior que a resistência do analista" (p. 2). Assim, a resistência à escuta é do analista.

Bento (2002) elucida a questão racial ao descrever, especialmente na sociedade brasileira, uma organização em torno do "pacto narcísico da branquitude", que desvela o compromisso em manter a estrutura racial: um pacto de proteção e premiação para as classes dominantes e brancas e a naturalização do abandono social dos grupos periféricos marcados pelo racismo. No contraponto, há a eleição do branco como parâmetro supostamente universal do laço social moderno a partir da invisibilidade, exotificação, exclusão ou eliminação de tudo o que escapa à branquitude.

A demonização monstrificante do "negro", do "índio" e do "árabe" tem como função política divinizar o "branco" – o "ocidente", a "Europa" e, em decorrência disso, as relações capitalistas de produção – em uma espécie de "teodiceia eurocêntrica", conforme explica Faustino (2018).

O mal-estar colonial converte sujeitos não brancos em estranhos, naqueles que carregam a possibilidade de trazer à tona o que deveria permanecer oculto (Freud, 1996a). São esses estranhos e assustadores que deverão sempre estar circunscritos em um espaço de visibilidade/invisibilidade para que não denunciem, com sua presença, o que lhes é negado na possibilidade de narrativa (Rosa, 2016).

Os estranhos, o refugo vivo, a vida nua do nosso tempo são aqueles que se deverá apagar, calar, para produzir a ilusão de que estão mortificados, anônimos, imersos em um mundo apresentado como ideal e imutável. Saem de cena a história, a transformação social, como forma de abordar o mal-estar (Rosa, 2022a). "Apresenta-se o duplo mal-estar perante a objetalização dos colonizados" (Faustino & Rosa, 2023, p. 7).

Há outra face nesse processo, segundo esses autores, pois "a investigação de Unbehagen *colonial,* apontado por Fanon, vai na direção oposta: para ele, ao desumanizar e tratar o semelhante como monstro, o branco perde a própria humanidade, tornando-se, ele mesmo, o monstro" (Faustino & Rosa, 2023, p. 12, grifo do original). Em *Pele negra, máscaras brancas,* Fanon (2008) afirma: "Sim, a civilização europeia e seus representantes mais qualificados são responsáveis pelo racismo colonial" (p. 88).

O fato é que o suposto pacto social brasileiro não inclui e nunca incluiu todos; a libra de carne a pagar pela pertença e segurança não contempla os que ocupam as margens e entram na pertença social na condição da invisibilidade e submissão.

Dessa feita, ressalta-se que a democracia brasileira nunca se concretizou para todos – os processos, que ora nos surpreendem, de franca crueldade e hostilidade, estavam presentes no laço social, encobertos pelo mito da democracia racial e pelo pacto de classes sociais. Somente o reconhecimento de tal contradição permitiria construção das resistências possíveis que dariam a ver o furo, a lacuna, que reside no ato de governar e de regular as civilizações, demandando a construção de estratégias de resistência políticas, sociais e subjetivas.

## *Resistências: políticas, sociais e subjetivas*

O termo resistência transita por muitos campos – é tradicional na física, na política e na psicanálise. Na política, o termo é associado à resistência política, à opressão. Macedo (2005) resgata que a negação do direito à resistência encontrava justificativa política diante da soberania e da legitimidade (do soberano), que não podia ser ameaçada. Com Hobbes (2019), o termo resistência passou do *campo político* para o *campo jurídico* como um dos *direitos* inalienáveis do indivíduo. O direito à resistência política não deixa de ser uma forma de desobediência civil capaz de criar uma ordem jurídica revolucionária, em substituição aos regimes de tirania e opressão.

Resistência é também uma experiência de subjetivação, de autonomia, que visa enfraquecer, desarmar o inimigo com suas próprias armas ao desorganizar a guerra que ele havia imposto. É como nos ressoa a voz de Etienne de la Boétie (1999), vinda dos idos de 1571, que aborda, em seu *Discurso da servidão voluntária*, a irracionalidade da servidão. E conclama: "Decidi não mais servir e sereis livres; não pretendo que o empurreis ou sacudais [o tirano], somente não mais o sustentai, e o vereis como um grande colosso, de quem se subtraiu a base, desmanchar-se com seu próprio peso e rebentar" (p. 16). O limite dessa posição fica explícito na violência das guerras, mas o autor abre para pensar a resistência do sujeito diante das violências.

## *Resistência em psicanálise*

Em psicanálise – Freud era afeito a termos vindo da política e da guerra –, o verbo usado em alemão para se referir à resistência é *sträuben*, que quer dizer manter-se à distância, assumir atitude de reserva. O termo "resistência" foi usado por Freud, em um primeiro momento, por ocasião de sua autocrítica da hipnose e da sugestão como técnicas de intervenção. Ele reconhecia como legítimas as resistências do paciente ao enfrentar a "tirania da sugestão", também presente nos fenômenos de massa.

Posteriormente, revela várias faces: a conotação de resistência ao/contra o tratamento analítico transforma-se em defesa – resistência do eu para não traumatizar, não repetir[1] –, e se torna uma face da transferência, possibilitadora da análise.

1 Segundo Paniago (2009), "A resistência é uma força que se contrapõe à força das pulsões, e protege o eu do conflito pulsional recalcado, dando-lhe oportunidade

A resistência na interface política e subjetiva, dado que consideramos que está em jogo manter-se à distância, assumir atitude de reserva (*sträuben*), está em não responder em espelho (eu/bom e ele/mau e vice-versa), mas marcar uma dissimetria e contrariedade diante das faces obscenas do Outro que se apresenta, em sua violência e poder de opressão, consistente e totalitário.

Este é o ponto: nas guerras, com ou sem nome, trava-se outra guerra silenciosa entre a resistência do sujeito e o império do gozo disposto a enlouquecer o sujeito de sua completude. Reitero que faz parte da estratégia política do poder autoritário a utilização do sofrimento sociopolítico como arma de guerra que utiliza os marcadores sociais – de classe, raça, cultura, gênero – para definir os alvos do ódio e das violências.

Faz-se necessário reconhecer que os governos autoritários têm como estratégia impor o sofrimento pela miséria, pelo racismo, pela exclusão na distribuição dos bens materiais e culturais, pelas violências que atingem corpos e mentes. Trata-se do exercício da política de manipulação dos afetos, especialmente os ódios e a incitação para cada um fazer a sua parte de impingir sofrimentos para oprimir e silenciar. E matar.

A produção de devastações narcísicas são modalidades de controle político acrescidas da estratégia de patologizar ou criminalizar as potências e/ou os efeitos das violências racistas. As violências persistem em formas veladas de violência cotidiana: as cotidianas práticas de humilhação social, material, social, sexual; a desqualificação dos valores, da cultura, da religião, de rituais (racismo epistêmico/científico), entre outras formas. Estas estão presentes nos discursos morais e jurídicos que insistem em negar, desmentir, forcluir, distorcer a dimensão histórica, a memória da origem, das lutas travadas, dos territórios ocupados.

---

de responder à realidade, transformando o desamparo diante do desprazer em um estado tolerável".

Os marcadores sociais estabelecem nomeações que fixam identidades não dialetizáveis que podem se tornar um enigma ou configurar um impedimento para o sujeito, recaindo sobre o sujeito como uma sobrerresponsabilização individual, falha (não falta), fracasso ou vergonha inominável (Rosa, 2022b).

Há um uso estratégico do poder produzindo sofrimento com as seguidas violações de direitos e violências de sujeitos das classes sociais invisibilizadas, com destaque para a população empobrecida e/ou negra e indígena. E são esses sujeitos que sustentam várias das formas possíveis de resistência e que têm muito a nos orientar neste momento.

## *Atualização da psicanálise perante os marcadores sociais*

A repetição nos ajuda também para melhor compreender a atualização em psicanálise em face das questões de nosso tempo. A atualização diz respeito exatamente ao que parece o seu oposto – o retorno do recalcado na relação transferencial atualiza o sujeito dos seus conflitos (Rosa, 2021).

Nos pactos de classe social e diante do duplo mal-estar, os movimentos do sujeito são freados pelas políticas do gozo, quando o excesso de consistência do acontecimento, associado ao desacontecimento (nada de novo no front ou, na versão atual, "isso é mimimi"), lança o sujeito na condição de "não poder não recordar", modo como Agamben (2002) descreve a condição de pessoas nos campos de concentração. Trata-se de um impedimento do esquecimento, do recalque necessário para se separar do acontecimento.

A psicanálise pode contribuir com a resistência política transversalmente em vários aspectos. O primeiro será destacar a relevância da democracia como significante norteador perante o cenário imaginário distópico que nos é impingido como um fim da história – trata-se de desativar essa estratégia de domínio que inibe movimentos emancipatórios e lutas coletivas; de ativar memórias e constituir pactos civilizatórios necessários para construir um comum possível e transitório.

Nessa direção, a psicanálise pode contribuir para enfrentar a negação como estratégia discursiva na manutenção das práticas escravocratas e a afirmação do racismo por outros meios. De modo muito breve, temos visto ressurgir o autoritarismo sem véus no país da cordialidade, ancorado na negação da longa história da escravatura, do racismo estrutural, da violenta e persistente desigualdade social – negações intensificadas como uma estratégia discursiva de poder. Trata-se da tentativa de apagamento da memória, impingida pela classe dominante do país.

Outro ponto será perceber e não responder em espelho à gestão dos afetos quando incita discursos de ódio, racistas e xenófobos, dando lugar ao "direito ao ódio", convocando uma organização social e política que se orienta sob a lógica da guerra. Essa modalidade de laço social que dá licença para odiar (e rapidamente se torna licença para matar) está baseada na "manipulação do desamparo constitutivo, transformado em medo da alteridade, como numa dicotomia em que assim o outro é mau e eu sou bom" (Rosa, 2018, p. 21).

O terceiro ponto será escutar o sujeito silenciado e emudecido ou mesmo aterrorizado. Tal questão incita ressaltar que a fala supõe endereçamento e a importância em se considerar os enclausuramentos da escuta e da fala quando o outro é obrigado a ocupar um lugar de submissão (Rosa, 2022a). Aqui se situam as articulações entre o lugar de fala e o lugar de escuta entremeados pelo pacto civilizatório, presente na noção de mal-estar de Freud (1996b).

Na psicanálise, trata-se de subverter as estratégias de oprimir ou explorar que fazem das diferenças "marca-dores" e desmistificar a eficácia desses discursos. Traço, marca, significante e sentidos partilhados contrapõem-se à condenação a um lugar social específico congelado na história hegemônica – essas são dimensões que atravessam as fronteiras do eu, da história, da sociedade e da política, evocando a proposição lacaniana de que o inconsciente é a política. Essa perspectiva coloca também a psicanálise em articulação com outros saberes e práticas. Trata-se de uma aposta de se instituir no campo psicanalítico um novo tempo e de se inventar novas práticas diante das várias modalizações de expressão de desejo.

Outro ponto relevante é a montagem do dispositivo da construção do caso clínico em que se destaca a radicalidade da posição do analista e sua implicação com a clínica em contextos de atendimento a pessoas em situações sociais críticas e de urgência social e psíquica. Tal posição supõe que o psicanalista atravesse a fantasia social que mascara a inconsistência e os antagonismos constitutivos de uma sociedade viva e pulsante. Posição delicada, pois o analista depara-se com um impasse que implica a sua responsabilização com o rompimento da alienação promovida também nele por esse campo supostamente simbólico; não o assentimento subjetivo de sua participação, mas a supressão de qualquer participação nesse gozo. Põe em jogo um trabalho na transferência, endereçado e comprometido com uma práxis a ser compartilhada, articulada com elementos singulares de um tempo e lugar que, visitados, permitem a transmissão de um desejo e a manutenção da vitalidade e atualidade da prática psicanalítica.

Isso dito, para a psicanálise se atualizar perante os impasses da governabilidade será importante articular elementos heterogêneos, como sujeito e política, linguagem e discurso, história do sujeito e história de seu lugar no laço social, e se atentar à distribuição de lugares na estrutura social e de bens materiais e culturais. O seu trabalho será barrar a repetição monótona, automática e sem história.

Os desafios são enormes. Tratam de abordar os silenciamentos, os impasses à fala e à escuta promovidos pelos marcadores sociais e de atentar para o modo de construção do caso clínico e suas táticas de intervenção na direção de fazer dos marcadores sociais marcas,

marcas de dor, de luta, mas, não mais, signos de um destino escrito pelos mecanismos do poder, de submissão e morte.

Para finalizar, cabe ressaltar que, apesar desse cenário político, vemos eclodirem movimentos sociais e políticos que têm recontado a história pela versão das mulheres sobre sexismo, dos negros e negras sobre racismo, dos explorados sobre a escravização por outros meios. Alguns chamam tais movimentos de identitários para caracterizá-los como dejetos, como uma massa informe, de hordas de zumbis. Trata-se de uma tentativa de calar aqueles que rompem o silenciamento imposto pelo desamparo discursivo, aqueles que buscam desnaturalizar os sofrimentos sociopolíticos a que foram submetidos e que anunciam a verdade do seu tempo.

Vemos que, com propriedade, os movimentos sociais retomam as coordenadas históricas da dominação e, coletivamente, com vida e entusiasmo, efetivam a proposta de Lélia Gonzalez (2018): *o lixo vai falar, e numa boa!* Falam e geram perturbação do instituído nos jogos de poder. Graças a esses movimentos tem sido possível desnaturalizar certos discursos e práticas sociais em uma transmissão às avessas, reescrevendo nossas histórias.

Também na psicanálise vemos entrar em cena novos protagonistas que, a meu ver, abrem uma nova geração de psicanalistas. Inúmeros grupos, especialmente grupos negros e periféricos, ganham autonomia e passam a formar e ocupar espaço de formadores. Desafiam as relações de poder e autorização à psicanálise.

Entram na cena não apenas para serem escutados, mas para serem protagonistas, produtores da psicanálise. Tais protagonistas nos levantam reflexões sobre como o(a) psicanalista brasileiro(a) opera sua práxis em uma sociedade dividida e sob pura tensão nos vários planos: político, social, epistêmico e epidêmico.

É preciso clareza política para não se enredar nas pactuações de benefícios de determinados grupos sociais em detrimento de outros, assim como pelos modos de manipulação dos afetos e desejos para melhor subjugar as possibilidades por vezes muito pequenas de escolhas que se apresentem.

Nesses casos, como já mencionado, a experiência psicanalítica não é suficiente – os movimentos sociais e políticos são fundamentais para compor uma força de transformação social e subjetiva. Há muitos saberes culturais e modalidades de enfrentamento que podem acionar a resistência aos mecanismos de opressão.

Como entendem Boaventura e Meneses (2010), trata-se de descolonizar o olhar – o que cabe também aos psicanalistas (Guerra & Bispo, 2023). Ou seja, cabe considerar o que não está relatado nos registros e documentos oficiais, rompendo silêncios e trazendo elementos da história dos oprimidos. Tal tarefa supõe visitar criticamente e atualizar os posicionamentos epistemológicos sobre a sociedade, a história, a política e o sujeito, em sua implicação com os impasses contemporâneos. Ser atual, ser contemporâneo é ser um tanto estrangeiro, estranho, incômodo, em seu próprio tempo, posição por excelência do psicanalista.

E se a psicanálise é uma práxis, não há atualidade sem repensar a práxis, ou seja, a psicanálise comparecendo em ato, marcando presença no campo social e político, pode favorecer a inscrição, na história, dos marca-dores para romper as repetições, com potência para nortear, renovar e vitalizar as possibilidades de uma transformação que inclui sociedade e sujeito e invenção da vida.

## *Referências*

Agamben, G. (2002). *Homo sacer: o poder soberano e a vida nua*. UFMG.

Bento, M. A. da S. (2002). *Pactos narcísicos no racismo: branquitude e poder nas organizações empresariais e no poder público* [Tese de doutorado]. Universidade de São Paulo.

Fanon, F. (2008). *Pele negra, máscaras brancas*. (R. da Silveira, Trad.). Edufba.

Faustino, D. M. (2018). *Frantz Fanon: um revolucionário particularmente negro*. Ciclo Contínuo.

Faustino, D. M. (2020). Notas sobre a sociogenia, o racismo e o sofrimento psicossocial no pensamento de Frantz Fanon. *Revista Eletrônica Interações Sociais*, *4*(2), 10-21.

Faustino, D. M., & Rosa, M. D. (2023). O mal-estar colonial: racismo, indivíduo e subjetivação na sociabilidade contemporânea. *Psicologia & Sociedade, 35, 1-17.*

Freud, S. (1996a). O estranho. In *Obras completas*. M. Carone, Trad.; Vol. 10, pp. 296-297). Imago. (Trabalho original publicado em 1919)

Freud, S. (1996b). O mal-estar na civilização. In *Edição standard brasileira das obras psicológicas completas de Sigmund Freud* (J. Salomão, Trad.; Vol. 20, pp. 67-150). Imago. (Trabalho original publicado em 1930)

Freud, S. (2013). *Psicologia das massas e análise do Eu*. (P. C. de Souza, Trad.). Companhia das Letras. (Trabalho original publicado em 1920-1923)

Gonzalez, L. (2018). Racismo e sexismo na cultura brasileira. In *Primavera para as rosas negras: Lélia Gonzalez em primeira pessoa*. Diáspora Africana.

Guerra, A. M. C., & Bispo, F. S. (2023). *Ocupar a psicanálise: por uma clínica antirracista e decolonial*. n-1 edições.

Hobbes, T. (2019). *Leviatã: ou matéria, forma e poder de um Estado eclesiástico e civil*. Martin Fontes. (Trabalho original publicado em 1651)

La Boétie, E. de. (1999). *Discurso da servidão voluntária*. Brasiliense. (Trabalho original publicado em 1548)

Lacan, J. (1985). A direção do tratamento e os princípios de seu poder. In *Escritos*. Zahar. (Trabalho original publicado em 1958)

Lacan, J. (2021). O seminário, livro 24: L'insu que sait de l'une-bévue s'aile à mourre. *Revista Lacaniana de Psicoanálisis*, (30). (Aula de 11 janeiro 1977)

Macedo, D. (2005). Resistência política à opressão. In R. F. Rocha (Org.), *Direito democrático de resistência.* Portal Oboé/publicações.

Maliska, M. E . (2004). Resistência multifacetada. *Congresso Internacional de Convergência.* http://convergenciafreudlacan.org/pt/resistencia-multifacetada/

Paniago, I. M. L. (2009). A resistência e a constituição psíquica: implicações para a clínica psicanalítica. [Tese de doutorado]. Universidade de Brasília. http://repositorio2.unb.br/jspui/handle/10482/1231.

Penha, D. A., & Gonsalves, R. (2018) (Orgs.). *Ensaios sobre mortos-vivos: The Walking Dead e outras metáforas.* Aller.

Penha, D. A., & Rosa, M. D.(2023). Zumbis e distopia: os restos da colonialidade e o apagamento das lutas de libertação. *Estudos e Pesquisas em Psicologia, 23*(4), 1291-1310.

Rosa, M. D. (2002). Uma escuta psicanalítica das vidas secas. *Textura: Revista de Psicanálise*, 2(2), 42-46.

Rosa, M. D. (2016). *Psicanálise, política e cultura: a clínica em face da dimensão sociopolítica do sofrimento*. Escuta/Fapesp.

Rosa, M. D. (2018*). A clínica psicanalítica em face da dimensão sociopolítica do sofrimento.* Escuta/Fapesp.

Rosa, M. D. (2021). Carta aos/às jovens psicanalistas hoje. *Lacuna: uma revista de psicanálise, 12*, 6-14.

Rosa, M. D. (2022a). Sofrimento sociopolítico, silenciamento e a clínica psicanalítica. *Psicologia: ciência e profissão, 42*, 1-10.

Rosa, M. D. (2022b). A construção do caso clínico-político: dos marcadores sociais à marca do caso. In M. Kamers et al. (Org.), *Psicanálise clínica & cultura.* Agalma Psicanálise, 1, 236-253.

Sade, D. A. F. de. (2003). Franceses, mais um esforço se quiserdes ser republicanos. In *A filosofia na alcova: ou os preceptores morais*. Iluminuras. (Trabalho original publicado em 1795)

Santos, B. de S., & Meneses, M. P. (Orgs.). (2010). *Epistemologias do Sul*. Cortez.

# 2. Paratodos? Frestas, impedimentos e acesso à Psicanálise

*Cristina Rocha Dias*

*. . . Vou de bonde, vou de trem, carro esporte*
*Tudo bem!*
*No circuito, na cidade, no subúrbio, no sacode*
*Espero a porta abrir, não vou grilar, só vou curtir*
*Quero um amor legal, ver os amigos, coisa e tal*
*E vadiar, a condição aliviar, quero me perder, quero me jogar*
*Chame Ademir, Big Boy, Messiê Limá*
*É o baile da pesada que chegou prá arrebentar*
*. . .*
*No Cassino Bangu, no Vera, no Portelão*
*No Chapéu Mangueira, no Mourisco, Pereirão*
*Em Caxias, no Gramacho, Paratodos na Pavuna*
*No Mackenzie, São Gonçalo, tô no Melo, Cascadura*
*Mas se liga, sangue bom*
*Não sou de violência, nem sou de perder a razão*
*É que o bicho tá pegando, o couro tá comendo*
*E ninguém traz solução . . .*

Fernanda Abreu, *Baile da pesada*

Este texto começa com uma lembrança adolescente, suburbana e carioca, situada nos anos 1990. Lembrança de escutar no rádio o anúncio do Baile no Grêmio Recreativo Paratodos da Pavuna.[1] O "baile" aqui

1 Pavuna – Bairro da zona norte do Rio de Janeiro, foi a primeira freguesia fora do centro da cidade, situada a 26 km da estação Central do Brasil. Como os demais

citado faz referência aos bailes de clube dos subúrbios cariocas: festas que refizeram a geografia de celebrações da estética *soul* nos anos 1960 e 1970, cujos atores eram jovens negros e negras afirmando estilos de viver, desejos, alegrias e atitudes corporificadas por meio das roupas, das músicas e do modo encantado de bailar (Diniz, 2022).

A partir dos anos 1980 e 1990, apesar do *soul* começar a perder espaço para o funk e o charme (R&B), em suas diversas vertentes, os bailes seguiram traçando a cartografia de uma economia pensada a partir da periferia, como estratégia de sobrevivência e de resistência.

Apesar da oferta de diversos bailes disponíveis nos arredores dos subúrbios, nos tradicionais clubes de bairro, como o Irajá Atlético Clube, o Clube Vera Cruz, na Abolição, ou o Viaduto, de Madureira, o anúncio *Paratodos* chamava atenção, especialmente em um tempo em que diferentes estilos musicais disputavam espaços e a preferência da juventude periférica.

Embora não tenha frequentado o Baile Paratodos, esse nome sempre pareceu um convite generoso, acessível e aberto aos bailantes, sem distinção e, ao mesmo tempo, um contraponto às diversas formas de impedimento, mais ou menos explícitas, para acessar, frequentar e usufruir de outros espaços de cultura e lazer da "Cidade maravilhosa". Seja pela distância geográfica, seja pelo abismo entre os diferentes modos de vida, não apenas o acesso estava barrado, como, claramente, a diferença materializada pela apresentação de outros corpos e linguagens nunca foi bem-vinda.

Para a maior parte da juventude suburbana, os bailes representavam uma possibilidade de oferta de novas linguagens, estéticas e estratégias de sobrevivência. Expressões simbólicas da trama social, em que a cultura urbana popular toma corpo e se manifesta para além

bairros citados na canção de Fernanda Abreu, Pavuna é mais um bairro desconhecido e distante, que nos anos 1980 passou a ser a estação final da linha dois do metrô, ligando a zona norte a Botafogo, na zona sul do Rio de Janeiro.

de seu caráter festivo, os bailes funcionam, ainda hoje, como portas de entrada para a produção de sentidos e de identidades (Oliveira, 2018).

A partir desse fragmento inicial e situando a proposta de pensar articulações entre democracia e psicanálise, seria possível conceber uma psicanálise *paratodos*? Quais seriam os impedimentos e as implicações desta proposição?

A resposta a essas questões não se reduz a uma espécie de "aplicação" ingênua e indiscriminada da técnica psicanalítica, sem considerar seus limites e seu alcance, como Freud há muito advertiu, ao longo de sua obra. Além disso, a referência a uma prática psicanalítica apoiada em um rígido modelo e técnica, destinada a um seleto grupo de escolhidos e privilegiados – uma psicanálise *parapoucos* –, parece insuficiente para justificar o impedimento ao acesso, embora os efeitos dessa restrição revestida de rigor delimitem espaços e grupos, nos quais a psicanálise estaria autorizada a circular e ser transmitida.

Entre frestas, impedimentos e acesso, o ponto de contato entre psicanálise e democracia parece residir no fato de que a psicanálise se ocupa, desde as histéricas, de distintas formas de segregação, o que, em alguma medida, implica sustentar os impasses e interrogar a psicanálise e os psicanalistas, assim como os vários campos de produção do saber, não apenas como representantes de um campo aberto à escuta, mas como potenciais agentes de manutenção de lógicas segregatórias.

Nesse sentido, uma questão fundamental na ideia de uma psicanálise *paratodos* é que saber ler os sujeitos significa também querer lê-los, sem que os discursos que sustentam os laços e os distintos modos de vida sejam banalizados (Ribeiro & Mendonça, 2021), pois compreender que o sujeito se constitui no laço social não diz respeito apenas àquilo que ele constrói como romance familiar ou como ficção, a partir de sua história libidinal, mas revela que o singular de seu desejo escapa de uma conjuntura que busca determiná-lo.

Se o trabalho analítico implica que o sujeito coloque em questão o desejo que o causa, é preciso destacar que esse desejo está inserido e significado de um modo específico no laço com o outro, com suas determinações históricas, culturais e políticas, como Freud aponta ao pensar tanto a metapsicologia, quanto os chamados textos sociais. Estes últimos, nem sempre com o mesmo prestígio e importância dos trabalhos metapsicológicos, estariam situados como marginais à clínica e ao ofício do psicanalista, ou, ainda, como uma espécie de repertório de ampliação cultural, desvinculado dos conflitos que marcam o sujeito do inconsciente.

No entanto, pensar a sociedade, as religiões, a cultura e as massas, a violência e as guerras se tornou indispensável para compreender o mal-estar contemporâneo e seus sintomas, as identificações e seus ideais, bem como o próprio conceito de libido, presente na construção de uma espécie de clínica da constituição social do sujeito, uma vez que o sujeito freudiano e seu estatuto não estão situados em uma categoria transcendental ou no reflexo passivo de estruturas sócio-históricas determinadas (Iannini & Tavares, 2020).

É nessa encruzilhada que encontramos, com seus pontos de fuga, possibilidades de caminho, partilhas e encontros indesejados; é dela que partimos em direção ao descentramento e à produção de saberes que possibilitem criar, inventar nas frestas e deslocar as fronteiras das construções polarizadas e dicotômicas.

## *Democracia e psicanálise: uma discussão apolítica?*

Pensar a construção do campo psicanalítico e de seu fazer clínico apartados da política parece salvaguardar os psicanalistas de um debate incômodo, como se a transformação das condições sociais da desigualdade não tocasse, nem dissesse respeito à psicanálise. No entanto, essa separação impossível nos remete, justamente, aos textos freudianos, que apresentam e desdobram questões clínicas entrelaçadas a temas demasiado humanos: a guerra, a morte, o laço libidinal, o poder, a lei e os pactos sociais (Rosa, 2016).

Diante de tais interpretações e entendimentos, não é incomum que as instituições e outros espaços de circulação do saber psicanalítico trabalhem, efetivamente, no silenciamento das experiências políticas de resistência e engajamento direto na transformação social, posição que conserva sua dimensão discursiva e ética, transmitida no campo das relações, no fazer clínico e no contexto da formação de analistas.

Neste ponto, retornamos à questão do acesso à psicanálise que, como destaca Gabarron-Garcia (2023), será inversamente proporcional às políticas de salvamento e manutenção das heranças no interior da própria transmissão da psicanálise e na formação de analistas, o que indica a existência e perpetuação de políticas específicas de interpretação dos fatos sociais, partilhadas nas instituições que transmitem o legado psicanalítico. Estas delimitam não apenas o propósito da psicanálise, mas de que modo é oferecido e a quem se destina o cuidado do sofrimento psíquico.

Não surpreende, portanto, que ao sustentar que a estrutura do psiquismo prevaleça sobre qualquer realidade social, a psicanálise seja tomada como aquela que detém a verdade sobre a natureza humana para além das diferenças culturais e históricas, justificando assim uma pretensa neutralidade do analista.

Ora, se não é possível conceber o analista completamente despido de seus ideais, nem alheio aos atravessamentos que marcam o sujeito no campo social, é porque a psicanálise se politiza ou despolitiza a depender do modo como a política em geral afeta as políticas de sofrimento.

E o que é a psicanálise, senão

> *o espaço de elaboração dessa fala singular, a princípio interditada, que procura se fazer ouvir apesar da dominação,*

> *da negação . . . e o analista deve, com muita frequência, se fazer testemunha de um sofrimento mudo e sem nome que pode vir a se apossar do real do corpo e do qual somente o trabalho de cura pode libertar o sujeito. Essa possibilidade de o sujeito retomar seu destino . . . é a promessa aberta pela psicanálise. (Gabarron-Garcia, 2023, p. 26)*

Neste caso, o analista, enquanto representante dessa "promessa", deve lembrar do inescapável de sua condição humana, na medida em que é convocado a uma experiência que coloca em questão não apenas sua identidade, mas que implica, sobretudo, revisitar suas alienações ao outro e seus pactos precocemente construídos com os outros para poder viver. Isso remete, no contexto da clínica, à impossibilidade de sustentar a neutralidade diante da desigualdade social, do racismo e da vulnerabilidade, entre outras marcas distintivas, uma vez que não se trata, simplesmente, de uma indignação seletiva, mas de saber-se implicado ética e politicamente na escuta analítica.

Assim, convocada a interrogar seus silêncios e a refazer seus modelos, a psicanálise vem situar o político ao incluir tanto a polissemia e a pluralidade humanas quanto a diferença presente na reciprocidade, que só são possíveis a partir de um espaço vazio, que delimita a condição da subjetividade de suas práticas.

Parece fundamental, portanto, que a cura pela fala proposta pela psicanálise mantenha seu alcance revolucionário, pois segue necessária e preciosa para o nosso tempo, convocada em sua capacidade de sustentar espaços vazios e intervalos que promovam o laço e a partilha comunitária. Na ausência destes, resta o deserto e a aridez que impossibilitam o conflito democrático, o mal-entendido, o lapso e o desentendimento (Koltai, 2018).

No entanto, ao transformar o legado freudiano em um modelo generalizante e universal, a psicanálise e suas instituições operam não apenas no sentido de obturar esses espaços vazios, mas de recobrir e perpetuar a desigualdade e as formas de opressão que comparecem na clínica, na escuta do sofrimento psíquico e na transmissão teórico-conceitual da psicanálise. Em lugar da liberdade, há um enrijecimento baseado em um modelo conservador, rigoroso, mas também pouco crítico, quando se trata de questionar a atualidade e o fazer psicanalíticos frente às mudanças e à repetição dos aspectos indesejados e enigmáticos de sua própria história, corroborada pelo mais absoluto silêncio.

Como aponta Gabarron-Garcia (2023), no lugar de uma abertura para a história das redes e práticas clínicas e políticas concretas dos analistas em seu contexto histórico, trazendo a retomada de certos textos fundadores de Freud, o que se vê, ao contrário, é a reificação da história da psicanálise em sua narrativa oficial que, ao ser interrogada, costuma desprezar frestas, bifurcações e outras histórias das práticas. Contudo, se o conflito, enquanto experiência humana inexorável, segue constituindo o cerne da psicanálise, espera-se que esta, ao menos, "se vasculhe mais, de modo a questionar uma história despolitizada e despolitizante que os psicanalistas escolheram contar para si mesmos e na qual, por muito tempo, acreditamos" (Fernandes & Lima, 2019, p. 391).

Nesse sentido, posicionar a psicanálise do ponto de vista político significa também atentar para os contornos de certas políticas da psicanálise. Se de um lado é sabido que parte do corpo teórico-conceitual produzido surgiu apoiado em uma concepção evolucionista do progresso das sociedades, contexto em que se desenvolveram hipóteses sobre a constituição subjetiva, as vicissitudes pulsionais e as formas de padecimento de ordem inconsciente, de outro, trata-se de considerar os desdobramentos e os efeitos políticos da realização desse progresso na história do nosso tempo, para pensar como esses elementos comparecem e sustentam um saber sobre o sujeito e sobre a produção de sofrimento psíquico, que circulam a partir de discursos compartilhados no campo social.

Essas discursividades devem ser pensadas em sua dimensão política como elementos fundamentais para a implementação dos jogos de poder, pois se fundam em um saber que vem sustentá-las como verdade, articulando posições específicas no discurso, normatividades sociais, mediações no laço com o outro e distintas modalidades de desamparo.

A articulação desses elementos à democracia, entendida aqui como uma sociedade governada por um Estado que asseguraria a liberdade dos indivíduos e a participação da maioria na vida pública, remete ao ponto de partida, enunciado neste trabalho: os impedimentos e possibilidades de acesso presentes na ideia de uma psicanálise *paratodos*.

Em *Ódio à democracia*, Rancière destaca um ponto de impasse, ao apontar que a civilização democrática, diversa e garantidora das liberdades, revela o contraste das diferenças não apenas como um efeito catastrófico da vida democrática intensa, excessiva e real demais, mas também como um ideal capaz de reprimir e controlar tamanha desordem. Contudo, não surpreende que uma espécie de responsabilização pelo impossível da democracia e de seus princípios de igualdade e respeito, e a responsabilidade pela crise na civilização que afeta a sociedade e o Estado, recaiam sobre o povo e seus costumes, sem que as instituições e seu funcionamento sejam colocados em questão. De algum modo,

> *o remédio para esse excesso de vitalidade e paixões ávidas por satisfação consiste em orientar para outros fins as energias febris que se ativam na cena política, desviando-as para a busca da propriedade material, da felicidade privada e dos laços de sociedade, multiplicando aspirações e demandas que tornam os cidadãos indiferentes ao bem público. (Rancière, 2011, pp. 16-17)*

Tal indiferença aponta para uma espécie de privatização do laço democrático, fazendo com que a garantia do exercício da liberdade seja um valor ou objeto a ser consumido individualmente, marcado pela desigualdade e pelo privilégio de classe, resultado do encontro com o outro da diferença. E é justamente nessa injunção entre democracia e psicanálise que tomamos a reflexão feita por Cunha (2021) sobre a relação com o público e com o fato social, quando aponta para um certo apagamento do sentido coletivo da política, na medida em que "o fato político é enunciado como se pudesse ser resumido a afetos e interesses estritamente individuais . . . com base em seus próprios sentimentos, sua história de vida" (p. 35).

Esse cenário toca a psicanálise justamente no que ela tem de mais singular: a escuta do sofrimento psíquico e seu ordenamento inconsciente. Diante do mal-estar incontornável e dos impedimentos à satisfação libidinal, resultado dos subterfúgios inventados para tornar a renúncia suportável, a clínica psicanalítica é convocada a incluir as estruturas normativas do campo social e da cultura, suas gramáticas de reconhecimento, restrições e exigências, modelos de conduta, lógicas de identificação e distribuição dos afetos.

Ainda assim, nem sempre é possível à psicanálise e aos psicanalistas rever o estatuto do seu campo de saber, na medida em que isso remete à revisão de sua própria posição e à constatação de que questões técnicas têm desdobramentos éticos e políticos inescapáveis. Desconsiderar ou minimizar a importância de tais aspectos colabora para silenciar os atravessamentos e o mal-estar presentes na clínica, como se uma psicanálise *paratodos*, pensada na perspectiva dos acessos e de seu alcance público, viesse, de um lado, profanar o legado sagrado de Freud, remexendo os arquivos da tradição de modo incontornável; e de outro, ameaçar aquilo que faz performar o "autêntico" psicanalista, sua práxis e seu saber.

## *Mas isso não é psicanálise!*

Diante das inúmeras demandas de saúde mental que têm se apresentado, não apenas nos consultórios privados, mas que passam a ser pensadas no âmbito da saúde da população e das políticas públicas, é possível reconhecer uma procura significativa por cuidado e o reconhecimento de que o sofrimento psíquico não está circunscrito a questões filosóficas, à esfera privada, ou que diga respeito a um pequeno grupo de pessoas. Em contrapartida, não é incomum que qualquer modalidade de escuta e cuidado dos sujeitos que acessam as políticas públicas nos serviços de saúde e na assistência social, fora dos consultórios privados, seja significada como uma clínica menor e de valor duvidoso, cujos resultados são comumente desqualificados no sentido do alcance e dos efeitos que promove.

Considerar que o fazer clínico psicanalítico se constitui, fundamentalmente, a partir da escuta do sofrimento privado/privatizado traz consequências significativas. De um lado, essa posição privada da escuta clínica costuma ignorar ou considerar desimportante a relação com o entorno social e cultural do sujeito, enquanto parte significativa da produção sintomática e das marcas discursivas presentes na subjetividade; de outro, estabelece tanto os limites de acesso à psicanálise, como o segmento da população ao qual se supõe uma interrogação sobre o próprio desejo e sobre as razões de seu padecimento.

Isso implica pensar onde estaria situado o impedimento: na suposição de que a condição de vulnerabilidade ou pobreza não incluiria um sujeito desejante, ou na posição de desconhecimento do analista, que precisa se haver com sentidos, narrativas, modos de vida e caminhos desejantes de sujeitos que vivem contextos distintos?

Nesse sentido, expandir o alcance da psicanálise na cultura e nas políticas públicas implica redimensionar o lugar da fala, do desejo e da escuta, sem restringi-las à dimensão privada da análise pessoal, na medida em que a clínica passa a ser transmitida no âmbito do público, evidenciando questões contemporâneas significativas, quase sempre encobertas (Broide, 2017).

Em *As clínicas públicas de Freud: psicanálise e justiça social*, a investigação minuciosa e acurada de Elisabeth Danto (2019) nos mostra, entre outras coisas, que Freud situou seu trabalho a partir do ambiente social, por meio de investigações individuais e pela ideia de direito e responsabilidade social, o que, em nenhum momento do percurso de construção da psicanálise enquanto um campo de saber, significou menor rigor ou ausência de critérios em relação à transmissão e ao fazer clínico.

A autora destaca a conferência realizada no V Congresso Psicanalítico Internacional em 1918, em Budapeste. Nela, Freud reflete acerca de um contexto de luta entre as necessidades humanas e as formações socioeconômicas dominantes, diante do qual os psicanalistas não poderiam mais insistir em considerar a neurose do indivíduo como único *locus* de intervenção. Assim, a proposta de tornar a psicanálise amplamente acessível se deveu tanto às circunstâncias históricas, como à reflexão pessoal de Freud, que a partir da experiência de tratamento das neuroses de guerra, posiciona-se contrário ao privilégio militar e médico, entendendo que o direito ao cuidado, estruturado como uma política de bem-estar social da nação recém-democratizada, constituiria um aspecto fundamental da cidadania.

Ainda que tais proposições tenham sido subestimadas, quando não ignoradas, no decorrer dos anos e que surpreende muitos psicanalistas ainda hoje, Freud (1921/2020) nos lembra em "Psicologia das Massas e análise do eu", que a estrutura social não precisa existir com o único propósito de restringir os impulsos e desejos do id, mas que necessitamos de estrutura social por razões políticas, uma vez que não sobrevivemos simplesmente pela força individual ou pelo livre arbítrio. A primeira exigência da civilização é, portanto, a da justiça, ou seja, a garantia de que uma lei, uma vez criada, não será violada em favor de um indivíduo. Este seria, então, um argumento pela democracia: justiça significa que a sociedade deve ser uma salvaguarda específica contra o acesso desigual aos recursos.

No entanto, é preciso lembrar que os impedimentos que culminaram no apagamento dessas ideias de Freud e, consequentemente, nas diretrizes adotadas para conduzir a continuidade da transmissão da psicanálise dizem respeito ao contexto social e econômico de então, mas remetem, sobretudo, à posição assumida pelos analistas.

Em *Além do princípio do prazer*, Freud destaca que, se de um lado, procurar restaurar um estado anterior de coisas constitui característica tão universal, de outro, não surpreende que tantos processos se realizem na vida mental independentemente do princípio do prazer. Neste caso, "assumir e promover mudanças que avancem efetivamente em direção a um futuro mais igualitário pode ser tão convincente quanto repetir o passado. Da mesma forma, a prática da psicanálise é um compromisso no discurso político, conscientemente ou não" (Danto, 2019, p. 27).

Isso indica que o debate a respeito do compromisso ou mesmo da implicação política, inerente à posição de escuta, diz mais sobre os psicanalistas e de que modo operam as políticas de transmissão e reconhecimento do que sobre a própria psicanálise. Nesse sentido, não é possível distanciar os sujeitos e seus modos de satisfação da cena social e das referências acessíveis em cada época, na medida em que estas delimitam políticas de visibilidade e invisibilidade, com efeitos significativos na produção do sofrimento psíquico e das construções sintomáticas.

Reconhecer a urgência e a necessidade de garantir que o tratamento psicanalítico esteja disponível às classes populares faz retornar às condições de acesso e de impedimento, especialmente no que diz respeito à formação de analistas. Muitas vezes desarticuladas das políticas públicas de saúde mental, as políticas institucionais e de transmissão da psicanálise em geral traduzem tal distância por meio da justificativa de que é necessário e imprescindível àqueles que desejam se tornar analistas dispor de alto investimento financeiro.

Essa questão aponta dois caminhos que tocam a busca por atendimento e formação. De um lado, evidencia o desconhecimento profundo de uma parte significativa dos psicanalistas brasileiros, do universo simbólico das classes populares, escutadas aprioristicamente por meio da violência, da vulnerabilidade e da precariedade como marcas constitutivas e, portanto, tomadas pela urgência da sobrevivência, incapazes de serem reconhecidas como sujeitos desejantes. De outro, coloca em cena o quanto o acesso à psicanálise estaria marcado pelo silêncio acerca da realidade das diferenças de classe, o que nos permite interrogar quão democráticos são, tanto a modalidade de atendimento clínico quanto os espaços de formação de analistas, e de que modo o saber psicanalítico pode circular e ser transmitido.

Nesse sentido, entendemos com hooks (2017) que "a questão de classe não diz respeito apenas à materialidade, mas molda valores, atitudes, relações sociais e preconceitos que definem o modo como o conhecimento é distribuído e recebido" (p. 236). Tais valores parecem atuar como uma espécie de anteparo, que impede qualquer possibilidade de confrontação e conflito, desqualificando perspectivas intelectuais que criticam os variados modos de dominação e de política da diferença. Com isso, as formas de transmissão da psicanálise seguem apoiadas em referências estabelecidas como tradição, evocando experiências de classe materialmente privilegiadas como norma universal.

Entre as normas que são enunciadas e outras que operam silenciosamente e seguem implícitas, garantindo que sejam perpetuadas, grupos desprivilegiados permanecem afastados e excluídos do debate sobre o impacto de sua condição de classe. E quando ousam inventar novas maneiras de cruzar fronteiras, especialmente ao adentrar o espaço "sagrado" da transmissão psicanalítica por meio de cotas, bolsas de estudo ou trabalhos não exclusivamente clínicos, que possam sustentar os anos de formação como analista, lidam não apenas com impedimentos de diversas ordens, mas com o fato de que o próprio desejo de se tornar analista passa a ser colocado em questão.

Nesse cenário, entra em cena toda sorte de questionamentos que buscam classificar aqueles que não estão "destinados" aos espaços de transmissão da tradição. E estar presente nesses espaços pode, muitas vezes, significar o apagamento das experiências e das marcas históricas e singulares, que não encontram possibilidade de laço, reconhecimento nem pertencimento; ou ainda, o risco de acatar o sedutor convite, entre a advertência e a suposta generosidade, para aderir aos saberes dos mestres.

> *Quando completei dez anos, comecei a adestrar bois. Foi assim que aprendi que adestrar e colonizar são a mesma coisa. Tanto o adestrador quanto o colonizador começam por desterritorializar o ente atacado, quebrando-lhe a identidade, tirando-o de sua cosmologia, distanciando-o de seus sagrados, impondo-lhes novos modos de vida e colocando-lhe outro nome. O processo de denominação é uma tentativa de apagamento de uma memória para que outra pessoa possa ser composta. (Santos, 2023, p. 11)*

É preciso, portanto, refletir o quanto iniciativas de acesso e "inclusão" podem ser convertidas em processos de disciplinarização daqueles que até então estiveram excluídos, colaborando para a manutenção de certa ordem colonial no interior da própria psicanálise.

Nesse sentido, desejar tornar-se analista tendo como origem uma classe social, cultural e material ou uma identificação racial distintas pode vir a materializar a diferença de tal modo, que esta passa a operar como oposição de ordem absoluta, como um paradigma que ameaça e é tomado como desvio, seja por apresentar corpos e linguagens fora da normatividade que delimita a "verdadeira psicanálise", seja pelo apagamento epistêmico de saberes que serão marginalizados e desqualificados nos percursos formativos. Do lado das instituições e de seus representantes, a teoria corre o risco de ser transformada em uma doutrina, revelando um exercício de poder e autoridade, e a submissão daqueles que partilham suas verdades (Birman, 2021).

Vale lembrar que a proposta de Freud é de que a psicanálise possa construir um saber que inclua o que há de mais vivo e singular, mas também e, sobretudo, a incerteza, o acaso e a complexidade que compõem o laço entre os sujeitos, uma vez que a transferência e a ordem inconsciente marcam a impossibilidade de neutralidade na transmissão.

## *Do impossível à invenção: por uma psicanálise paratodos*

Considerando os últimos escritos de Freud (1937/2019), especialmente *Análise terminável e interminável*, em que indaga sobre os ofícios impossíveis (educar, governar, curar), só podemos estar seguros de que chegaremos a resultados insatisfatórios, já que o ideal de cura não estará garantido. É justamente aí que temos em causa o exercício da própria psicanálise e a posição do analista, pois o que está em jogo é a constatação de uma insuficiência incontornável e do fracasso inevitável. Resta, portanto, assumir o impossível como um bem precioso, de modo a não tornar a teoria estanque nem estabelecida como verdade atemporal, desvinculada de suas marcas históricas e dos desafios teórico-clínicos que se apresentam permanentemente (Cifali, 2009).

Nessa encruzilhada, tal posição convida à invenção e à abertura de caminhos frente à necessidade de sustentar o mal-estar inerente à posição de analista, sem tentar encobri-lo ou recuar diante de tais impasses. Assim, parece necessário e urgente retomar o compromisso com o legado da psicanálise enquanto prática discursiva, transmitida e tecida em transferência pela associação livre, considerando que o saber em causa é inconsciente, que não se totaliza nem se didatiza; que não é absoluto nem poderá garantir uma verdade única e última (Broide, 2017).

Nesse sentido, recuperar a implicação ética da psicanálise pode indicar frestas na direção de uma psicanálise *paratodos*, sem a adesão a um ideal que romantize o fazer analítico, e que, ao mesmo tempo, recupere deste campo de saber as incertezas que advêm das questões clínicas na cena política, incluindo a história do sujeito em seus diferentes contornos: libidinal, familiar e social. Por isso, ao assumir os limites e impasses que constituem o fazer analítico, é possível pôr em questão a importância do acesso, não enquanto recompensa ou bem fazer, passível de gratidão ou de servidão, mas entendido como efeito da implicação do analista diante dos atravessamentos sociais e históricos que situam sua posição discursiva, ética e política.

Ao problematizar a clínica psicanalítica e a dimensão sociopolítica do sofrimento, Rosa (2016) aponta que psicanálise e política não estão em campos tão distintos como poderia parecer, na medida em que "a política se apresenta em duas faces: não apenas como poder e domínio sobre o sujeito, mas também como ação no espaço entre as relações, ou seja, aquela que tem no horizonte a produção do mundo comum" (p. 23). Trata-se, portanto, de considerar a política fundada no compartilhamento, "calcada na experiência com o outro, produzida na transmissão que supõe, *a priori*, a diferença e a pluralidade" (p. 23).

Portanto, a aposta na invenção significa incluir o impossível, na medida em que a presença do outro, até então silenciada e invisível, possa ser desvinculada da representação antecipada, seja do estranho, estrangeiro e ameaçador, seja da posição de docilidade presente nas adaptações bem-sucedidas que não produzem ruído, mas permitindo que o desencontro construa novos rumos e possibilidades. Assim, se antes não podiam ocupar e fazer circular distintas discursividades, corpos e desejos nos espaços de cuidado, contextos formativos e instituições psicanalíticas, ao tomar a palavra revelam não a vulnerabilidade esperada, mas uma espécie de ordenamento institucional e instituído, por vezes invisível, que barrava de forma bastante eficiente quaisquer outros na tentativa de acesso aos espaços de ser, estar, falar e, principalmente, ser escutado.

Por fim, uma psicanálise *paratodos*, enquanto invenção, precisa contar com as margens, com as franjas e encruzilhadas enquanto espaços de abertura radical, nos quais seja possível reconhecer e produzir novas discursividades críticas, rever os arquivos da tradição, alterar a ordem dos documentos, reescrever ou recontar parte dos acontecimentos, sem que isso configure uma ameaça de perda total, que converteria um campo de saber em arquivo morto.

## *Referências*

Birman, J. (2017). *Arquivos do mal-estar e da resistência.* Civilização Brasileira.

Birman, J. (2021). Paradigmas em questão. In *Ser justo com a psicanálise: ensaios de psicanálise e filosofia.* Civilização Brasileira.

Broide, E. (2017). *A supervisão como interrogante da práxis psicanalítica: desejo de analista e transmissão da psicanálise.* Escuta.

Cifali, M. (2009). Ofício "impossível"? Uma piada inesgotável. *Educação em Revista,* 25(1), 149-164.

Cunha, E. L. (2021). *O político e o íntimo: subjetivação e política, do impeachment à pandemia.* Devires.

Danto, E. A. (2019). *As clínicas públicas de Freud: psicanálise e justiça social.* Perspectiva.

Diniz, A. (2022). *Black Rio nos anos 70: a grande África soul.* Numa.

Fernandes, M., & Lima, R. A. (2019). Psicanálise para quem? In E. A. Danto, *As clínicas públicas de Freud: psicanálise e justiça social.* Perspectiva.

Freud, S. (1937/2019). Análise terminável e interminável. In S. Freud, *Fundamentos da clínica psicanalítica.* (C. Dornbusch, Trad.). (Obras incompletas de Sigmund Freud). Autêntica.

Freud, S. (1920/2020). *Além do princípio do prazer* (M. R. S. Moraes, Trad.). (Obras incompletas de Sigmund Freud). Autêntica.

Freud, S. (1930/2020). Mal-estar na civilização. In S. Freud, *Cultura, sociedade, religião: o mal-estar na cultura e outros escritos.* (M. R. S. Moraes, Trad.). (Obras incompletas de Sigmund Freud). Autêntica .

Freud, S. (1921/2020). Psicologia das massas e análise do eu. In S. Freud, *Cultura, sociedade, religião: o mal-estar na cultura e outros escritos.* (M. R. S. Moraes, Trad.). (Obras incompletas de Sigmund Freud). Autêntica.

Gabarron-Garcia, F. (2023). *Uma história da psicanálise popular.* Ubu.

hooks, b. (2017). *Ensinando a transgredir: a educação como prática de liberdade.* WMF Martins Fontes.

Iannini, G., & Tavares, P. H. (2020). Apresentação – Para ler o mal-estar. In S. Freud, *Cultura, sociedade, religião: o mal-estar na cultura e outros escritos.* (Obras incompletas de Sigmund Freud). Autêntica.

Koltai, C. (2018). Ódio na política, políticas do ódio. In M. D. Rosa, A. M. M. da Costa, & S. Prudente (Eds.), *As escritas do ódio: psicanálise e política.* Escuta/Fapesp.

Oliveira, L. X. (2018). Bailes e clubes de subúrbio. In: *A cena musical da Black Rio: estilos e mediações nos bailes soul dos anos 1970* (pp. 55-72). [online]. Edufba.

Rancière, J. (2011). *Ódio à democracia.* Boitempo.

Ribeiro, C., & Mendonça, R. (2021). O descentramento como imperativo a uma psicanálise brasileira. A. M. C. Guerra, & R. G. e Lima (Eds.), *A psicanálise em elipse decolonial.* n-1 edições/Psilacs.

Rosa, M. D. (2016). *A clínica psicanalítica em face da dimensão sociopolítica do sofrimento.* Escuta/Fapesp.

Santos, A. B. dos. (2023). *A terra dá, a terra quer.* Ubu.

# 3. Tempestades, faróis, palavras: arriscar uma psicanálise?[1]

*Edson Luiz André de Sousa*

*O sonho é uma espécie de eclipse.*

Anne Dufourmantelle, 2014

*Quando é que deixaremos de fazer do passado dos outros o nosso futuro.*

Sami Tchak

*A função da angústia é o que nos permite nos orientar no momento de sua aparição.*

Jacques Lacan

Foram e ainda são muitas as tempestades que ameaçam a democracia. O Brasil tem vivido o espectro desses perigos incessantemente, o que nos indica que os ares do golpe civil-militar de 1964 continuam pulsantes nos porões do espírito de nosso país. Certamente, uma das razões desse cenário preocupante é a falta de uma política de memória consistente, permanente e corajosa para enfrentar todos os apagamentos desses tempos de violência. É impressionante como o Brasil carece de memoriais. São muitos os arquivos que ainda precisarão ser abertos.

1 Este capítulo é uma versão modificada e ampliada de um ensaio apresentado na Jornada de Abertura da APPOA, intitulada "Ética, Estética, Criação, Destruição", em 1º de abril de 2023.

Estive recentemente em Buenos Aires e ao visitar tanto o Parque da Memória como a antiga *Escuela Superior de Mecánica de la Armada (ESMA)*, nomeada agora como *Espacio Memoria y Derechos Humanos*, pensei que efeitos teríamos em nosso país se pudéssemos multiplicar espaços como esses. Como aponta Maria Angélica Melendi (2017), "sabemos que o trabalho da memória, que por definição é seletiva, não há de se esgotar na recuperação do passado, mas deve apontar para um desejo de futuro" (p. 247). Precisamos recolocar este tema em pauta, tantas vezes quantas forem necessárias na aposta de novos futuros. A ferida do dia 1º de abril de 1964, 60 anos depois, continua aberta, pois sem uma política de memória mais consistente pela Estado Brasileiro, não há cicatrização possível.

Ao abordar esse tema, nunca é demais evocar a canção "Primavera nos dentes", do grupo Secos & Molhados, de seu álbum de estreia em 1973, em um dos momentos terríveis da violência de estado da ditadura militar. Esse álbum vendeu um milhão de cópias na época. A letra da dessa canção foi escrita pelo poeta João Apolinário, pai de João Ricardo, um dos integrantes da banda. É a mais longa canção do álbum e que finaliza com um grito. Uma canção comovente, de resistência e coragem, um poema contra a ditadura.

> *Quem tem consciência para ter coragem*
> *Quem tem a força de saber que existe*
> *E no centro da própria engrenagem*
> *Inventa a contra-mola que resiste*
> *Quem não vacila mesmo derrotado*
> *Quem já perdido nunca desespera*
> *E envolto em tempestade decepado*
> *Entre os dentes segura a primavera*[2]

2 Secos & Molhados, 1973.

Esse verso final me faz lembrar Ana Cristina Cesar (1998) quando escreve: "São dias em que não podemos sorrir, mas ainda assim podemos ranger os dentes" (p. 55).

E ainda rangemos os dentes quando a porta de entrada da cidade de Porto Alegre se chama Avenida Presidente Castello Branco. Houve uma tentativa de mudança de nome efetivada em 2014 para Avenida da Legalidade e da Democracia; no entanto, em 2018 o Tribunal de Justiça revogou a lei que havia sido votada pela Câmara dos Vereadores. As tempestades seguem.

Somos feitos de muitos incêndios, fumaças e cinzas. O desafio é saber que desenhos somos capazes de traçar com essas fontes de calor. As narrativas que nos constituem são uma espécie de incêndio. Estamos diante de uma basculante na qual nem sempre fica muito clara a linha de borda entre o que podemos nomear como criação e destruição. Precisamos ler esses registros de fumaça, ler essas cinzas, como uma escrita ainda a decifrar, para nos orientarmos minimamente. Recuperar a força da palavra viva, aberta a novas significações, é o que pode deter esse empuxo mortífero da linguagem encapsulada, anestesiada, empobrecida, instrumento de poder de todas as tiranias. Arriscar a palavra que ainda não pode ser enunciada. Não seria esta a ética que sustenta uma estética da criação? Quando não nos implicamos nesse processo somos, queiramos ou não, espectadores cúmplices da casa que queima. Lembro aqui da pergunta que Giorgio Agamben (2021) faz no início de seu ensaio *Quando a casa queima*: "Como podíamos continuar a viver e pensar enquanto tudo queimava? O que restava de algum modo íntegro no centro da fogueira ou em suas margens? Como conseguimos respirar entre as chamas? O que perdemos? A quais destroços – ou imposturas – nos agarramos?" (p. 15).

Criar é, portanto, um ato de testemunho nos dando pistas sobre a origem do fogo. Relançar a vida, abrir espaço para outro nascimento. Como definiu o poeta Marcelo Ariel (2020), "nascer é um incêndio ao contrário". A psicanálise entra aqui em cena como um coletor dessa fumaça, em uma aposta que este texto das cinzas tem forma, corpo, peso, espessura, cheiro, cor, enfim, é um corpo vivo, obscuro e pulsante. São estratégias utópicas e arriscadas de buscar algum contorno para um narrar que nos permita recuperar a respiração, o ar que precisamos para viver.

Esse é um significante que fez marca traumática na história do Brasil e escancarou a necropolítica que inundou nosso país nos últimos anos. O ar que faltou em Manaus, por exemplo, em plena Amazônia, considerada paradoxalmente como um dos pulmões do planeta. Temos inúmeros registros dessa história da pandemia e que vamos precisar guardar, como está fazendo o Museu das Memórias (in)possíveis do Instituto APPOA (Associação Psicanalítica de Porto Alegre) em duas de suas coleções: Testemunhos da Pandemia de Covid-19 e Inventário de Sonhos.[3] Uma das imagens fortes desse momento foi o depoimento do epidemiologista Jesem Orellana, da Fiocruz do Amazonas, em janeiro de 2021: "Assistimos aos hospitais de Manaus e às unidades de pronto-atendimento se transformarem em uma espécie de câmaras de asfixia, onde muitas pessoas perderam suas vidas, outras ficaram com oxigenação insuficiente, com ventilação manual, o que certamente pode resultar em sequelas gravíssimas" (G1, 2021).

Shirley Paes Leme faz desenhos com fumaça. Ela intitula essa série de "fumaça-ação". Materializa assim o volátil, em uma escrita feita com sombras, com a respiração do fogo, uma linguagem incandescente, uma fumaça congelada à espera da leitura que, como sabemos, tem a função de redesenhar os contornos, já que ler é fundamentalmente abrir novas derivas para o significante.

Brígida Baltar, artista que faleceu precocemente em 2022, propôs uma série de trabalhos que intitulou "A coleta da neblina". Uma ação heroica de tentar capturar o evanescente, o efêmero, o que escapa, em uma insistência de registro que se aproxima muito da função da memória.

---

3 Ver o site https://museu.appoa.org.br/site/.

As fumaças e neblinas chegam a nossos espaços coletores, cápsulas de escuta que temos a chance e a responsabilidade de acolher. O desafio nessa escuta é poder abrir espaço para que esses textos possam correr o risco de continuar sua deriva, abrindo sempre novas significações, já que o sintoma é a página coagulada no recipiente de vidro fechado. O ato analítico seria, portanto, o de abrir essa basculante. O ato analítico é essencialmente um ato criativo, como evoca Lacan no início de um dos seus seminários, e eu acrescentaria aqui um ato utópico, já que permite uma abertura para um espaço do *ainda não*, uma das nomeações feitas por Ernst Bloch para o conceito de utopia. O ato como corte, furo, fissura, ferida, buraco nos monolitos do futuro. Ou ainda, como evoca Felwine Sarr (2019), economista senegalês, em seu ensaio Afrotopia, a sedução que temos das formas acabadas.

Somos todos o efeito das muitas histórias que herdamos, que nos contaram, dos sonhos eclipses que acumulamos esses anos todos. Somos seres de linguagem tatuados com uma infinidade de manuscritos que não sabemos decifrar. Reparto aqui com vocês uma das histórias que meu pai gostava especialmente de me contar em minha infância e que hoje percebo tinha muito a ver com a história de vida dele. Um alpinista encontra uma casa abandonada construída a partir de troncos de árvore no alto de uma montanha. Ela está completamente fechada, mas como fazia muito frio, ele resolveu forçar a porta de entrada e passar a noite ali dentro. Ao entrar, vê em um dos cantos da casa um pequeno buraco em um dos troncos e, dentro dele, um pequeno roedor morto. Percebe imediatamente que o animal tinha aberto um furo no tronco buscando desesperadamente uma saída. Ele enfia seu dedo no buraco e com um leve toque no fundo se abre uma fina camada de madeira. Tinha faltado apenas um último movimento para que o roedor encontrasse a saída. Esta história sempre me impressionou pela pergunta que ela coloca: o que teria faltado para que esse último movimento acontecesse? O que faltou para esse ato? Meu pai foi um retirante nordestino e saiu de sua casa na pequena cidade de Limoeiro do Norte, no Ceará, ainda muito jovem, com 14 anos de idade. Iniciou ali uma travessia com muitos desvios que o trouxe para o sul do Brasil, até a cidade de Pelotas. A vida em movimento em busca de novas saídas, novos lugares, novos futuros, novos horizontes. O que me interessa aqui é a pergunta sobre o "quase" que antecede a efetivação do ato: o movimento que faltou para que a saída se abrisse. Minha hipótese é que neste ponto é preciso evocar a função da angústia, que pode funcionar como motor ou freio do movimento. É o destino que damos a esse afeto que fará toda a diferença. Arriscar uma psicanálise?

A artista Elida Tessler concebeu um trabalho que está em andamento desde 2004, uma espécie de *work in progress* que intitulou "Você me dá sua palavra?".[4] A artista pede para as pessoas com a qual tem algum contato que escrevam em um prendedor de roupa de madeira uma palavra em sua língua materna. Não vou entrar em detalhes sobre a origem e a história desse trabalho, que já reuniu milhares de prendedores e que, segundo ela, forma um grande poema visual que se modifica a cada montagem do trabalho. Para cada pessoa uma palavra, como uma espécie de nome próprio. Um desses prendedores foi escrito pelo escritor israelense David Grossman, que escreveu em hebraico a palavra *itzira*, que significa, ao mesmo tempo, saída e criação. Acho que temos aí uma porta... Aproximar-se deste "quase" que faltou para abrir a porta...

A arte e a literatura como pensamento têm a força de nos transmitir complexas elaborações conceituais. Uma das mais comoventes definições deste quase encontro no poema "Quase", de Mário de Sá-Carneiro, poeta amigo de Fernando Pessoa, que se suicidou em Paris ainda muito jovem. Transcrevo aqui um fragmento do poema:

*Um pouco mais de sol – eu era brasa,*
*Um pouco mais de azul – eu era além.*

4 Ver site: www.elidatessler.site.

*Para atingir, faltou-me um golpe d'asa...*
*Se ao menos eu permanecesse aquém...*
*Assombro ou paz? Em vão... Tudo esvaído*
*Num baixo mar enganador d'espuma;*
*E o grande sonho despertado em bruma,*
*O grande sonho – ó dor! – quase vivido...*
*Quase o amor, quase o triunfo e a chama,*
*Quase o princípio e o fim – quase a expansão...*
*Mas na minh'alma tudo se derrama...*
*Entanto nada foi só ilusão!...*
*Se me vagueio, encontro só indícios...*
*Ogivas para o sol – vejo-as cerradas;*
*E mãos d'herói, sem fé, acobardadas,*
*Puseram grades sobre os precipícios...*
*(Sá-Carneiro, 1980, p. 25)*

Abrir portas, arriscar arrancar as grades do precipício que turvam a visão do horizonte provável, sem precisar cair montanha abaixo. Abrir portas, atravessá-las, uma a uma, sem descanso, arriscando sempre novos espaços, novos significantes, novas narrativas. Como no verso de um dos poemas de Eliot (1981), "passos ecoam na memória através do caminho que não tomamos em direção à porta que nunca abrimos, que dava para um jardim de rosas" (p. 199).

Ou ainda, em um dos últimos trabalhos do artista Christian Marclay, *Doors* (2022), no qual edita em um filme centenas de imagens de cinema de portas se abrindo, em um labirinto sem fim. O que nos interessa nessa imagem é mostrar que a chance do encontro está nesse movimento do *entre*, entre uma porta e outra, no intervalo. É neste *entre* que podemos conceber o precipício que nos fala o poeta Sá-Carneiro. O sonho como esse intervalo, o eclipse que indica esses lugares de passagem. "São os intervalos, as coisas luminosas", escreve Dominique Fourcade (1994) em um de seus poemas do livro *Il* (p. 65).

Eclipse é uma palavra que vem do grego *ékleipsis* e que significa desaparecimento e abandono. O sonho pode funcionar como um eclipse do sujeito da consciência, revelando através das gramáticas dos obscuros com as quais nos inundam as fontes de luz que normalmente ignoramos e das quais nada queremos saber. É essa luz vulcânica do inconsciente que tenta abrir espaço nos obstáculos que minuciosamente construímos com nossos sintomas para deter essas lavas perigosas, borbulhantes e incendiárias. Mas qual perigo está ali em jogo? Atravessar como equilibristas, sem rede de proteção, as tempestades que nossos desejos produzem – imagem que tomo emprestada de Lacan (s.d.) em uma das aulas do Seminário da Angústia. A reflexão que quero avançar aqui, partiu mais particularmente de duas leituras. A primeira, inédita para mim, em uma descoberta recente, o livro de Anne Dufourmantelle *Elogio do risco*, e o *Seminário da Angústia*, de Lacan.

Proponho então um primeiro mapa da navegação: como se orientar a partir dessa angústia. Arrisco pensá-la como um farol que ilumina as arquiteturas da falta. Isto porque, como sabemos bem, a angústia não é o sinal de uma falta, mas, como lembra Lacan, a falha desse apoio da falta. Cada experiência de angústia desmonta momentaneamente nosso precário castelo de cartas, com o qual ensaiamos sustentar as significações que vestimos o mundo. Contudo, se ela surge, é também para nos desafiar a encontrar outros nomes para este Outro. Estamos à altura desse desafio? No Seminário da Angústia, Lacan (s.d., p. 353) vai propor que a única forma de superação da angústia é quando este Outro pode ser nomeado.

Fica absolutamente claro, portanto, que a angústia é o motor essencial em todo o processo de criação. Aí está uma das dimensões do risco que vale a pena enfrentar: abrir frestas nos automatismos de repetição, implodir os clichês, abandonar os alfabetos antigos, reinstaurar uma nova rota de navegação nas faltas que nos constituem. Ao colocar em suspensão os lugares estabelecidos, dá-nos a chance de experimentar novas posições.

A angústia como corte na rede discursiva abre espaço para o inesperado, ao colocar as significações em suspensão. Incorpora assim certa dimensão utópica – instaurar esse aparente paradoxo que é estabelecer um não lugar como um lugar. De alguma forma, foi isto que propôs Lacan com toda sua teorização sobre o objeto *a*. Se pensarmos a angústia como a tradução subjetiva do *objeto a*, ela nos abre um campo potente de tensionamento crítico a todas as posições discursivas que se fascinam com os absolutos. Poder se aproximar destes *não lugares* a uma distância suficiente, permitindo que a lógica do eclipse se revele, ou seja, é o obstáculo (a falta) que se faz imagem. Mas uma imagem sempre em risco de queda. Em outras palavras, fazer aparecer o desaparecimento, não o desaparecido. Mas fazê-lo surgir para se apropriar minimamente desse funcionamento.

Penso aqui especialmente no trabalho de 1995 do artista colombiano Oscar Munoz, intitulado "Aliento". É a nossa respiração diante de um espelho que faz surgir a imagem de desaparecidos políticos. Essas imagens estão inscritas na superfície de vidro, serigrafadas, mas invisíveis. É somente quando o espectador se aproxima do espelho e respira, quase tocando-o, que a imagem surge. É uma imagem fugidia que se desenha diante de nossos olhos para imediatamente desaparecer, exigindo um novo "aliento" para voltar em cena.

Assim, a estrutura do trabalho mostra certa anatomia do eclipse e o trabalho artístico abre um campo ampliado de narrativas. É neste ponto que a angústia se apresenta em sua potência utópica, quebrando espelhos, impedindo que o especular da identidade nos fixe na ilusão da garantia de um lugar. O objeto *a*, do qual a angústia, como já disse, é sua tradução subjetiva, não é especularizável (Lacan, s.d.).

Percebem o dilema? O risco de certa despersonalização no não reconhecimento da imagem especular. Mas é correndo esse risco que novas imagens podem surgir no horizonte. Haveria uma definição melhor do que a experiência psicanalítica?

Já desenvolvi em outros trabalhos, especialmente em meu último livro, *Furos no futuro: psicanálise e utopia,* a proposição de pensar o objeto *a* como utopia. Lembro aqui brevemente da minha hipótese: "temos que pensar o *objeto a* sempre em queda, como o que resiste a ser assimilado em uma função significante. O *objeto a* vai, portanto, introduzir uma fissura no discurso, apontando sempre um lugar da falta, de buraco no texto, exatamente como propõe o discurso utópico" (Sousa, 2022, p. 34).

Voltemos aos precipícios e abismos, eixo fundamental da travessia analítica. Como recuperar a potência da palavra depois da destruição e do anestesiamento de sua força irruptiva e abertura para a errância? Apostar em uma travessia por dentro da angústia que nos permita circunscrever as bordas da tempestade, imagem possível do que nomeamos o real. Como correr o risco de novas nomeações para a tempestade sem anestesiar o futuro? Em *Elogio ao risco*, Dufourmantelle (2014) insiste que "arriscar a palavra é, por vezes, o único ato possível" (p. 200).

Alessandra Bergamaschi se aproxima do precipício e seu ato artístico redesenha o abismo como uma imagem possível do futuro. Entendo aqui futuro como um aberto e indeterminado e isto diz da origem mesmo da palavra abismo em grego. A palavra vem de *abissos*, variante de *abythós,* que significa sem fundo. *Bizós* significa fundo e, no latim, *Abisus* significa profundidade. A artista pega em suas mãos dois pequenos dados e os joga nesse fundo. Aciona um pensamento sobre o acaso, o impossível na dignidade poética do ato artístico. Um diálogo se abre com o poema de Mallarmé "Um lance de dados jamais abolirá o acaso", do qual recorto aqui um pequeno verso:

*a seus pés*

*num horizonte unânime*

*prepara*

*se agita e se envolve*

*no punho que o ligará*

*ao destino dos ventos*

*ser um outro . . .*

*(Mallarmé, 2017, p. 17)*

Não se trata aqui de saber o que dizem os dados, mas de acionar o espaço da imaginação de tudo que os dados podem dizer. Como lembramos antes, o ato da artista é contra a sedução das formas acabadas, com a qual os fascismos se alimentam vorazmente. Como escreve Bergamaschi (s.d.) em um texto no qual narra essa experiência e que denomina "um mundo vertical", "o único resíduo do acaso é o ato... O que sobra sou eu, sem dados na mão, na frente do abismo", escreve a artista.

Penso nesse ato do lance de dados como uma imagem possível do que Lacan vai nomear como o ponto da angústia, ou seja, a não correspondência entre o desejo e a falta. "Essa distância entre o lugar da falta em sua relação com o desejo, como estruturado pela fantasia, pela vacilação do sujeito em sua relação com o objeto parcial" (Lacan, s.d.). Para Lacan (s.d.), é "somente a angústia que visa à verdade da falta" (p. 201). Essa performance foi feita em 2012, em São José dos Ausentes.

Para finalizar, trago uma última anotação sobre outra tempestade que vivemos em nosso país nos últimos anos e diante dela precisamos estar sempre muito atentos. Jogar esses dados como pedras nos espelhos do fascismo, espelhos que tentam impor à força uma imagem ideal que deveria servir a todos, eliminando os diferentes. Certas políticas de identidade tendem a se afirmar pela exclusão de tudo aquilo que venha fazer sombra a sua imagem. É por esta razão que confrontar os fascismos implica abrir espaços para uma política de desidentificação. A psicanalista eslovena Jelica Sumic (2019) desenvolve amplamente esse tema em um ensaio, propondo que "uma política de 'desidentificação' só pode encontrar seu lugar a partir de uma falha, de uma incompletude do *para todos*" (p. 11). Franco Berardi (2020) desenvolve seu pensamento nesta mesma via, lembrando que "somente pela desidentificação é que uma comunidade não agressiva poderá surgir. Uma sociedade não autoritária não pode ter como sustentação uma comunidade do ser, apenas uma comunidade do vir a ser" (2020, p. 183).

Nunca foi tão crucial começar a quebrar espelhos e assim restaurar outros olhares para o mundo que não sejam uma mera reprodução da imagem dos iguais. Esse desafio é crucial nas micropolíticas, pois é nelas que vemos surgir algumas possibilidades de rompimento com as lógicas de poder que buscam o ar das totalidades e dos absolutos. Michelangelo Pistoleto, artista da arte povera, quebrava grandes espelhos em suas performances, mostrando que as opacidades criadas nos buracos dos vidros quebrados podiam abrir espaços de novas imagens. São essas opacidades que podem abrir novas respirações nos monolitos identitários, os quais vociferam sempre o mesmo *slogan* celebrando servilmente seus mitos. Sabemos o quanto no Brasil esses *mitos* contaminaram corações e mentes e como essa palavra foi uma ameaça perigosa para nossa democracia ainda tão incipiente.

Os fascismos se alimentam de uma paralisia da linguagem que perde sua função de equivocidade quando a comunicação se institui na repetição vazia de clichês e *slogans*. Vemos ali uma lógica de poder que, ao enunciar algo, determina exatamente o que deve ser entendido no seu enunciado. Abole assim a função da leitura e sua liberdade de interpretação. O combate ao fascismo se inicia sempre no plano da linguagem, pois é desmontando os circuitos dos absolutos e das totalidades que abriremos espaços para novos significantes. É neste ponto que a psicanálise tem uma contribuição fundamental. Arriscar uma psicanálise?

Abrir na tempestade uma brecha de liberdade, a angústia como um farol para uma navegação sempre incerta, pois como escreveu Kierkegaard (1972) em seu ensaio *O conceito de angústia*, "a angústia surge quando a liberdade se apresenta como possível, mas nada a assegura" (p. 43).

## *Referências*

Agambem, G. (2021). *Quando a casa queima*. Ayiné.

Ariel, M. (2020). *Nascer é um incêndio ao contrário*. Kotter.

Berardi, F. (2020). *Asfixia: capitalismo financeiro e a insurreição da linguagem*. Ubu.

Bergamaschi, A. (s.d.). *Um mundo vertical*, texto inédito.

Cesar, A. C. (1998). *A teus pés*. Ática.

Dufourmantelle, A. (2014). *Èloge du risque*. Payot & Rivages.

Eliot, T. S. (1981). Quatro Quartetos. In *Poesia*. Nova Fronteira.

Fourcade, D. (1994). *Il*. P.O.L.

G1. (2021, 14 de janeiro). *Médicos e familiares de pacientes descrevem colapso com falta de oxigênio em Manaus*. https://g1.globo.com/am/amazonas/noticia/2021/01/14/pacientes-e-medicos-relatam-colapso-em-manaus-leia-relatos.ghtml

Kierkegaard, S. (1972). *El concepto de la angustia*. Espasa-Calpe.

Lacan, J. (s.d.). *Le Séminaire: L'Angoisse (1962-1963)*. Association Freudienne.

Lacan, J. (2021). *O Seminário, Livro 10* (p. 372). Zahar.

Mallarmé, S. (2017). *Um lance de dados*. Ateliê Editorial.

Melendi, M. A. (2017). *Estratégias da arte em uma era de catástrofes*. Cobogó.

Sá-Carneiro, M. (1980). *Poesias Completas*. Anagrama.

Sarr, F. (2019). *Afrotopia*. N-1 edições.

Secos & Molhados. (1973). *Primavera nos dentes*. [Álbum]. Continental.

Sousa, E. (2022). *Furos no futuro: psicanálise e utopia*. Artes & Ecos.

Sumic, J. (2019). *Política e a psicanálise: do não todo ao para todos*. Lumme Editor.

Tchak, S., Felwine, S. (2016). *Afrotopia*. Philippe Rey.

# 4. Os mal-ditos da democracia

*Paulo Cesar Endo*

Para milhões de pessoas no mundo, o tempo não é dócil, e a celebração dos mortos como transmissão e tradição é quase impossível. Lápides, rituais, comemorações não encontram lugar, porque não se abre um hiato no tempo e no espaço para a vida que resta, após uma dor que salga e condena e que atua como urgência sempiterna e sem termos, impossibilitando, ou mesmo impedindo, os trabalhos de luto e a continuidade psíquica de quem sobreviveu.

Sempre entrará em disputa uma antilinguagem que se infunde e se apresenta como fala, produzindo colapsos no que haveria de alteritário no ato de dizer. Sabemos que, nem sempre, a fala se constitui como alter e, sim, como idem, e essa convocação ao idêntico nos alto-falantes tem atordoado os que desacreditam das ditaduras e das tiranias e que pensavam, talvez, que eleições livres e justas seriam o antídoto contra governos arbitrários, genocidários e inimigos das democracias.

Essa língua desdiz, no mesmo ato em que estreita a linguagem, ao ponto de convertê-la numa palavra retroativa que se serve de um suposto outro (alter) para confirmar o mesmo (*idem*). Sem alcance fora dos domínios do mesmo tal língua se converte, contudo, em força de atração identitária que condensa formas de pertinência complexas e tem atraído milhões de adeptos em estado de hipnose, desperta em marcha resoluta. Perplexos, temos constatado que essa comunidade imensa e suas ações e reações não podem ser desfeitas com as estratégias usuais e institucionais das democracias. O ataque às constituições federais é apenas uma das frentes de desmonte, uma vez conquistado o parlamento. Esparramam-se simultaneamente por comunidades inteiras forças ultraviolentas que privatizam o Estado ou se nutrem de sua ausência, como tem ajudado a desvendar Bruno Paes Manso (2020).

Ao contrário, elas têm poder convocatório impressionante e assumem posições de comando executivo pela via de eleições – um dos patrimônios das democracias modernas –, nas quais a vontade das maiorias predomina, abrindo os flancos para que as minorias sejam massacradas pelos poderes executivos, já que supostamente estariam representadas nos parlamentos. Ocorre, contudo, que as casas legislativas e o judiciário, não raro, não se reconhecem como defensores de direitos e demandas de minorias, mas como balcão de negócios nos quais os direitos das minorias são negociados junto aos interesses arbitrários do executivo. Desse modo, uma vez instauradas por via democrática, essas ditaduras trabalham para corroer os mecanismos institucionais que foram legislados para proteger as democracias, procurando rompê-los na sua própria ossatura pela via da corrupção dos poderes legislativos e do próprio judiciário.

Os exemplos são cada vez mais numerosos, como nas Filipinas de Duterte e Marcos, no Brasil de jaires, na Polônia de Duda, na Turquia de Erdogan, na Itália de Meloni e, agora, na Argentina de Milei.

O que gostaria de propor, no âmbito deste capítulo, seria uma reflexão breve sobre as palavras mal-ditas que não alcançam os cânones do bem-dizer, da boa e talvez obediente gramática e que reivindicam um lugar para a fala denominada ignorante, chula e escroque. Ela designa os até então mal-ditos da democracia e os/as conclama: mal-ditas do mundo, uni-vos!

Repletas de gritos, bravatas, comandos, ofensas ou latidos,[1] essa língua traça os imperativos bem-sucedidos de sua comunicação e avança disseminando a pertinência para os até então não pertencentes; aqueles para os quais a democracia não tem nenhum significado importante.

Os exemplos abundam em toda parte, mas nós vivemos, entre 2019 e 2022, o achaque e os efeitos altissonantes que essa língua, para nós peculiar, mas corriqueira para outros 58 milhões, produziu e vimos, aterrorizados, como ela aliciou sem hesitação, prosperou e comunicou, para algumas, de modo quase cifrado, ininteligível e absurdo o que para outros milhões parecia claro e imediatamente compreensível e excitante. De Trump a Jair e sua prole, ouvimos soar as sonoras vozes de lideranças que atuam de modo deliberado contra direitos e que têm alcançado sucessivamente o poder pelo voto. As vozes genocidárias, nesse sentido específico, também são, por definição, radicalmente idem-titárias.

A fantasia da mesmidade ambiciona produzir a experiência do igual e idêntico, cria termos bem definidos e sem complexidade (os inimigos) e não se realiza psiquicamente como projeto, porém ela abre as portas para uma destruição incentivada e permitida a todas aquelas definidas como diferentes, distintas, não pertencentes a um difuso nós ideal (Elias, 1997; Endo, 2018b), que, por sua vez, contribuem para definir por comparação odiosa e binária entre positividades e negatividades combatentes e mutuamente excludentes.

A mesmidade define a urgência do aqui e agora e mina a imaginação sobre consequências, o depois e o amanhã, porém ela promete um paraíso agora, desde que haja disposição para criar o inferno para os que serão segregados, alijados e colocados em degredo.

---

1 Em 2018, tive de explorar em artigo sobre a disfunção das falas nos campos e a semelhança entre os gritos dos soldados alemães e os latidos dos pastores alemães, ambos adorados por Adolf Hitler. Ver: Endo (2018a).

Suas práticas, quando institucionalizadas, têm fôlego para instabilizar qualquer sentido do diverso, do público e do comum, ao criar a aura coletiva da onipotência em torno do líder que os reúne e convoca, de modo sempre peremptório e altissonante.

Seu paradigma ainda são, cem anos após Freud introduzir o problema do amor na formação de fenômenos de massa, o exército e a igreja. Ambos ainda são decisivos em eleições e na composição de governos que, desse modo, instruem Estados não laicos e potencialmente ditatoriais que trabalham para neutralizar todos os principais organismos internacionais por participação e liderança ativa ou poder de veto.

O medo das forças policiais desregradas e das forças armadas cresce em todo mundo. No limite, seguem sendo a parte do Estado que ele próprio não controla, ao contrário, regiões, comunidades e cidades inteiras são controladas por forças oriundas de exércitos e policias que trabalham à margem de governos, decidindo sobre a vida e a morte de populações inteiras.

***

Em *A violência no coração da cidade*, publicado em 2005, sugeri que o esquema do aparelho psíquico proposto por Freud, na ocasião da publicação da *Interpretação dos sonhos* (primeira tópica), trazia também indicadores da conversão quase absoluta e completa da atividade psíquica à ação ou à reação, em determinadas circunstâncias, indicando que o psiquismo ficara atordoado, sem o tempo de trabalho necessário ao seu próprio apaziguamento.

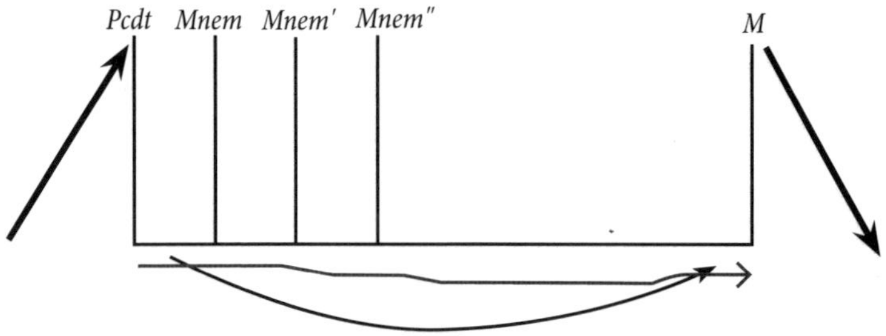


**Figura 4.1** Modelo do aparelho psíquico apresentado por Sigmund Freud no capítulo VII da *Interpretação dos sonhos*, obra publicada em 1900.

Fonte: Freud (2016).

Sua embriaguez, desencadeada por uma violência sofrida de modo pontual, ou constante e regular, empurrá-lo-ia a reagir como instrução de sobrevivência diante do colapso sofrido ou iminente. Ou como uma outra voz de comando autoconservativa, muitas vezes também imperativa, que não admitiria hesitações, ou espera ou incertezas. Uma quase ordem para viver seja lá como for ou custe o que custar. Assim, ao lado do imperativo *Morra!* e contra ele se opunha psiquicamente o seu contrário, *Viva!*, como ação urgente e inexorável.

Nesse ponto de desespero, reagir era, paradoxalmente, o mais urgente e inteligente a fazer, dadas as condições de risco de vida constantes por fome, vergonha, submissão, tortura, pobreza, escravidão ou tudo isso junto. Primo Levi (2004) haveria de se recordar, então, de um conselho cujo sentido era: leve à boca tudo o que cair na sua mão! Como estratégia de sobrevivência. Algo como: abrevie o quanto puder o tempo entre a percepção (das oportunidades que possibilitarão sua sobrevivência) e a ação reflexa.

Há debates que retomam esse problema com variados matizes, bem como testemunhos que reatam e descrevem em pormenor a tarefa de viver quando a ameaça de morte é iminente e constante.

O que transparece em vários testemunhos, que relembram os acontecimentos passados no Brasil ditatorial, por exemplo, alcançam um efeito de síntese na seguinte frase de Conceição Evaristo sobre o povo negro no Brasil: "Combinaram de nos matar e nós combinamos não morrer!".[2]

Esse embate também já nutriu debates destacando a sobrevivência nos campos de concentração e extermínio como a tarefa fundamental que se oporia, de certo modo, à exaltação de determinadas pessoas, por vezes descritas na literatura de testemunho, como heroínas ou heróis ou figuras ímpares em situações extremas e adversas.

Se vocês se lembram, esse debate é antigo e se explicita com o trabalho de Terrence Des Pres, publicado em sua primeira impressão em 1976, intitulado "O/A sobrevivente: anatomia da vida nos campos de morte" que se oporia, nesse particular, à posição de Primo Levi, Bruno Bettelheim e outros, conhecidos por trabalharem para discriminar entre homens e homens num universo homogêneo e indiferenciado. Para eles, havia os solidários, inspiradores, dignos que se elevavam acima do que a experiência dos campos intentava transformá-los, e os demais. Por vezes, tal caracterização se expunha em desapreço ao próprio autor do testemunho, como no caso de Primo Levi (2004, p. 72).

Para Des Pres, isso destacava a figura do herói ou da heroína em condições nas quais o ato de sobreviver, manter-se vivo, era o mais urgente e, se quisermos, digno a fazer. Essa posição de destaque, por vezes conferida a alguns presos e presas, desprestigiava a sobrevivência como tarefa e a importância que se poderia emprestar à conquista da vida num contexto de morte.

Recordo-me que o esquema do aparelho psíquico proposto por Freud, na ocasião da publicação da *Interpretação dos sonhos*,

2 https://www.geledes.org.br/eles-combinaram-de-matar-nos-combinamos-de-nao-morrer-a-importancia-do-novembro-negro/.

pareceu-me oportuno para indicar graficamente e com simplicidade as complexidades desse mecanismo e desse debate. A metapsicologia contribuiria, talvez, para compreender esse mecanismo relativamente distante do moralismo, algumas vezes presente em Primo Levi, ou da generalização sugerida por Des Pres.

Reagir psiquicamente, como no mecanismo do arco reflexo, poderia garantir que a decisão de viver subsistiria, abolindo-se as possibilidades sublimatórias e reduzindo assim a atividade psíquica ao mínimo, em termos de complexidade, e ao máximo, em termos de ação específica no presente imediato.

Naquela ocasião, eu teria ficado em dúvida, e ainda estou, se essa somatização apressada e agida a qual atribuí a força da pulsão de sobrevivência, e que instaria o eu a operar, não como projeção da superfície do corpo, como já indicava Freud em 1923, mas como o próprio corpo, reivindicando e exigindo um retorno à condição de gênese do eu, encerraria ou minaria as possibilidades perlaborativas engendrando o que, *a posteriori*, assumira a proporção do trauma.

Entre percepção e motilidade, todo o sistema mnêmico seria sacrificado em nome da rápida compreensão da situação liminar e opressora na qual a vida estaria em risco. A urgência, a iminência, a pressa, a ameaça sem aviso exigiriam do psiquismo outra organização temporal. Nisso reconhecemos, por vezes, o tempo do traumático cativo da ameaça súbita do acontecimento ameaçador.

Nesse sentido, o eu, ao reinstalar em si o sentido do arco reflexo (ação sofrida e reação imediata autoconservativa) do qual partiu em sua gênese como projeção da superfície do corpo teria ficado, por um lado, desatento ou alienado ou anestesiado diante das condições de precarização psíquica que acompanham os ambientes deliberadamente traumatogênicos, que sempre visam ao corpo para dobrar o espírito. Por outro, teria ativado mecanismos capazes de solucionar, com a máxima brevidade possível, as condições mínimas para se manter vivo no tempo exíguo que resta num contexto de ataques persistentes à vida.

Eu já havia encontrado essa confirmação em testemunhos sobre as experiências de tortura, mas nas situações de tortura o comando frequentemente é outro: sofra e viva, não morra! Em condições de cativeiro e dor torturante, o pensamento é urgente e concorre com a bestialidade, bem como, às vezes, ele se opõe, em outras, triunfa sobre ela.[3]

Não raro, tenho a impressão de que o oportunismo, a esperteza, a presteza e a rapidez na reação e na antecipação são definidores das possibilidades de sobrevivência física e psíquica em situações de extermínio e morte iminente, mas é verdade também que tudo isso pode ser temporariamente abandonado e a sobrevivência do organismo ser secundarizada pelo desejo de sonhar, se comover, restituir a esperança e se reconhecer ao falar e ser escutado.[4]

Nas situações de ameaça de experiências continuadas da tortura, nas quais a condenação a viver em dor predomina, frequentemente o pensamento, a solidariedade e o amor entre parceiros de infortúnio têm papel decisivo na restituição de uma experiência temporal vital.

Considero difícil pensar em termos dos mecanismos da neurose quanto a essas experiências que retomei agora há pouco aqui, como sugere Freud em *Psicologia das massas* (1921). Ou seja, creio que a dinâmica das massas nos auxilia a pensar nas condições de gênese que

---

3 São muitos os exemplos nos quais o preso em situação de cativeiro e tortura inventa suas formas próprias de não sucumbir, desmoronar, persistir. No cativeiro, passar o ponto errado aos torturadores apenas para exercer sobre eles algum domínio, restaurando em si o pensamento e a coragem; deixar de tomar banho, como modo de insubmissão após a sessão de tortura; decidir por greve de fome, radicalizando a penúria psíquica, mas restaurando a posse sobre o próprio corpo, são exemplos radicais nos quais se negocia a vida psíquica, colocando em risco a saúde e a vida do corpo.

4 Ver Endo, (2020).

presidem as autorizações para a criação em escala de ambientes traumatogênicos e às quais devemos aliar a invenção e a criação de ambientes de ódio que, por sua vez, são nutridos pelos ambientes de amor como se precipitam inextrincavelmente nos fenômenos de massa.

Portanto, esses fios que tecem os modos de repetição na neurose como efeito de massa estariam imersos numa dinâmica na qual a demanda de amor se converte em urgência e todas as negociações são validadas para obtê-lo. Lá onde há demanda de amor ao líder tirânico, criam-se e concebem-se os ambientes traumatogênicos de ódio.

Retornamos, então, aos debates sobre muito amor, amor demasiado e sem castração, constitutivos nos processos de gênese do ódio. Como a autorização para agi-lo, (o ódio) escala para o deliberado hábito de degradar, violentar e eliminar como prática e discurso de governos eleitos? Longe estamos do ódio castrado, comedido, calado e inconfesso.

Uma parte da resposta é simples. Ela, a autorização para a ação odiosa, parte da soberba do amor e de sua mitificação: tudo é possível para aqueles que amam. Tudo é permitido em nome do amor. O ódio, portanto, seria nesse caso um epifenômeno do amor que não merece consideração, nem castração. Todas as destruições deliberadas e massivas fazem apelo ao amor: os feminicídios, a defesa do país e da pátria, a devoção ao Fürher e para nós, latino-americanos, como tematizou literariamente Márquez (1976), a figura mitológica do ditador.

Portanto, os fenômenos de adesão massivos que montam e condensam corpos e psiquismos organizados em torno de objetos de amor e ódio, como efeitos de um jogo coletivo em que multidões creem em governos ditatoriais, arbitrários e genocidários radicalmente conservadores na expectativa de que fantasmática, e paradoxalmente, eles operariam mudanças, não têm como objeto a mudança ou a permanência (que se tornam irrelevantes), mas o amor e/ou o desamor.

É preciso a exibição da capacidade de destruir os que não são amados, tolerados, desejados para uma multidão que percebe nisso o seu lugar de amor, por exclusão. Espanca, tortura, assassina minha irmã, então me ama.[5]

Penso que os processos que forjam e sustentam a figura de ditadores como extensão, mimetização e superação dos trabalhos do eu não podem ser inteiramente compreendidos sem as demandas de amor convertidas em necessidade e urgência. Porém, não importa tanto afirmar isso, mas, se possível, indicar as dinâmicas mutantes que as tensões demandantes formam e desformam, como figuras e objetos-alvo desses amores e desses ódios.

Mas, se isso fosse plausível, seria necessário pensar, igualmente, que a experiência do amor ou desamor, ou sua impossibilidade ou falta dele, como sugere Freud em *Psicologia das massas*, produziria também o efeito físico da urgência, como aquela que acomete as pessoas vulneráveis e sob risco constante de perder a vida. Ou seja, o amor também assume uma urgência que pode tornar secundária a própria vida ou a sobrevivência, como bem o sabemos e testemunhamos no trabalho cotidiano que fazemos entre dores e pesares, efeitos das experiências de perdas psíquicas vividas pelos sujeitos como liminares.

O ódio seria, então, a reação, similar ao arco reflexo, ao desamor e voltaríamos à pulsão de sobrevivência que tudo autoriza. Sem amor, não se sobrevive e não haveria nenhuma tarefa mais importante ou urgente comparada à sobrevivência. Como pudemos retomar na aparente divergência entre Terrence Des Pres e Primo Levi, por exemplo.

5 Reflexão mais demorada sobre as contribuições do texto de Freud, *Bate-se numa criança*, para as determinações inconscientes da autorização à violência, levei adiante no livro já citado *A violência no coração da cidade*, na parte 2 intitulada "A violência no pensamento de Freud", publicado em 2005.

Nas reflexões a que me referi, publicadas em 2005, e que retomo agora, eu tratava do texto *Bate-se numa criança* como possibilidade de alcance de uma demanda de amor que se assume como urgência psíquica e que suspenderia toda e qualquer aptidão à tolerância quando uma organização narcísica se define como exclusiva e não é mais atendida de modo absoluto, ou ainda, quando é sucessivamente esvaziada diante da presença contundente de um terceiro e rival, então convertido em inimigo. Considerei controverso esse texto de Freud em vários sentidos, mas mais agudo e revelador para meus propósitos do que o texto de 1921. Freud não fala da urgência nesse texto, mas joga o papel decisivo no sentido da experiência de perda iminente diante dos objetos de investimento erótico e da experiência da perda e do desamor.

A prova do amor para a criança, na ausência da confirmação de que o eu é um objeto de amor para as adultas amadas, deslocar-se-ia, então, do objeto fonte de amor (pai, mãe, genitoras, cuidadoras etc.) para o investimento na capacidade dessa mesma fonte de amor em odiar outros possíveis objetos amorosos.

O ódio ou a violência excessiva (bate-se/espanca-se) desejada contra o irmão/irmã aplicada pela figura amada evidenciariam que somos amados pelo agressor, e Freud descreve esse mecanismo reverso como uma espécie de triunfo psíquico temporário e pré-consciente, diante da experiência de desamor. Espanca minha irmã ou irmão, então me ama. Aqui vale a máxima "Odiai sua próxima/semelhante como a si mesmo". Já que o prazer da violência testemunhada é tributário da descrença no investimento narcísico para o sujeito que se julga incapaz de obtê-lo, se não por derivação sádico-escópica (não bate em mim, então me ama), por reversão masoquista (só posso ser tocada por aquela que me ama, se for agredida).

O ódio fratricida se confirma com a violência exibida, praticada e testemunhada e se apoia sobre a fantasia paralela da violência como evidência do amor indireto.

O ódio, então, entraria no jogo para Freud edipiano, como encenação, convite ao pertencimento e à restauração – pela violência – das experiências de fracassos ou incertezas amorosas mais profundas do sujeito. Sou amada/amável, desejada/desejável, porque sou agredida como inflexão inconsciente, para alguns, operada pela culpa que se expõe no ódio. Uma espécie de tipificação das matrizes e dos caminhos do ódio são pensadas por Freud com base nas demandas mais profundas de amor, e do temor do desamor, que assujeitam corpos e psiquismos no complexo que nutre e funda as tiranias modernas.

Essa hipótese, em minha opinião, só se confirma diante dos acontecimentos recentes no Brasil e em outros países e será retomada mais adiante.

Compreendemos, como psicanalistas, como o amor formula quase sempre uma demanda urgente, e sua falta, não raro, revela o princípio de uma experiência de morte; impossibilidade de sobrevivência psíquica e inação ou inibição absoluta: não raro nada se pode fazer mediante a experiência do objeto amoroso que se percebe como psiquicamente vital e que não se possui e, por efeito de perlaboração ou sua impossibilidade, entende-se que jamais se possuirá.

A inibição e a convicção sobre o amor inconteste pelo objeto do desejo, acompanhado da impossibilidade de ser para ele um objeto de amor investido eroticamente, enfatizam uma existência perenemente triste e melancólica como destino e, por vezes, determinam-na.

Assim, a mera privação regular e crônica de condições mínimas de vida, com frequência, instrui um trabalho iminente ao psiquismo que se apronta para a urgência, deslocando as atividades sublimatórias a um segundo plano, ou mesmo à completa impossibilidade. Assim, o próprio pensamento seria desmerecido e pensar tornar-se-ia um perigo, já que a bala, a bomba, o canhão e o projétil, de um lado, e a pobreza, a humilhação, a vergonha, o desamor, o desprezo e a submissão, de outro, seriam reconhecidos psiquicamente como infinitamente mais insistentes, eficazes e iminentes que qualquer pensamento e, portanto, pensar seria literalmente afirmado pelo psiquismo como um atraso.

Exemplarmente nas guerras – pequenas ou grandes –, a voz de comando absoluto se eleva e se inscreve como possibilidade de sobrevivência e derivaria daí primeiro a convocação e, depois, a ordem para a deposição do pensamento de milhões de pessoas simultaneamente, que se convertem em aptos à submissão em troca da suposição de que pensar colocaria em risco suas vidas – tudo instruído pelo amor e pelo ódio como sua contraprova imediata. Brasil: ame-o ou deixe-o. Se não ama, então odeia.

Nesses contextos, todas as atrocidades são justificadas por aqueles que apenas seguiam ordens, justamente porque a autorização de não pensar era precípua e anterior. Pensar, portanto, seria a primeira e mais severa desobediência também para os algozes. A pleiteada justificativa diante do risco de punição e responsabilização estampada na afirmação de que "estava apenas cumprindo ordens" revela a última confissão do amor traído. Essa confissão, acompanhada por devoção, seria semelhante à constatação: fiz tudo pelo amor aos meus adorados superiores e agora cobram a responsabilização do apaixonado, mas a confissão do amor não deveria ser o suficiente para o perdão? O amor não seria absoluto a ponto de elidir toda e qualquer castração?

Vítimas e algozes poderiam se encontrar e se confessar, então, como esvaziados de pensamento. Toda discussão sobre a banalidade do mal se revela nas consequências dessa conquista magnânima dos perpetradores, na vigência das ditaduras e tiranias. Mas o desejo de ser amado sem o sê-lo também opera nessa adesão, e o lamento de seguidores abandonados diante do risco da responsabilização foi uma tônica em 2023. "Capitão, por que nos abandonaste?".

Este lamento é, certamente, um dos efeitos mais intransponíveis instruídos pelos discursos não pensantes da extrema direita mundial.

É hora de agir, discriminar, machucar, matar, excluir em nome do amor. Fazendo isso, sobrariam mais amor para os eleitos e um mundo pequeno e idêntico de apaixonados, no qual só o amor vigeria. No final, esse grupo de eleitos seria agraciado com a impunidade.

Essa é a ordem que mina não apenas as possibilidades e capacidades simbólicas de cada um dos sujeitos autoconvertides em massa, mas que os autoriza a reagir expulsivamente a tudo o que possa convidar, insinuar e sugerir pensamento, argumento, contemplação, criação e convívio. Ou seja, toda e qualquer delicadeza deve ser destruída e convertida em futilidade e bobagem. Não há tempo para bobagens. "Estava apenas cumprindo ordens" é o mesmo que afirmar "decidi deliberadamente não pensar para permanecer vivo", mas também é um álibi para o consentimento total em permanecer ao lado dos que, naquele momento, estavam na posição de algozes contra vítimas. É um álibi para a covardia.

Frequentemente nós, psicanalistas, ingressamos num exercício fascinante, de trabalhar para traduzir metapsicologicamente um termo, uma palavra, uma frase, arrancando-a de seu contexto para fazê-la, justamente, pensar metapsicologicamente, de outro modo, noutra cena. O que, nesse sentido, poderíamos pensar sobre a covardia e seu antônimo, a coragem?

Talvez teríamos de começar pelos efeitos, não pela caracterização do covarde e/ou do corajoso. A covardia se instala numa situação assimétrica invariavelmente. Isso é, alguém que tem poderes evidentes sobre o corpo e o psiquismo de outrem, numa situação dada e circunscrita, irá se utilizar desse poder para não apenas machucar, torturar, executar alguém, mas também humilhar, submeter, expor, defenestrar, desautorizar ou irrelevar, indiferenciar esse alguém, com o objetivo (consciente ou inconscientemente) de torná-la/o inábil para o convívio futuro entre semelhantes e implodir as possibilidades da experiência erótica e do sentido do desejo como próprio, criando vastidões de alheamento na experiência do sujeito, e em sua capacidade de erotização a partir dali. A covardia, não raro, ambiciona ser a última experiência praticada contra alguém ou, simplesmente, não ambiciona nada e é indiferente e autofágica.

Após a passagem da força bruta, o que resta no pós-trauma muitas vezes atesta isso – o desejo vaga baldio, para sempre aleatório e alienado às investidas de ligação do eu, e o psiquismo como que se desmerece global e continuamente como experiência traumática repetida. Uma condensação impressionante assola o sujeito. Algo como uma vingança contra o eu que não estava lá quando o golpe aconteceu e que, doravante, deve permanecer à deriva do trauma e secundarizado.

O covarde, ao agir covardemente, também se arrisca a exibir sua fraqueza, indignidade e baixeza. Deve, portanto, para exercer sua covardia sem graves consequências, produzir um efeito de reversão, no qual a covardia se converte em coragem ou, ao menos, em qualidade. Esse é um privilégio dos que, em estado de covardia, alcançam posições de poder e mando e são obedecidos.

Portanto, coragem e covardia, para a psicanálise, experimentariam a mesma possibilidade latente de reversão que o sadismo-masoquismo ou o amor-ódio ou o bom e o mau etc., porque estão assentadas nas dinâmicas do narcisismo negociável e customizado. Corajoso agora, covarde amanhã ou vice-versa. Seria mais prudente, portanto, falarmos em estado de coragem ou covardia do que em termos identitários.

Podemos também, por isso mesmo, indicar que a valoração da coragem e da covardia não se define apenas verticalmente, como mandamento ou condenação, mas horizontalmente como laço.

Trata-se, portanto, de uma distinção turva entre coragem e covardia que nos instrui a considerá-las, eventualmente, posições. Estou covarde, estou corajoso como endereçadas a uma moralidade disponível em cenários e contextos historicamente determinados. Decisões e atos de coragem e covardia me parecem mais acertados e clinicamente mais precisos talvez.

Obviamente tratadas como antônimos, coragem e covardia explicitam o conflito que perdura diante da imensidão implacável de ideais que, por sua vez, nunca se consagram: democracia, liberdade, igualdade, diversidade etc. São tarefas infinitas e sem termo se quisermos; e estabelecem balizas móveis indutoras não do que somos, mas de onde queremos estar ou, moralmente falando, onde achamos que deveríamos estar.

O que vemos com flagrante evidência em toda parte é justamente a tentativa de reversão valorativa do covarde em corajoso, amparado por eleições supostamente livres e justas, que alçam covardes ao poder para, por essa via, convertê-los em corajosos ou, ao menos, em valentes. O que efetua essa transformação é a disposição dos representantes extremos da direita ou esquerda de ir à guerra, como "ato de coragem", mesmo não se arriscando a estar nela. Os jovens irão à guerra para defender o amor compulsório ao tirano e salvar, com as próprias vidas, uma honra que não é a deles. Não há demonstração mais explícita de amor sacrificial.

Aqui, retomo o que Levinas (2008) escreveu há mais de 40 anos:

> *A prova de força é a prova do real. Mas a violência não consiste tanto em ferir e em aniquilar como em interromper a continuidade das pessoas, em fazê-las desempenhar papéis em que já não se encontram, em fazê-las trair, não apenas compromissos, mas a sua própria substância – ou para usar os nossos termos em sua própria representação identitária de si – em levá-las a cometer atos que vão destruir toda possibilidade de ato. Tal como a guerra moderna, toda e qualquer guerra se serve já de armas que se voltam contra o que as detém. Instaura uma ordem em relação à qual ninguém pode se distanciar. Nada pois é exterior. A guerra não manifesta a exterioridade e o outro como*

> *outro – ou seja, a artificial e absoluta alteridade – destrói a identidade do mesmo. (p. 8.)*

Destacaria neste trecho de Levinas a ideia de que nada numa guerra é interior. Ela extrai o absoluto de sua força e de sua superficialidade. Sua bestialidade é desencadeada por interesses hostis à ideia de humanidade e precisa se testar espatifando pessoas contra suas máquinas formidáveis.

Os apelos numa guerra são à banalização; repetição infindável; travessia dos horrores com indiferença e descaso e interrupção brutal pura e simplesmente – "interromper a continuidade das pessoas". Os poderes formais, institucionais, consagram usos e abusos praticamente impossíveis de reverter. Poderíamos indicar que nenhuma chamada democracia moderna foi bem-sucedida em estancar abusos, puni-los ou reparar os danos cometidos por obra de atos governamentais de desgoverno, e os Estados Unidos caminham para ser o maior e flagrante exemplo disso, após a zombaria trumpista no Capitólio, o mundo assistiu a impunidade, a impossibilidade nacional ante os deveres da castração, sendo premiada com a reeleição de Donald Trump à presidência dos EUA em 2024.

Tais figuras amadas, passionais e gravemente perigosas são quase impossíveis de predicar. Buscamos em nosso glossário o adjetivo mais ofensivo, mas não o alcançamos. Isso porque são eles os representantes da escatologia e, como tais, dominam a língua, os gestos e o discurso nauseante que se torna a região frequentada apenas pelos que pertencem a ela e na qual há valorização de abusos, por isso impõem suas regras, inclusive linguísticas.

Uma vez mais, recorremos a Victor Klemperer (2009) em sua importante obra *A linguagem do Terceiro Reich* para reencontrar hoje sinais de seu alerta. O apelo ao sentimento, à espontaneidade e à cenografia nos discursos de Hitler tinha importância inegável quando o objetivo é neutralizar, desvalorizar ou mesmo ridicularizar o pensamento.

Pensar se torna um demérito e, para comprovar isso, basta olhar uma vez mais para os mesmos problemas crônicos da vida cotidiana. Para que tanto pensamento se perduram desigualdade, insegurança, ineficácia de leis, guerras deflagradas por imbecis e instituições comandadas por eles, violência como recurso banal na resolução de conflitos, pobreza etc.? Pensar atrasa a eficácia do fazer e eliminar é um dos recursos mais imediatos e eficazes para dirimir conflitos, problemas e obstáculos imediatamente.

São as paixões que determinam o destino do mundo. As guerras e batalhas perdidas; os privilégios retirados; os orgulhos feridos, e as derrotas não aceitas. Esses são os verdadeiros motes das políticas ditatoriais sob a sombra da vingança eliminacionista que recai sucessivamente sobre governos.

Atiçar o julgamento e a condenação de pessoas e instituições que representariam a síntese das que devem ser combatidas, odiadas e eliminadas como obstáculos para o livre e espontâneo curso dos sentimentos e ações, aí incluída a violência como ato redentor, torna-se uma tarefa desorientada pelas paixões que jamais admitem o não reconhecimento e a indiferença.

Nesse sentido, e espero que seja possível pensar isso num futuro breve, nós precisamos atentar para as razões pelas quais somos tão odiados e o quanto insistimos em ignorar isso. Nós que valorizamos o pensamento, a erudição, a cultura, as artes e que, secreta ou explicitamente, desprezamos as que não se reconhecem em manifestações nas quais sentimentos e afetos circulam e são legitimados; modos de relação são instruídos, e laços são estabelecidos, estimulamos reiteradamente o desprezo e o ódio.

O que representamos nós para os que não entendem nossos códigos, não se interessam por eles e jamais aderirão aos nossos modos de pensar, sentir e agir, porque adotam outros, por que adotam os próprios? Temos clareza do quanto somos odiados e do quanto desprezamos os que, muitas vezes, ambicionamos salvar?

É Brecht quem alerta para esse impasse e perigo:

> *Entretanto sabemos:*
> *Também o ódio à baixeza*
> *Deforma as feições.*
> *Também a ira pela injustiça*
> *Torna a voz rouca. Ah, e nós*
> *Que queríamos preparar o chão para o amor*
> *Não pudemos nós mesmos ser amigos.*[6]

O bom curso da violência pessoal e governamental torna-se a síntese perfeita do que é espontâneo contra o que é reprimido; do reativo contra o que é ponderado ou refletido; da condensação das fantasias mais imediatas de poder e de sua superação, contra os limites dados pelas proibições de destruição e segregação dos outros. É a potência da violência que é reivindicada dessa vez como a glorificação e a legitimação de todas as impotências e os desejos não realizados, autorizados ou proibidos.

Assim, Klemperer (2009), em seu icônico *A linguagem do Terceiro Reich*, caracterizou os discursos de Hitler:

> *Não se sentia seguro nem mesmo numa situação de triunfo, fustigava com seu linguajar os adversários e as ideias contrárias. Não tinha compostura. Sua voz não possuía musicalidade, sua voz não tinha musicalidade, o ritmo de suas frases açoitava a si mesmo e aos demais. Sua trajetória, ao*

6 https://antoniocicero.blogspot.com/2011/05/bertold-brecht-die-nachgeborenen-aos.html. Acesso em: 8 jul. 2025.

> *menos durante os anos de guerra, transitou de agente provocador a vítima de provocações, de fanático convulsivo a alguém que ia as raias do desespero, demonstrando uma raiva impotente. (p. 106)*

A prática discursiva de Hitler encenava em seu próprio discurso a luta contra seus inimigos e a violência que o espreitava. Ou agressor ou vítima é um modo, hábil no final, de convocar as massas a tomarem um lado bem definido e a se apresentar sem ambiguidades como apoiadores ou inimigos. Tudo o que vimos, todos os dias durante quatro anos seguidos, recentes e inesquecíveis.

Mas notem que nessa observação de Klemperer, nesse estudo notável, não se avança na possível compreensão de como a falta de compostura, o linguajar chulo e sem musicalidade, a ausência de compostura excitavam a paixão de milhões auridos pela cenografia e a antilinguagem nazistas que definiram os destinos dos séculos vindouros em todo o mundo.

O desprezo é uma máquina de aglutinação de adeptos. Desprezar é um atalho num mundo onde não cabem todas e no qual a hospitalidade carece de sentido. Assumir a segregação sempre foi atraente aos que calam e consentem, porém hoje segregar alcançou os patamares altos da admiração, do prestígio e do amor por ditadores. Logo, segregar irá se converter em valor e necessidade, e valorosos serão aquelas capazes de assumir seus pendores violentos e praticá-los em nome do amor aos tiranos de ocasião.

A ascensão da extrema direita em toda parte explicita que o mundo está em disputa. Ela alardeia que todos os idênticos cabem num mundo em colapso, excetuando-se obviamente todo o resto. Mesmo assim, será preciso alertar para o aparente paradoxo: a mais violenta segregação estará, ao final, a serviço do amor. Como se opor, então, ao amor e revelar sua verdade secreta? Aquela que revela um complexo de sentimentos que se negam radicalmente ao que se lhes difere e trabalham explicitamente pela segregação, degradação e eliminação de tudo o que não se dobra ao idêntico. Para reunir esses mal ditos da democracia, proliferam em toda parte os que se oferecem como objeto do amor puro, sacrificial e verdadeiro. É a era dos messias.

## *Referências*


Des Pres, T. (1980). *Survivor: an anatomy of life in Death Camps.* Oxford University Press.

Elias, N. (1997). *Os alemães: a luta pelo poder e a evolução do habitus nos séculos XIX e XX.* Jorge Zahar.

Endo, P. C. (2015). *A violência no coração da cidade: um estudo psicanalítico.* Fapesp/Escuta.

Endo, P. C. (2018a). O arquivo de sonhos de ex-prisioneiros de Auschwitz do Museu-Memorial de Auschwitz-Birkenau. *Percurso*, 30( 60), 89-96. http://revistapercurso.uol.com.br/index.php?apg=artigo_view&ida=1296&ori=edicao&id_edicao=60

Endo, P. C. (2018b). A incidência do pensamento de Sigmund Freud na obra de Norbert Elias e a radicalidade no exame dos processos civilizadores. In Costa, A. O., Costardi, G. G., & Endo, P. C., *Psicanálise e teoria política contemporânea.* Annablume.

Endo, P. C. (2020). Tempo, trauma e os narradores de destino em Auschwitz-Birkenau. *Caliban: Revista Latino Americana de Psicanálise*, *17*, 102-112.

Freud, S. (1900/2016).*A interpretação dos sonhos.* R. Zwick, Trad.; T. Rivera, Rev. Téc. e Prefácio. L&PM.

Freud, S. (2019). *A interpretação dos sonhos.* In *Obras completas* (Vol. 4, P. C. Sousa, Trad.). Companhia das Letras.

Freud, S. (1921/2013). *Psicologia das massas e análise do Eu.* R. Zwick, Trad.; E. Sousa, Rev. Téc. e Prefácio. L&PM.

Klemperer, V. (2009). *A linguagem do Terceiro Reich*. Contraponto.

Levi, P. (2004). *Afogados e sobreviventes*. Paz e Terra.

Levinas, E. (2008). *Totalidade e infinito*. Edições 70.

Manso, B. P. (2020). *A república das milícias: dos esquadrões da morte à era Bolsonaro*. Todavia.

Márquez, G. G. (1976). *O outono do patriarca*. Record.

# 5. O que o desamparo pode nos revelar sobre o ódio à democracia

*Helenice Oliveira Rocha*

> *Uma civilização não é um "complemento da alma". É a alma de um povo, o produto desse "aparelho anímico" cujo jogo de diferenças e conflitos internos é o único capaz de assegurar o dinamismo criador.*
>
> J.-B. Pontalis, 1988/2003

Inúmeras são as possibilidades de articulações entre psicanálise e democracia e creio que os colegas escritores desta coletânea deverão tecer várias delas. De minha parte, contentar-me-ei em fazer neste campo largo algumas reflexões, levando em conta, por um lado, a dimensão metapsicológica do desamparo como proposta por Freud e o ódio como afeto resultante dessa experiência, e, por outro, a democracia como seu alvo. Um recorte necessário, já de saída, para circunscrever as reflexões aqui pretendidas, diz respeito às características da democracia que entendemos ser, em certas ocasiões, alvo do ódio.

Enquanto ideal civilizatório, a democracia está longe de ser um regime perfeito. Por isso mesmo, sustenta-se, enquanto projeto e ancorada em suas próprias imperfeições, em um processo que busca aperfeiçoar seus dispositivos a serviço, entre outras coisas – e isso é o que mais nos interessa pensar aqui –, da produção de liberdades, várias, plurais, que em seus cruzamentos produzem efeitos de subjetivação. Estes, por sua vez, recolocam as expressões dessas subjetividades como pontos originários a produzir novos sujeitos. Nessa espiral de criação e sustentação de liberdades, a provisoriedade torna-se uma marca que deve ser acolhida no próprio campo democrático. Provisoriedade que evidencia não um caráter de fragilidade, mas, e principalmente, a necessidade de decifrar novas formas de expressão das humanidades.

Por outro lado, a psicanálise, em suas múltiplas faces, corrobora a essência dessa dimensão democrática, na medida em que se pretende portadora de uma escuta polifônica, plural, através da qual se oferece como um campo receptivo às expressões subjetivas e culturais que cada época exige, procurando promover e garantir, entre outros desejos, a singularidade e a liberdade dos sujeitos. Acaso, não foi a partir de um movimento de ruptura com um saber instituído, monofônico e, por que não dizer, totalitário (o da medicina sobre as histéricas), que Freud inaugurou a psicanálise?

Estamos falando de uma dimensão ideal, da democracia e da psicanálise, é certo, mas em se tratando de dois campos marcados pelo paradoxo da provisoriedade e da perenidade, em que forças contrárias, adeptas à monopolização do saber e às totalizações, estão desde o início operando, resta-nos apostar que ambos os campos se mantenham fiéis a seus princípios básicos, inegociáveis e, ao mesmo tempo, abertos à inventividade necessária a tudo aquilo que se mantém vivo e pulsante.

Entendemos que não é desnecessário afirmar, uma vez mais, que a psicanálise não se sustenta e nem sobrevive fora de uma dimensão democrática, havendo entre elas um vínculo indissociável. Fora desse campo, que busca a horizontalidade, resta a brutalidade e a crueza da verticalidade das sociedades totalitárias, campo minado para o ofício do psicanalista.

Em pleno século XXI, ao vermos as democracias mundo afora sofrendo abalos expressivos, indagamo-nos sobre como e por que esse regime engrossa o caldo do mal-estar na civilização. Em *Como as democracias morrem*, Levitsky & Ziblatt (2018) nos apresentam um panorama no qual podemos observar que, nos últimos cem anos, a humanidade vem experimentando uma verdadeira erosão em seus pilares democráticos. A novidade, se é que podemos assim nos expressar, é que essa erosão não vem ocorrendo, necessariamente, por meio de grandes revoluções e/ou movimentos de rupturas violentas, mas, e principalmente, através de um torpedeamento, desde dentro, das instituições democráticas. Assim, assistimos a um deslizamento, dentro da própria democracia, para sociedades e regimes autoritários, chancelados pelos próprios instrumentos democráticos, como as eleições livres. O avanço recente da extrema-direita em países como Brasil, Estados Unidos, Holanda e Hungria, entre outros, demonstram com especial clareza que o autoritarismo pode ser desejado e eleito.

Ainda que quiséssemos negar este fato, a experiência recente a que nós, brasileiros, fomos submetidos não admite dúvidas. Após o golpe militar de 1964, que mergulhou o país em um período de trevas que durou vinte e um anos, mal recuperados dos retrocessos que este nos impôs, fomos golpeados com um impeachment fraudulento contra a primeira presidenta eleita da história do país. Na esteira desse acontecimento, e ainda cambaleantes, vimos, através das eleições de 2018, tomar posse na presidência – eleita democraticamente – uma figura autoritária, retrógrada e nefasta, também de origem militar.

Encarnação do fantasma de todos os democratas e progressistas, Jair Bolsonaro tentou, de todas as formas, implantar um regime autoritário. Ainda que tenha sido parcialmente freado em seus intentos, o estrago feito nos alicerces democráticos durante seu governo pavimentou a estrada para aquilo que viria depois de sua derrota, ao tentar a reeleição. No apagar das luzes de seu mandato, milhões de brasileiros assistiram, perplexos, a uma nova tentativa de golpe à democracia. No melhor estilo de horda, insuflados por um discurso violento, autoritário e golpista do ex-presidente, financiados e amparados por grupos interessados na quebra dos princípios democráticos, cidadãos comuns promoveram a vergonhosa ação do 8 de janeiro de 2023.

Não vamos nos deter nesse episódio, pois nos levaria a outros caminhos, um tanto distantes dos objetivos deste trabalho. Se podemos concluir até aqui que a nossa democracia, assim como as de outros países, vem sendo torpedeada uma vez mais, é para a razão desses ataques que devemos nos direcionar, agora com o intuito de compreendê-los. Buscamos essa compreensão, pois reconhecemos que a psicanálise, em suas dimensões teórica, clínica, política e cultural, se constitui como um instrumento de análise e de transformação social, incidindo sobre as formas de subjetivação. Isso nos implica, de forma radical, nessa discussão.

Partimos da premissa de que a tentativa de implosão da experiência democrática visaria sua dimensão originária, essencial, o núcleo que carrega uma potência que busca acolher vozes dissonantes, corpos, afetos e pensamentos singulares, e com isso acena para a possibilidade de uma sociedade que inclua todos os seus membros. Pois é justamente este núcleo e sua essência que parecem gerar e sustentar o mal-estar vivido por certos sujeitos quando inseridos no regime democrático.

O ódio, expressão afetiva desse mal-estar, suas raízes e seus desdobramentos, é o que nos propomos explorar a partir de agora. Aqui, pensamos no ódio como possibilidade resultante de uma situação originária, estrutural e estruturante do psiquismo, que Freud designou como vivência de desamparo (*hilflosigkeit*). Descrita inicialmente em seu trabalho *Projeto para uma psicologia científica* (1950/1987), a experiência do desamparo é mencionada, direta e indiretamente, ao longo de sua obra, destacando-se principalmente nos textos *Inibições, sintomas e angústia* (1926/2014) e *O futuro de uma ilusão* (1927/2014).

Em todas as suas menções, o estado de desamparo aparece na obra freudiana nomeando a situação experimentada pelo recém-nascido, que diante de sua imaturidade biológica e psíquica, vê-se incapaz de enfrentar os excessos oriundos de dentro e de fora – do mundo sensorial, pulsional e objetal. A experiência vivida a partir dessas intensidades é contemporânea de outra, igualmente dolorosa, fruto da ausência de meios para contornar esse estado. A vida psíquica dos inícios é marcada, fundamentalmente, pelo excesso que intoxica o bebê e pela inelutável realidade da ausência de meios para processar esse estado.

Vítima dessa insuficiência radical, o pequeno sujeito dependerá de um adulto que o acolha e promova, nos primórdios da vida, alívio para esse estado, fornecendo com isso os elementos para a construção de sua subjetividade e seu encaminhamento para o terreno da cultura. A cobertura proporcionada pelo objeto em suas funções de cuidado fornecerá à criança, além do lenitivo para sua aflição, marcas de prazer, trilhas por onde a pulsão, em seus excessos, irá escoar, construindo uma rede representacional que servirá para a constituição do próprio aparelho psíquico e suas instâncias. Será, portanto, graças à sexualidade do adulto, à experiência de uma sedução originária, que o estado de desamparo do recém-nascido será mitigado.

No entanto, ainda que esses alicerces se façam de forma satisfatória, um resto do estado de desamparo inicial persiste, retorna, desdobra-se e desloca-se ao longo da vida, obrigando o sujeito a representá-lo nos campos subjetivo e cultural.

Concomitantemente a esse processo de doação do adulto junto ao bebê, Freud (1915/2010) nos adverte que no início da vida, ainda sem recursos para processar as intensidades vividas, incapaz de distinguir plenamente um dentro de si e um fora de si, o eu em construção lança mão do recurso da incorporação do agradável, restando ao desagradável ser expelido. A criação simultânea de um "eu do prazer purificado" que coincide com o que é ideal, e do objeto, que coincide com o que é desagradável, sinaliza que o ódio e a negação estão na base da constituição do eu e do objeto.

Para que esse eu ideal, instância criada na dimensão do narcisismo primário, dê lugar ao campo dos ideais – como um vislumbre da diminuição da distância entre o real e o esperado –, é necessário que a fiação psíquica seja capaz de sustentar, minimamente, as experiências de falta e de separação. Assim, o recalque, bem como as sublimações, entre outros destinos das pulsões, exigidos pela vida em comunidade, pode garantir, em alguma medida, que os tecidos subjetivo e social não retrocedam a padrões primitivos de funcionamento.

Com essas considerações acerca do desamparo, podemos situá-lo como uma experiência que, conforme já dissemos, se coloca o sujeito no mundo a partir da construção de redes representacionais que possibilitam ligações com seus semelhantes, não garante a fusão daquelas forças pulsionais que continuam operando – conforme nos mostra Freud em *O mal-estar na civilização* (1930/2010) – como verdadeiros e grandes batalhões. Eros e pulsão de morte, atores de um conflito permanente e brutal, determinam as expressões humanas, das mais primitivas às mais sublimes.

Retomando a questão inicialmente levantada neste ensaio, na tentativa de compreendermos como e por que as democracias se tornam objeto de ódio, propomos agora uma conjectura. Sabemos de antemão que essa não é a única, que inúmeras outras, que levassem em conta as várias experiências psíquicas vividas nos primórdios da vida, poderiam esboçar respostas a essa questão. Assim, optamos em buscar na experiência do desamparo e do ódio a ela ligado uma dessas respostas.

Parece-nos que os que atacam a democracia com a intenção de liquidá-la são portadores de um apelo, no sentido mais infantil do termo, para a instalação de outra forma de regulação do corpo social. Isso aponta, invariavelmente, para o desejo de um regime marcado pelo autoritarismo e, portanto, pelo cerceamento das subjetividades, das liberdades individuais e suas expressões nos vários campos da existência. Um regime que traga em seu bojo a promessa de uma espécie de continência e barreira a tudo aquilo que lhes acena como desmesurado, como transbordamento e, portanto, como angustiante. A abolição das diferenças e um lenitivo para tudo aquilo que encaminha os sujeitos rumo às experiências da falta e da solidão – experiências resultantes da vivência de desamparo – é o que se busca com esse apelo.

O sujeito encarnado, representante desse regime e alvo desse apelo, pode remontar, e normalmente é esse o caso, à figura do pai todo-poderoso de *Totem e tabu* (Freud, 1913/2012), pai morto e mitificado. Pai onipotente, alvo do ódio, mas também do amor e admiração dos filhos, que nele buscam "tudo o que a fantasia da criança podia dele esperar, proteção, cuidado, indulgência" (p. 220). Essa atitude passiva diante do pai revela, inequivocadamente, a dimensão do desamparo e seu entrelaçamento com o masoquismo erógeno, que passa a funcionar como uma tentativa de garantia para a sustentação do eu.

Nas ilusões de reencontro com a figura protetora, outro apelo, também de cunho infantil, nos é apresentada por Freud. É igualmente no estado de desamparo que esse apelo será ancorado quando seu autor pretende pensar a origem das religiões: "pois o indivíduo já se encontrou assim desamparado: quando pequeno, perante o pai e a mãe... Mas permanece o desamparo do ser humano, e, com isso, o anseio pelo pai e os deuses" (Freud, 1927/2014, pp. 249-250).

Freud nos convoca a pensar ainda que a figura mais garantidora desse estado de proteção no campo terreno – em contraposição às figuras divinas – é o líder das massas. Isso porque o líder, em sua posição totalitária, encarna, através de seu discurso, a dimensão do ideal, sendo este representado por caricaturas de garantias estáveis, confiáveis e, quiçá, definitivas, de proteção aos membros da massa. No ensaio *Psicologia das massas e análise do eu* (Freud, 1921/2011), vemos seu autor trabalhando as massas e o eu em suas dimensões identificatórias, ou seja, no terreno do ideal do eu, os sujeitos da massa identificados com o discurso do líder, e no plano do eu ideal, identificados entre si. Graças a essa dupla identificação, sustentadas pelos laços libidinais, as massas transformam-se em corpos potentes na determinação do que representa um perigo e de como ele deve ser combatido.

Tal qual os irmãos da horda primeva em relação ao pai, o apelo dirigido ao líder pelos membros da massa revela a necessidade de proteção contra tudo aquilo que pode significar o retorno ao desamparo. Aos olhos da massa desamparada, o líder se encontra imbuído dos predicados necessários para essa empreitada e representa a promessa das restaurações narcísicas necessárias diante da falta, da solidão e da dolorosa experiência da alteridade.

Cabe ressaltar, a título de ilustração, a escolha feita por Freud do exército e da igreja como bons exemplos das massas. No fenômeno de massa brasileiro denominado bolsonarismo, temos a junção dessas duas potências funcionando em uníssono, complementando-se e atuando em quase todas as tentativas de cerceamento das liberdades propostas e promovidas pela democracia.

O horror das massas diante das expressões das singularidades e seus ataques a tudo aquilo que sinaliza a alteridade se expressam nos movimentos criados em seu interior, no sentido de buscar refúgio no igual, no mesmo. Isso gera, às vezes de forma furiosa, a tentativa de contenção do diferente. Em casos extremos, é a eliminação do outro que aparece como solução. Do desprezo ao ódio, do ódio ao desprezo, esses movimentos traduzem, uma vez mais, a manifestação do desamparo em sua radicalidade.

Há que se pensar, neste ponto, que àquilo que Freud denominou de "narcisismo das pequenas diferenças" junta-se outro conceito inquietante: "*das unheimliche*". Ambas as experiências se articulam, de forma inequívoca, com tudo aquilo que é, e não é, o eu, e nos ajudam a entender o repúdio de certos sujeitos aos regimes democráticos, uma vez que estes, representando as possibilidades de abertura ao outro e a coexistência das pluralidades e singularidades humanas, consequentemente, e graças ao vislumbre das diferenças e da separação, reinstalam o desamparo como experiência.

Figurando inicialmente no texto *O tabu da virgindade* (1917/2013) e mais bem explicitado no trabalho *Psicologia das massas e análise do eu* (1921/2011), o conceito de narcisismo das pequenas diferenças aparece como a experiência que permite aos membros de uma massa, comunidade, etnia ou grupo, manterem-se coesos graças à projeção da hostilidade para fora. Essa agressividade, dirigida ao estrangeiro, garante a união dos iguais, e mais, um alvo estável para onde dirigir o ódio, possibilitando, assim, a circulação dos afetos, de maneira que a economia psíquica se mantenha equilibrada. O estrangeiro, que se transforma em inimigo, permite que o ódio seja atuado sem culpa. Ao igual, o meu amor, ao diferente, o meu ódio. Essa é a lógica das pequenas diferenças, fenômeno que alimenta as massas em sua dimensão narcísica e que busca mitigar o desamparo das origens, sempre estimulado pelas aberturas criadas diante das diferenças.

O texto freudiano publicado em 1919 traz um título quase intraduzível devido a sua complexidade e possibilidades de entendimento. Trata-se de *Das Unheimliche* (1919/2010): o inquietante, estranho, estrangeiro, sinistro, infamiliar, obscuro, oculto, secreto. Todas essas traduções remetem, paradoxalmente, ao seu contrário, ao familiar, àquilo que há em mim, mas que me desconcerta e que pode despertar medo e ódio. É à experiência inquietante e assustadora do duplo que Freud também alude nesse ensaio, lançando sementes para a teoria da angústia, publicada alguns anos depois. No *Unheimliche* vemos revisitados os conceitos de identificação e ambivalência, cruciais para a exploração de fenômenos dos quais o encontro com o que é, paradoxalmente, eu e não eu pode provocar experiências de uma agonia que, desembocando no ódio, mimetiza o eu dos inícios, aquele do prazer purificado. Eu que expele o que há dentro de si e o trata, a partir de então, como estrangeiro e, no extremo, como inimigo.

É digno de nota apontar nesse movimento, sustentado pela pulsão mais primitiva, a oral, que o que se cria, via expulsão, é o objeto, e objeto de ódio. A matéria-prima deste, porém, é o que se encontrava, originalmente, dentro, pois como nos lembra Pontalis (1988/2003), "Só se vomita o que se engoliu. Não há corpo estranho senão dentro do próprio corpo" (p. 40).

Entre a inquietante estranheza decifrada em 1919 e o narcisismo das pequenas diferenças, conceito presente no estudo sobre as massas em 1921, topamos com a ousadia de Freud (1920/2010) , ao descrever o que pulsa primeira e incessantemente no coração da psique: a pulsão de morte. Destinada a duelar com Eros, entre fusão e desfusão e assumindo formas diversas – domínio, destruição, puro desligamento –, a pulsão de morte, operando em silêncio e no mesmo caldeirão que as pulsões de vida, se tornará ingrediente fundamental para alimentar as práticas violentas em relação ao outro.

A tese da pulsão de morte respondeu parte das inquietações de seu autor em relação a alguns dilemas e impasses da clínica psicanalítica. A compulsão à repetição, a reação terapêutica negativa, o masoquismo e a necessidade de punição – entre outros obstáculos encontrados por Freud na condução das análises de seus pacientes – só encontraram explicação naquilo que se situava para além do princípio do prazer. E foi igualmente nesse além, que alguns enigmas no campo da cultura puderam ser elucidados.

Se no texto sobre as massas seu autor não menciona explicitamente a pulsão de morte como responsável pela brutalidade das relações entre os sujeitos, no trabalho *O mal-estar na civilização* (1930/2010) ele não economiza na aplicação dessa tese. Ao denunciar que a civilização é contra o amor, Freud nos adverte que o dualismo pulsional que sustenta e, paradoxalmente, ameaça a cultura é a verdadeira fonte do mal-estar. As pulsões buscam escoamento, a cultura obriga a contenção. O mal-estar se faz, portanto, incontornável e incurável, pois a própria exigência civilizatória se constitui como fonte permanente de angústia.

No campo social, essa tese esteve presente não só na tentativa de elucidação do mal-estar, mas também em outro ensaio que sucedeu seu texto de 1930. Em sua interlocução com Einstein, na tentativa de responder o porquê da guerra, Freud o adverte, na contramão de uma versão rasa do humanismo, que a guerra é inevitável, pois ela representa uma oportunidade de expressão da pulsão de morte pela via do poder. Ao ser questionado sobre a possibilidade de se fazer uma "profilaxia" da guerra, Freud insiste na ideia de que, se ela é impossível, a terapêutica deverá ser centrada na intensificação do trabalho de Eros. Só isso faria com que os sujeitos pudessem desenvolver uma "razão orgânica" contra a guerra, uma repugnância moral, afetiva e intelectual contra qualquer movimento de destruição da humanidade (Freud, 1932/2010, p. 433).

Se o ódio está na origem da vida psíquica, como nos advertiu Freud (1915/2010) no texto sobre os destinos das pulsões, se ele é anterior ao amor, isso não ocorre por outro motivo que não seja a tentativa de restauração de um princípio, de um estado anterior de ausência de estímulos, de uma experiência de quietude e plenitude. O princípio, mais além do prazer, é o nirvana, sem estímulos, sem excitação, sem intensidades.

A articulação buscada entre o desamparo e o ódio nos conduz a tecermos algumas considerações a respeito da economia psíquica que se instaura diante das situações em que a singularidade, a pluralidade e, portanto, as diferenças se impõem. Se nos regimes democráticos essas experiências são relativamente privilegiadas e defendidas por leis que regulam as relações entre os sujeitos, como mencionamos anteriormente, não será exatamente um paradoxo vislumbrarmos movimentos que se opõem a essas manifestações.

Será pela via do desamparo e sua consequente agonia, que visa à eliminação da distância e da solidão que a diferença inaugura, que podemos buscar entender o pavor que a alteridade pode significar. Desistir da ilusão de ser um, renunciar à ternura infantil proporcionada por um outro – sentido como onipotente e onisciente – como única forma de prazer é o caminho necessário para assegurar a liberdade e a criação na convivência com o diferente.

Sustentar essa experiência que nos convocará, vida afora, a tecer laços identificatórios só será possível se conseguirmos reter o essencial do tempo da infância, onde a ternura experimentada se transforma em doação ao outro. "o desamparo inicial dos seres humanos é a *fonte primordial* de todos os *motivos morais*", nos lembra Freud (1950/1987, p. 336, grifos do original), no *Projeto para uma psicologia científica*.

Podemos pensar que o desejo e apelo por regimes autoritários representam, para alguns, uma espécie de refúgio, alento, e por que não dizer, salvação, diante da dura realidade da falta de garantias que o mundo apresenta. A incerteza, a dor e a angústia, provocadas pelo encontro com as diferenças, podem suscitar, ardorosamente, o desejo da redução ao idêntico. A experiência dolorosa do desamparo, vivida na dualidade "impotência do eu" *versus* "onipotência do outro", gera o anseio de um regime que prometa sanar a agonia da diferenciação e da consequente solidão que ela instaura.

O ódio, que sinaliza o anseio infantil pelo idêntico – lugar de refúgio diante da alteridade –, por sua vez acentua o desejo masoquista de servidão. Isso nos convoca a pensar que certas formas de submissão às figuras e regimes autoritários passam a ser objeto de desejo, apenas na medida em que proporcionam uma mirada para o tempo da passividade, no qual se esperam brotar as referências narcísicas oriundas do cuidado e da ternura. Acaso não podemos encontrar, direcionados às figuras autoritárias ao longo da história – objetos de paixão das multidões –, os gritos inequívocos de apelos por garantia e salvação? Führer, Generalíssimo, Duce, Mito, a lista é longa.

É também da primitiva experiência do desamparo e da consequente insuficiência experimentada diante das intensidades – oriundas de dentro e de fora de si – que brota a crença maniqueísta do bem contra o mal. Não nos esqueçamos da tese freudiana do eu dos inícios, o do prazer purificado: "Ele segregou uma parte integrante do próprio eu, que lança ao mundo externo e percebe como inimiga" (Freud, 1915/2010, p. 75). Bem e mal, bom e mau, eis as antíteses construídas, reforçadas e sustentadas pelos regimes autoritários, em perfeita consonância com esses estados psíquicos primitivos.

Por mais paradoxal que possa parecer, se essa crença conduz certos sujeitos ao desespero diante do mal, e ao alívio diante do bem, não admitindo nuances, ela cria, em forma de cascata, outras crenças, como aquelas que sugerem que ao segregar ou exterminar o inimigo, o mal e os maus serão banidos. O ódio justifica, mais do que qualquer outro afeto, o desejo de eliminação. Mesmo quando alternado com o desprezo e a indiferença, ele estará à espreita.

A alternância do ódio com manifestações de indiferença e desprezo, inclusive, não são raras nesses cenários de tentativa do apagamento das diferenças. Consistem apenas em outra forma de lidar com o desamparo, pela via da insensibilidade, em relação ao sofrimento e mesmo à existência alheia. Nestes casos, não se "apaga" o outro usando a destrutividade e/ou a violência puras, mas recorrendo à desumanização e à dessubjetivação. Afinal, o que não vale nada pode ser exterminado.

Motor das manifestações racistas, xenofóbicas, homofóbicas e preconceituosas de forma geral, o ódio denuncia, inequivocadamente e em suas diversas formas de expressão, que a percepção das diferenças pode remeter os sujeitos para o terreno da falta, da solidão e da dor. Isso explica, desde nosso ponto de vista, porque certos regimes antidemocráticos pregam e incentivam essas manifestações. Em nome de uma suposta vitória do bem contra o mal, assistimos em várias partes do mundo, especialmente nos países onde as democracias estão sendo emparedadas, a construção, e por que não dizer, a reconstrução, de discursos que prometem – via a aniquilação do diferente – uma suposta tranquilidade.

Não deixa de ser verdade que a tranquilidade diante da abolição das diferenças pode ser alcançada, ainda que parcialmente. No entanto, é necessário destacar que essa experiência acontece apenas pelo silenciamento das subjetividades, e isso impõe severas limitações às expressões das pulsões de vida, ou Eros, cuja força seria garantidora de unidades cada vez maiores. Somente essa força pode fazer face aos processos destrutivos, que trabalham silenciosa e permanentemente.

Frente aos dilemas que a vida impõe a todos, seja na dimensão subjetiva, no terreno intrapsíquico, seja na esfera das relações sociais, no campo intersubjetivo, animados pelo dualismo pulsional, a iminência de uma regressão ao estado inicial de desamparo é fonte permanente do mal-estar humano. Em todas as suas expressões, a falta, enquanto marca da condição humana, inaugura as experiências de agonia e, paradoxalmente, encaminha o sujeito para o terreno da ética, único capaz de garantir que a separação – e as diferenças reconhecidas a partir dela – seja disparadora de um tipo de anseio que não é o do triunfo da homogeneidade.

O campo da ética, também na psicanálise, é o da possibilidade de criação de liberdades. Associação livre, regra fundamental, e seu par indissociável, a escuta que flutua, também livre, pressupõem alguma condição de sustentar, no tempo e no espaço, aquilo que pode ser, por natureza, da ordem do intolerável. Mas acaso o intolerável dos inícios, desembocando e configurando o campo do *hilflosigkeit*, não é a marca do humano? O horizonte que se abre a partir dessa experiência, se tem o ódio como sua primeira expressão, nem por isso deixa de fora aquilo que pode se transformar com a ajuda do próximo.

O *nebenmensch* a que Freud alude no *Projeto para uma psicologia científica* (1950/1987) como próximo, semelhante, mas também como estrangeiro, é, paradoxalmente, o primeiro objeto de satisfação e de hostilidade. O detentor da potência para minimizar a fome e a dor dos inícios é esse familiar e desconhecido, cuja relação inicial leva o selo da ambivalência, pois no campo original do desamparo, se a dependência absoluta dispara o sentimento de horror, ela obriga a criação de um anseio, de um apelo por ajuda.

Nas primeiras linhas do trabalho *Psicologia das massas e análise do eu* (1921/2011), Freud voltará a essa questão para enfatizar, entre outras coisas, a ambivalência nas relações: "Na vida psíquica do ser individual, o Outro é via de regra considerado enquanto modelo, objeto, auxiliador e adversário" (p. 14). Nessa mesma linha, em *O mal-estar na civilização* (1930/2010), ele retorna ao tema ao falar sobre a propensão à agressão encontrada em todos os seres humanos em relação ao semelhante: "o próximo não constitui apenas um possível colaborador e objeto sexual, mas também uma tentação . . . para humilhá-lo, para infligir-lhe dor, para torturá-lo e matá-lo" (p. 77).

Se é verdade que da experiência da ajuda primeira e estrangeira brotará o ódio, lembremos que haverá também memórias e reconhecimento de uma ternura vivida. Ternura que pode, não apenas capturar o sujeito de forma tantalizante vida afora – o que acarretaria a eterna busca de um refúgio como defesa diante da falta e da separação –, mas também se transformar em possibilidades de abertura e criação. Ou seja, em vez da busca de experiências de servidão, típicas de regimes totalitários, e que desembocam, invariavelmente, no ódio ao diferente, pensamos que a experiência terna, vivida nos primórdios, pode constituir-se como traços de memória, de onde podem despontar caminhos que conduzem às obras no terreno da coletividade.

O desamparo dos inícios, resultado do caos que é a vida do corpo e a vida psíquica, só pode ser atenuado através de um projeto humano de construção junto ao outro. Outra maneira de dizer que a vida é estruturada em torno da falta. No palco onde acontece o difícil trabalho da convivência, é a sustentação da alteridade e, consequentemente, da solidão que pode levar ao compartilhamento.

Somente nesse terreno é possível a criação, condição para a manutenção dos laços sociais e da própria civilização. Nas belas palavras de Pontalis (1988/2003): "A experiência do estrangeiro é um vaivém: faço meu um país estrangeiro, vou fazendo com que aos poucos se me torne familiar, e depois disso descubro o desconhecido em meu país familiar" (p. 42).

Assim como na análise é o encontro com o estrangeiro que se torna ponto de partida para que o trabalho ocorra, é na sustentação das diferenças, permitida na seara democrática, que a cultura pode também se sustentar, graças à criação de dispositivos, em que a tensão, oriunda das forças pulsionais, não resulte no extremo desenlace e, consequentemente, na destruição – do outro e de si mesmo.

Foi a ascensão do nazismo que obrigou o criador da psicanálise, um ano antes de sua morte, a abandonar sua pátria. Aqui, na América do Sul, a emergência das ditaduras brasileira, chilena e argentina levou inúmeros psicanalistas ao exílio. A psicanálise e os psicanalistas têm o dever de trabalhar incessantemente pela construção e manutenção da democracia em todo o mundo. Fora dela, a psicanálise não respira. Conhecemos o poder dos "grandes batalhões", que no silêncio mortífero operam contra a vida e sua diversidade, mas conhecemos, igualmente, a capacidade e potência de Eros.

## *Referências*

Freud, S. (1987). Projeto para uma psicologia científica. In S. Freud, *Edição standard brasileira das obras completas* (J. Salomão, Trad.; Vol. I). Imago. (Trabalho originalmente publicado em 1950)

Freud, S. (2010). Além do princípio do prazer. In S. Freud, *Obras completas* (P. C. Souza, Trad.; Vol. 14). Companhia das Letras. (Trabalho originalmente publicado em 1920)

Freud, S. (2010). O inquietante. In S. Freud, *Obras completas* (P. C. Souza, Trad.; Vol. 14). Companhia das Letras. (Trabalho originalmente publicado em 1919)

Freud, S. (2010). Os instintos e seus destinos. In S. Freud, *Obras completas* (P. C. Souza, Trad.; Vol. 12). Companhia das Letras. (Trabalho originalmente publicado em 1915)

Freud, S. (2010). O mal-estar na civilização. In S. Freud, *Obras completas* (P. C. Souza, Trad.; Vol. 18). Companhia das Letras. (Trabalho originalmente publicado em 1930)

Freud, S. (2010). Por que a guerra? In S. Freud, *Obras completas* (P. C. Souza, Trad.; Vol. 18). Companhia das Letras. (Trabalho originalmente publicado em 1932)

Freud, S. (2011). Psicologia das massas e análise do eu. In S. Freud, *Obras completas* (P. C. Souza, Trad.; Vol. 15). Companhia das Letras. (Trabalho originalmente publicado em 1921)

Freud, S. (2012). Totem e tabu. In S. Freud, *Obras completas* (P. C. Souza, Trad.; Vol. 11). Companhia das Letras. (Trabalho originalmente publicado em 1913)

Freud, S. (2013). O tabu da virgindade. In S. Freud, *Obras completas* (P. C. Souza, Trad.; Vol. 9). Companhia das Letras. (Trabalho originalmente publicado em 1917)

Freud, S. (2014). O futuro de uma ilusão. In S. Freud, *Obras completas* (P. C. Souza, Trad.; Vol. 17). Companhia das Letras. (Trabalho originalmente publicado em 1927)

Freud, S. (2014). Inibição, sintoma e angústia. In S. Freud, *Obras completas* (P. C. Souza, Trad.; Vol. 17). Companhia das Letras. (Trabalho originalmente publicado em 1926)

Levitsky, S., & Ziblatt D. (2018). *Como as democracias morrem* (R. Aguiar, Trad.). Jorge Zahar.

Pontalis, J.-B. (2003). Uma cara que não agrada. In. J.-B. Pontalis, *Perder de vista: da fantasia de recuperação do objeto perdido* (V. Ribeiro, Trad.). Jorge Zahar. (Trabalho originalmente publicado em 1988)

# 6. A potência política das resistências

*Gisele Papeti*

Nas últimas décadas, pudemos observar um aumento expressivo de experiências e desafios, coletivos e singulares, ligados à forma como se vive e às mudanças culturais pelas quais passamos. Há um contexto social por vezes atroz, sobretudo nos últimos anos, marcado por muitas desigualdades e vulnerabilidades, em meio a uma multiplicidade de sujeitos que sofrem os efeitos das violências e dos discursos de ódio.

Levando em consideração o modo como a nossa sociedade contemporânea neoliberal tangencia e afeta a nossa forma de viver e de conviver, esses elementos convocam a uma articulação fundamental para a psicanálise, entre o sujeito, o social, a política e a sua ética intrínseca.

A partir disso, é possível pensar algumas questões acerca do exercício da psicanálise e sua função política. Seriam esses aspectos aqui levantados vórtices capazes de abalar a ética que orienta a psicanálise em meio ao seu particular ofício? Tais questões poderiam aparecer sob a forma de resistência, em um sentido amplo do termo? Como reconhecer e lidar com essa possibilidade?

A temática proposta para este livro busca debater um tema espinhoso e ao mesmo tempo crucial, além de caro aos tempos atuais, em nosso país e no mundo todo. O pensamento apresentado neste ensaio tem aparecido de diversas formas na clínica psicanalítica, de maneira ampliada e sob diversas faces, e a intenção aqui é propor outras visões sobre aspectos não tão evidentes dentro da prática da psicanálise.

Na seara psicanalítica, os que vivenciam uma experiência nesse âmbito sabem que, em meio a qualquer trabalho que abrange esse campo, surgem diversas formas de resistência. Apesar de haver uma disposição dos sujeitos a mudar, por conta de seus sofrimentos, também há uma energia que se coloca a serviço da conservação de tal sofrimento. Assim, manifesta-se a diversidade de resistências que se apresentam diante dos desafios que a investigação analítica suscita.

Com base em desdobramentos e em aspectos pertinentes a esse conceito fundamental na teoria psicanalítica, a proposta aqui é a de pensar a partir da visão de que há uma potência política presente em resistências que surgem durante uma análise que não podem ser desconsideradas. Portanto, seriam resistências que se mostram a favor da subjetividade, e não um entrave ao encontro dela.

A aposta da psicanálise se dá na direção da transformação, da mudança, da esperança. Sempre norteada pela ética e em prol de movimentos que possibilitam construções mais criativas de vida, diante das mazelas do sujeito, mas não só, diante de qualquer experiência.

Percorrendo a obra de Freud, é possível ver como, em uma experiência de análise, a técnica e o manejo da transferência podem criar condições para que o sujeito descubra recursos e meios para lidar com suas dores e com o desamparo e possa seguir na direção do seu desejo.

O processo analítico propõe, justamente, a possibilidade de tecer representações que amparem o sujeito, por meio da construção de uma narrativa e de transformar vivências em experiências. Na vivência – a qual, geralmente, nota-se um excesso libidinal excessivamente perturbador –, o sujeito é marcado por uma situação de forma passiva, sem que nada possa fazer a respeito. Já na constituição de uma experiência – o que a psicanálise, primordialmente, oferece em seu tratamento –, o sujeito se implica na situação, se apropria da vivência e se torna capaz de construir algo a partir dela. Quem nos apresenta essa forma interessante de visão a partir deste significante *experiência* é Maria Rita Kehl, que já expôs essa diferenciação em diversas ocasiões, mencionando que tal perspectiva é enunciada por Walter Benjamin, nos seus expressivos ensaios *Experiência e pobreza* e *O narrador* (1987).

A ideia para este capítulo parte do questionamento crítico acerca da noção de resistência em Freud, ancorado na tentativa de articular essa noção à questão da ética em psicanálise e explicitar possíveis dimensões políticas da resistência, que se tornam mais visíveis quando enfatizamos o caráter paradoxal dessa noção.

O objetivo deste escrito é, portanto, problematizar e lançar luz sobre a dimensão política presente na noção de resistência, sobre o caráter paradoxal que ela revela, e apresentar possíveis articulações desses pontos com a noção de ética em psicanálise.

Nesse sentido, aponta-se a possibilidade de pensar as resistências destacadas pela psicanálise – sob a garantia de sua ética – como um aspecto fundamental do funcionamento psíquico, viabilizador de criações e de mudança subjetiva.

As resistências se destacam, em Freud, pela oposição que fazem às investidas do trabalho psicanalítico, erguendo barreiras que funcionam como obstáculos a mudanças e a novas construções. No entanto, paradoxalmente, também contribuem de forma positiva para o trabalho de análise, na medida em que evidenciam onde a investigação analítica pode obter sucesso. Ao se intensificarem diante de uma ameaça de desvelamento (ou revelação) do recalcado, as resistências indicam um caminho e uma direção, que conduzem àquilo que merece atenção especial. Desse modo, elas contribuem para um trabalho ao cabo do qual elas próprias podem ser pensadas e superadas. Diante disso, cabe questionar se a resistência, afinal, se configura como algo de ordem desfusional ou, ao contrário, como um meio de possibilidade de ligação (e construção).

Tenta-se explorar aqui outra hipótese, a de que as resistências também podem convocar e instigar o sujeito, que não cede ao que se impõe a ele na dinâmica transferencial da vida, a buscar alternativas singulares e criativas para lidar com sua história e experiências vividas, sendo, portanto, em si, um meio viabilizador de descoberta do novo. A partir dessa questão, não há proposição de mudança no que tange ao conceito de resistência, como apresentado por Freud, mas tão somente o reconhecimento de outras possibilidades e vicissitudes da resistência, para além da manifestada em oposição ao tratamento analítico.

## *Entrelaçamentos entre resistência, ética e política em psicanálise*

Além das questões intrapsíquicas, somos atravessados por conflitos advindos das injunções da cultura e da sociedade na atualidade, conforme mencionado. Sobretudo por isso, evidencia-se a importância de pensar as resistências em suas dimensões políticas e éticas naquilo que tange ao não submetimento do sujeito. Considerando que a psicanálise e sua ética caminham no sentido oposto ao de tentativas de normalizar e submeter as subjetividades, isso aponta para a perspectiva ética do trabalho psicanalítico, comprometido com um posicionamento político dos sujeitos, bem como com o respeito ao desejo e às subjetividades, e – por que não? – também com a própria resistência, em certo contexto e em certa medida.

Diante desses aspectos, a discussão aqui se coloca em torno da noção de resistência, destacando o aspecto que tange à sua potência política, a favor da mobilidade psíquica. Pensando, portanto, uma situação em que o sujeito ao resistir e não se submeter a uma proposição, ou até imposição, pode se implicar na busca por outras saídas, diferentes e criativas, para seus conflitos, impasses e sofrimentos. Nessa direção, nota-se a ligação intrínseca e fundamental entre essa perspectiva e a ética da psicanálise, de escuta compromissada com o que é da ordem do desejo. Mas a ética da psicanálise, por si só, seria garantidora dessa possibilidade de produção do novo, que a resistência pode incitar?

A possível articulação entre a potência criativa e positiva das resistências, de um lado – isto é, seu aspecto político e seus aspectos paradoxais – e, de outro, a ética da psicanálise traçam para o sujeito a possibilidade de se implicar nas suas escolhas no decorrer da construção permanente de sua subjetividade e de caminhar na vida com suas próprias pernas.

A princípio, Freud se ocupava em dar fim aos sintomas que seus pacientes apresentavam e que lhes causavam sofrimento e angústia, buscando uma cura para seus embaraços. No decorrer de suas investigações e descobertas, porém, foi enjeitando a ideia originária de foco em sintomas e cura, chegando mesmo a interpelar a eficácia da própria psicanálise. Diante de certos desafios, que pareciam insuperáveis, e impasses que apareciam, Freud passou a apresentar outros propósitos da psicanálise, ligados à possibilidade de descoberta e de criação de meios diferentes para administração do desamparo inerente à vida. Isso evidencia que a psicanálise se constituiu com base na prática de produção do novo, da diferença, do movimento, ou seja, como prática contrária à alienação e à inércia do psiquismo.

Nessa empreitada, logo no início da prática da psicanálise, Freud entendia que as resistências precisavam ser dissolvidas para que alguma transformação subjetiva se desse. Para ele, elas eram entraves a serem superados.

Já depois de 1920, com a ampliação da teoria psicanalítica proveniente da introdução da segunda tópica, Freud aponta novas perspectivas em relação a essas questões fundamentais à metapsicologia, além de fazer alguns acréscimos ao seu pensamento sobre o funcionamento psíquico. Um aparelho representacional, segundo o pensamento freudiano, regulado, até então, a partir do princípio de prazer/desprazer, passa a ser pensado a partir do dinamismo apresentado pelo dualismo pulsão de vida/pulsão de morte.

Em *Além do princípio do prazer*, Freud (1920/2010) parte de duas situações de repetição – o famoso jogo do *Fort-da*, no qual a criança, na ausência da mãe, joga longe e puxa de volta para si um carretel; e a neurose traumática, oriunda de uma vivência de perigo em relação à própria vida e manifestada em angústia, sintomas e sonhos – para apresentar, sob o nome de "compulsão à repetição", aquilo que transcende ao movimento de busca de prazer.

Quando Freud sintetiza o segundo modelo tópico de sua teoria, em *O Eu e o Id* (1923/2011), definindo as instâncias psíquicas do Eu, Id[1] e Supereu, ele expõe os conflitos oriundos das divergentes exigências advindas de cada uma. Partindo dos desdobramentos do desenvolvimento de tais proposições, Freud chega ao que chamou de "reação terapêutica negativa" no processo psicanalítico, manifestado numa espécie de piora paradoxal do sujeito ao conquistar progressos por meio do tratamento.

Essa virada teórica levou Freud a repensar também a noção de resistência. Ele passa a considerar a compulsão à repetição e a reação terapêutica negativa como formas de resistência ligadas, respectivamente, a manifestações do Id e do Supereu, conforme ele afirma nos complementos de *Inibição, sintoma e angústia* (Freud, 1926/2014, pp. 106-108). O acréscimo dessas formas de resistência partiu do questionamento: a resistência do Eu, já tão trabalhada, cobre "inteiramente o estado das coisas que deparamos em análise?" (Freud, 1926/2014, p. 106).

Evidentemente não como afirma Freud e a clínica também ratifica. Aqui, há o que se considera um aspecto político da resistência, levando em conta, sobretudo, o que antecede ao estabelecimento do princípio do prazer, a força que advém da constante exigência de descarga e de representação via a enigmática e demoníaca compulsão à repetição.

---

1 Foi adotado o termo "Id" em vez do termo "Isso" em conformidade com as pontuações feitas pelo tradutor Paulo César de Souza na obra da Editora Companhia das Letras. Suas considerações são de que o termo "Isso" pode causar estranheza maior do que os termos "Eu" e "Supereu", por isso propõe o sacrifício da coerência que se presentificaria adotando este último.

As resistências, para além do recalque, manifestam-se a partir de um excesso irrepresentável, ultrapassam a possibilidade de rememoração (Canavêz, 2014). Existe uma tentativa de ligação do excesso pulsional, relacionada à repetição, que remete ao traumático vivido nas primeiras experiências tanto de satisfação quanto de dor – sendo, assim, diferente da repetição que visa recordar e elaborar. Portanto, a resistência carrega em si uma função política e social de posicionamento, uma função de obstáculo ao "uso da força ou de meios de coerção" e de "colocar-se de pé" (Canavêz, 2015, p. 227).

Ao lançar luz sobre um sentido da resistência como expressão de "autoafirmação" (canavez, 2014, 2015; Ventura, 2009), em sua dimensão política, fala-se da noção de ética em psicanálise. Ética condizente com a aproximação do sujeito em relação ao seu desejo e do desejo do analista em psicanalisar. O que pode o psicanalista em meio aos aspectos paradoxais das resistências?

Para pensar tal questão é relevante percorrermos algumas passagens acerca da noção de resistência em Freud, tomando como referência alguns de seus textos seminais e recorrendo a autores de trabalhos científicos atuais que discutem essa temática, desenvolvendo perspectivas que, de alguma maneira, tangenciam as questões delineadas até aqui.

Na sequência, uma discussão das noções de ética e de política destacam aproximações ou afastamentos destas em relação à psicanálise, com o objetivo de tornar mais claro esse entrelaçamento que forneceu os subsídios para a questão norteadora desta escrita.

Por fim, a exposição de algumas perspectivas sobre as dimensões político-sociais da psicanálise propõe uma articulação entre esses pontos e a reflexão a respeito da dimensão política da noção de resistência em psicanálise e da ética que a ampara. Para isso, são feitas algumas ponderações relativas à garantia de que a ética da psicanálise pode, em alguma medida, oferecer a essa potência política presente nas resistências. Uma potência que viabiliza a criatividade e catalisa a mudança subjetiva.

## *Breve percurso freudiano da noção de resistência*

Para expor um breve percurso da noção de resistência em Freud, começo pelo fato de que a noção de resistência foi mencionada por Freud desde os primórdios de suas investigações.

Foi a percepção da resistência de muitos pacientes à hipnose que levou Freud ao abandono desse tipo de intervenção. Não apenas isso, mas também o abandono da técnica da sugestão e a busca por outro meio de trabalho com os pacientes remetem à reflexão sobre a resistência. Durante as *Conferências introdutórias à psicanálise* (1916-1917/2014), Freud afirma, na Conferência em que discorre sobre resistência e repressão, que "a verdadeira psicanálise teve início com a renúncia ao auxílio da hipnose" (p. 389).

Diante dos sofrimentos manifestados pela histeria de seu tempo, Freud se depara com um desafio instigante, que o atrai para a tentativa de saber de que se tratam seus males e como desvendar o que ainda se apresentava como um mistério para a medicina de sua época. Depois, justamente por notar e legitimar as resistências, além de constatar a ineficácia de muitas tentativas de superá-las e interpretá-las, é que Freud muda a estratégia e chega ao método de livre-associação, pedra angular da psicanálise.

Considera-se resistência, em psicanálise, tudo que se opõe ao acesso e à revelação do inconsciente. Portanto, a resistência foi conceituada a partir da noção de impedimento ao trabalho psicanalítico. Entrave a ser superado e dissolvido, a princípio por meio de insistência e de persuasão, depois pela interpretação, conforme pontuado pelos mesmos autores, e que, posteriormente, se tornam táticas abandonadas, por reiteradamente não produzirem o efeito esperado de quebra dessa força, que é, permanentemente, atuante no psiquismo. Freud nos confidencia, durante sua apresentação do caso Lucy R.:

> *Logo também deixei de realizar aqueles testes para determinar o grau da hipnose, pois, em toda uma série de casos, isso ativava a resistência dos doentes e abalava a confiança de que eu precisava para o trabalho psíquico mais importante (Breuer, J.; Freud, S., 1893-1895/2016, p. 158).*

E acrescenta mais à frente, em *Psicoterapia da histeria*:

> *O procedimento da pressão não é senão um estratagema para surpreender por um instante o Eu afeito à defesa; em todos os casos mais sérios ele volta a se lembrar de seus propósitos e prossegue sua resistência . . . evidentemente, ele não pode fazer outra coisa senão opor resistência. (Breuer, J.; Freud, S., 1893-1895/2016, pp. 391-392)*

Nesse sentido, a psicanalista Miriam Debieux Rosa, junto com o colega Marcio Gagliato, na apresentação feita em um evento do Departamento Formação em Psicanálise, do Instituto Sedes Sapientiae, em 2011 – e que está publicada no livro que inaugura a Coleção a qual este livro também pertence, chamado *Trauma, memória e transmissão: a incidência da política na clínica psicanalítica* –, afirmam que Freud legitimava as resistências "à tirania da sugestão" de outrora, como uma ação fundamental contra os "excessos diretivos da sugestão" (p. 88). Como afirmam, este é um posicionamento ético, assim como político também, de Freud, na direção de sua proposição do que se constituiria enquanto psicanálise.

Seguindo esse caminho, sem deixar de ver que isso expõe um contraponto a essa querela, é observável que, no percorrer da obra freudiana, prevalece a apresentação da resistência como um impedimento à mudança.

Continuando a percorrer essa trajetória, nos artigos pré-psicanalíticos vemos que Freud conceituou as resistências que apareciam no processo analítico como forças vindas do Eu, em defesa da conservação do recalcado como tal, promovendo uma repulsão a qualquer investida para que o conteúdo pudesse vir à consciência. Isto se manifestava na análise por meio de esquecimentos, dificuldades em relação ao pagamento, ausência de associações, transferência negativa, dentre outras formas de resistência (Breuer, J.; Freud, S., 1893-1895/2016).

Sobre esses pontos, Freud afirma:

> *através do meu trabalho psíquico tinha de vencer uma força psíquica que se opunha, no paciente, a que ideias patogênicas se tornassem conscientes (fossem lembradas). . . . Constatei, a partir delas, uma característica geral de tais ideias; eram todas de natureza penosa, apropriadas a suscitar os afetos da vergonha, da desaprovação, da dor psíquica, o sentimento de ser prejudicado, todas do gênero que de bom grado não teríamos vivido, que preferimos esquecer. De tudo isso resultava . . . o pensamento da* defesa *. . . Aproximou-se do Eu do paciente uma ideia que se revelou intolerável, que despertou, da parte do Eu, uma* ***força de repulsão*** *cujo propósito era a* ***defesa*** *contra essa ideia intolerável . . . Quando eu me empenhava em dirigir a atenção para ele [rastro da ideia repelida para fora da consciência], sentia como* resistência *a mesma força que, na gênese dos sintomas, havia se mostrado como* repulsão. *(Breuer, J.; Freud, S., 1893-1895/2016, pp. 377-378, grifo meu em negrito; do autor em redondo)*

Em *Psicoterapia da histeria* (1893-1895/2016), Freud formula o conhecido modelo análogo às camadas de uma cebola. As lembranças seriam agrupadas segundo uma determinada lógica e também organizadas em camadas em torno de um núcleo patogênico, e as resistências seriam maiores quanto mais próximo se chegasse desse núcleo.

> *A esse agrupamento de lembranças da mesma natureza numa pluralidade linearmente estratificada . . ., chamei formação de um tema . . . Esses temas mostram um segundo tipo de ordenação; . . .* estratificados concentricamente em torno do núcleo patogênico . . . *São camadas de igual resistência, crescente em direção ao núcleo . . . As camadas mais periféricas contêm . . . aquelas lembranças (ou fascículos) fáceis de recordar e que sempre foram claramente conscientes; quanto mais nos aprofundamos, maior a dificuldade em reconhecer as lembranças emergentes, até que próximo do núcleo, deparamos com aquelas que o paciente ainda nega ao reproduzir. (Breuer, J.; Freud, S., 1893-1895/2016, p. 405, grifos do original)*

Em seu *Projeto para uma psicologia científica* (1950 [1895]/1977) – trabalho metapsicológico escrito em paralelo a experiências clínicas emblemáticas –, Freud afirma que o organismo se defende, de forma reflexa, de uma grande torrente de energia que o invade (obedecendo ao princípio de inércia ou de constância). Essa defesa original do organismo tem função fundamental tanto na constituição, como na expansão e na tessitura do aparelho psíquico. Sem essa defesa, não haveria busca por outras vias de representação, nem possibilidade de amplificação do psiquismo; ou seja, a luta de forças proveniente de tal conflito é que institui o aparelho mental e confere a ele a sua complexidade. Além disso, destaca-se aqui o aspecto protetor da resistência, dirigido contra o que era causador da perturbação do psiquismo, uma maneira de evitar o que seria fonte de desprazer. Desprazer ancorado no conflito de ideias ambivalentes. Não é apenas da dor que o Eu se defende, senão também de um excesso libidinal que invade o psiquismo e perturba o sujeito.

Para a psicanálise, tal perturbação é de ordem permanente e advém tanto do exterior quanto da interioridade do sujeito, isto é, daquilo que

Freud chamou de pulsional. A questão desde o *Projeto* é: estímulos externos são passíveis de fuga, estímulos endógenos não são passíveis de descarga motora. Há uma demanda incessante do Eu de interpretação, do que chamamos em psicanálise de tradução, e de arranjo desse excedente energético para que possamos conviver com nossos conflitos sem que eles deem a impressão de poderem nos arruinar.

Já em *Introdução ao narcisismo*, de 1914, Freud explicita que a libido tem parte dirigida a objetos externos e parte dirigida ao próprio Eu, funcionando em muitos casos também como proteção para o sujeito – como em casos de adoecimento ou durante o estado de sono, conforme o autor destaca por meio de um já famoso exemplo:

> *É sabido . . . que alguém que sofre de dor orgânica e más sensações abandona o interesse pelas coisas do mundo externo, na medida em que não dizem respeito ao seu sofrimento. "No buraco do seu molar", diz Wilhelm Busch do poeta que sofre de dor de dente, "se concentra sua alma". . . De modo semelhante à doença, o estado do sono também significa uma retração narcísica das posições da libido para a própria pessoa. (Freud, 1914/2010, pp. 25-26)*

A respeito do excesso, Freud (1914/2010) discorre que "o desprazer em geral é expressão de uma tensão mais elevada, de que, portanto, é uma quantidade do suceder material que . . . se transforma na qualidade psíquica do desprazer" (p. 29).

O desprazeroso provoca a ação de rechaço e, consequentemente, o recalque. E, já em sua comunicação com Fliess, antes de 1900, Freud deixa claro que "o que é rechaçado é sempre a sexualidade" (1950 [1892-1899], p. 233, citado em Gonçalves, 2021, p. 24). Na *Carta 18*, datada de 1894, Freud (1950 [1892-1899]/1977) afirma ao seu interlocutor: "em todos os casos em que as neuroses são adquiridas, elas o são devido a perturbações na vida sexual" (p. 259).

A transferência foi considerada por Freud "*a mais forte resistência ao tratamento*" (1912/2010, p. 137, grifo do original). Ao explicar sua dinâmica, em 1912, ele diz que o adoecimento neurótico engendra um retorno – e reinvestimento – de parte da libido, outrora investida em objeto(s) externo(s), a partes inconscientes dos "complexos" infantis (que exercem uma força de atração). A psicanálise busca seguir esse caminho para torná-la novamente disponível à consciência e, ao aproximar-se dessa possibilidade, um enorme conflito se arma em prol de "*conservar* esse novo estado das coisas" (Freud, 1912/2010, p.139, grifo nosso). Freud aponta a força da transferência como uma resistência contra a mudança psíquica. A transferência seria um meio de compromisso na tentativa de manutenção de um *status quo*. Freud (1912/2010) apura que algo do conteúdo de tais complexos é transferido para o analista, emergindo a consciência e se tornando alvo de intensa resistência, afinal,

> *a confissão de todo desejo proibido é especialmente dificultada quando deve ser feita à própria pessoa à qual ele diz respeito . . . É precisamente isso o que pretende o analisando, quando faz coincidir o objeto de seus impulsos afetivos com o médico. (p. 141)*

Quando vencida tal resistência, os outros componentes que envolvem o complexo em questão não oferecem mais objeção ao seu desvelamento (Freud, 1912/2010).

No mesmo trabalho, entretanto, Freud aponta outro efeito da relação transferencial, a depender da qualidade dos afetos dirigidos ao analista. Quando amorosos e ternos, a transferência pode se revelar favorável ao tratamento e recebe a denominação de "positiva", mas, quando revela conteúdos reprimidos hostis ou de cunho erótico, adquire a função de resistência e a denominação de "negativa" (Freud, 1912/2010, pp. 142-143). Tal ambivalência resulta da dinâmica oriunda do complexo de Édipo freudiano, proveniente da trama amorosa primeva, vivida sob os afetos de amor e de ódio dirigidos às figuras parentais. Estes últimos terão que ser abandonados como objetos sexuais, respondendo à lei imperativa de interdição do amor incestuoso. Nas neuroses, o recalque opera como garantidor dessa interdição.

Depois da introdução da segunda tópica, a partir das formulações expostas em *Além do princípio do prazer*, de 1920, já se considera, primordialmente, que o recalcado inconsciente objetiva descarga, mas se conserva a importância do conflito de forças entre instâncias (a que contém o recalcado e a que o promoveu).

Freud, nos adendos de *Inibição, sintoma e angústia* (1926/2014), propõe cinco formas de resistência, vindas das instâncias psíquicas Eu, Supereu e Id. Exercidas pelo Eu são mencionadas três formas de resistência: a resistência do recalque, a resistência da transferência e a resistência proveniente do benefício secundário da doença. Ligada ao Id, está a compulsão à repetição, "responsável pela necessidade de elaboração" (Freud, 1926/2014, p. 108). E, advinda do Supereu, Freud registra a reação terapêutica negativa, o sentimento de culpa e sua consequente exigência de punição.

Nesse texto, Freud afirma que, em um determinado momento da análise, posterior à supressão das resistências advindas do Eu, ocorre um fenômeno de repetições e atos compulsivos, indicando uma atração inconsciente por deslocamentos pulsionais, como uma forma de defesa arcaica, prévia ao recalque (Gonçalvez, 2021). Segundo Freud (1926/2014), essa forma de defesa se refere a um momento anterior à constituição do Eu e persiste após a organização dessa instância se efetivar.

Tais elementos são germens da formulação da pulsão de morte e da célebre constatação freudiana de que "o Eu não é senhor em sua própria casa" (Freud, 1916-1917/2014, pp. 250-251), que assevera os limites do Eu ao sujeito atravessado pelo que é de ordem pulsional e irrepresentável.

Agora, a forma de resistência trazida à tona pelo Id retira do foco da psicanálise a querela da descoberta da verdade escondida a ser decifrada ou desvelada, e, de acordo com Birman (2006), coloca a tônica nas possibilidades de simbolização da compulsão à repetição, tratando-se, agora, de uma ênfase "de ordem prospectiva, isto é, num *vir-a-ser* da subjetividade em análise" (p. 333, grifo do original), sendo esta uma mudança que supõe maior implicação do analista na experiência que proporciona por meio da psicanálise.

No entanto, ainda de acordo com Birman, isso não significa que o Eu não tenha sua devida importância, afinal, a concepção de que o Eu resiste significa apresentá-lo como uma das instâncias psíquicas, ao lado do Id e do Supereu, o que aponta "uma concepção descentrada do psiquismo. Tal concepção evidencia a multiplicidade de forças em conflito, mas nenhuma delas tem a soberania sobre o psiquismo" (p. 321).

Diante de tais apontamentos, desses registros (signos) do Id, não simbolizados, o que pode o psicanalista?

Tendo em vista essa pergunta, com foco na noção de ética e na de política em psicanálise, nota-se que tais noções se entrelaçam à resistência enquanto expressão singular a ser considerada em sua positividade, e não apenas enquanto obstáculo negativo a ser ultrapassado.

A noção de ética em psicanálise e um caráter político presente nas resistências advindas do Id, manifestadas pela compulsão à repetição diante do traumático, revelam a possibilidade de pensar acerca dessa pergunta e articular esses elementos à função política do ofício psicanalítico diante do mal-estar social que nos rodeia e afeta na atualidade.

Pensando sobre o que abarca o campo de conflitos de cunho social, há uma questão fundamental para a psicanálise. Com Canavêz e Verztman (2021), chegamos a uma querela cara à práxis do psicanalista: "pode o analista escutar?" (p. 3). Em um artigo que trata da escuta clínica de sofrimentos ligados aos campos social e político, os referidos autores desenvolvem a questão atrelada a esta pergunta – análoga à apresentada por Spivak (1985/2010 citado em Canavêz & Verztman, 2021, p. 3) em seu notório livro *Pode o subalterno falar?* – apresentando um questionamento bastante pertinente, especialmente considerando o momento político e social vivido por nós atualmente, evidenciando o quão fundamental é, para a práxis da psicanálise, levar em conta o quanto marcadores sociais, "tais como raça, gênero, classe social, cultura e língua" (p. 3), podem tornar alguns sujeitos mais vulneráveis que outros, e isso não pode ser desconsiderado na escuta que a psicanálise propõe.

## *Considerações sobre ética e política em psicanálise*

A etimologia da noção de ética se deu no campo da Filosofia, onde se mantém por séculos sendo objeto de reflexão, da mesma forma que as ideias referentes às possíveis denominações que carrega o termo política (Garcia-Roza, 1996).

O termo "ética" se refere a uma ciência que tem por objeto uma ação humana prática e concreta, que pode ser qualificada como boa ou má, de acordo com referenciais morais da cultura em que se insere, podendo ser, portanto, definida como "ciência prática ou ciência da práxis humana, isto é, um saber que tem por objeto a ação" (Chauí, 2002, p. 440, citado em Checchia, 2015, p. 203).

No livro baseado em sua tese de doutorado, *Poder e política na clínica psicanalítica*, de 2015, Marcelo Checchia coloca algumas considerações interessantes acerca dos termos "ética" e "política", bem como da relação entre eles. O autor expõe que há um posicionamento aristotélico relevante acerca dessa temática, que envolve a noção de "práxis" como "uma ação que contém um fim em si mesma e, por isso, engloba a ética e a política" (p. 208). De acordo com ele, a política seria a determinadora das ciências que devem existir e de certa organização na transmissão e na difusão do conhecimento entre as pessoas, e a ética, a asseguradora do bem do coletivo.

Essas pontuações possibilitam pensar ligações que a ética e a política têm com o exercício psicanalítico enquanto uma práxis, e a função da clínica psicanalítica no campo social em que se insere.

A fim de pensar sobre a noção de ética e seu entrelaçamento com a prática da psicanálise e com a política, alguns indicadores de tangências entre esses pontos merecem destaque. A psicanálise, visando a aproximação do sujeito com seu desejo e sua implicação com o outro, poderia ter como finalidade, em última instância, a felicidade? Que representações tal palavra poderia abarcar em nosso campo de ofício?

Ricardo Goldenberg (2006), em seu livro que propõe uma interlocução entre política e psicanálise, aborda a felicidade como fator político. Afirma que os gregos fizeram dela objetivo de governo, definindo o tal "Bem Supremo" como norteador do indivíduo e do Estado, embora essa aproximação apresente uma problemática relevante quando o desejo de ambos se chocam. Essa questão instiga a ampliar a querela de como o sujeito pode agir de acordo com o que deseja, pode e/ou deve fazer.

Essas proposições remetem, novamente, à questão do exercício da psicanálise e suas possíveis funções, principalmente no que diz respeito às resistências que se apresentam diante de tal práxis, posta a relação que, por meio dessa prática, se estabelece, e tudo que ela envolve, no movimento de emergência do inconsciente.

Já para Garcia-Roza (1996), há uma diferenciação entre a ética da Filosofia e a ética da Psicanálise, que corresponderia ao fato de que a psicanálise não converge em uma ética do bem. O autor afirma que:

> *o que a teoria do inconsciente nos indica é que a ação humana possui um sentido escondido, e que a psicanálise opera por um retorno a esse sentido oculto, retorno este que pode ser expresso pela pergunta: "agiste em conformidade com teu desejo?" Entrar na dimensão ética da*

> *psicanálise é entrar na relação entre a* ação *e o* desejo *ou, em última análise, a* pulsão. *(Garcia-Roza, 1996, p. 26, grifos do original)*

A questão que Garcia-Roza destaca é a incompatibilidade entre o desejo, no sentido psicanalítico, e o Bem Supremo aristotélico, correspondente ao que se chama costumeiramente de felicidade. Ele sublinha o pensamento de Jacques Lacan de que a psicanálise entende a cura como o processo de ajudar o sujeito a se livrar das ilusões que o detém no caminho em direção ao seu desejo, sendo o "bem para o homem" (Garcia-Roza, 1996, p. 27) a primeira de tais ilusões.

Já Maria Rita Kehl, em seu livro dedicado a pensar a intersecção entre a ética e a psicanálise – *Sobre ética e psicanálise* –, discorre sobre duas abordagens dessa relação. Uma ética que envolve o ofício, ou seja, a prática psicanalítica, e outra ligada "às implicações éticas do advento da psicanálise no Ocidente, como um pensamento e uma prática que questionam os pressupostos éticos tradicionais" (Kehl, 2005, p. 7). A primeira, segundo a autora, trata tanto de uma proteção aos pacientes – submetidos, em primeira instância, aos efeitos do amor transferencial, comum ao tratamento – quanto de uma espécie de regulamentação – considerando aspectos relacionados a questões como a "concorrência profissional" e a formação e transmissão, tão peculiar, da psicanálise. A segunda aborda uma questão talvez mais abrangente, referindo-se a efeitos da prática e disseminação da psicanálise na cultura Ocidental, que teria abalado certezas do homem em relação ao Bem, ao conhecimento e ao domínio sobre si mesmo a partir da concepção freudiana acerca das determinações inconscientes, às quais estamos todos assujeitados.

A autora segue um caminho de reflexão sobre a função social da psicanálise, como propositora de novos norteadores para "uma ética para a modernidade" (Kehl, 2005, p. 8), sendo que esta se desdobra em um pensar e em uma prática interrogantes dos pressupostos éticos tradicionais que deixaram de ser os norteadores das ações morais após o fim do século XIX.

Com base nesses apontamentos, podemos considerar a importância da ética e também da dimensão política imbuídas no trabalho psicanalítico no que tange ao social. A psicanálise não se encerra na sala de análise, na relação entre analista e analisando. Seu alcance está sempre imbricado ao social e ao momento histórico.

Goldenberg (2006) propõe que, embora Freud nunca mencione diretamente o campo político, ele, na verdade, se ocupa da política de seu tempo de modo sutil e profundo tanto em sua correspondência como em seus escritos. Tratando dessa questão, o psicanalista especifica, a título de exemplo paradigmático, *O mal-estar na cultura*, destacando o momento em que foi escrito por Freud, quando a sociedade da época sofria os efeitos da Grande Depressão de 1929. No que concerne à política, é evidente o que Goldenberg afirma: sempre foi cara a Freud essa articulação entre psicologia individual e psicologia coletiva, sendo que a primeira é, ao mesmo tempo, a segunda, posto que a presença do outro é imprescindível e inevitável.

## *Uma dimensão política e social da psicanálise*

Pensando sobre o campo político e social, o que a psicanálise tem a ver com isso? Ora, o que se busca, em psicanálise, não é, ao fim e ao cabo, o desvelamento e/ou a construção de sentido(s) para o que perturba, além da possibilidade de sustentar certa medida de angústia inerente à existência e ao pensamento? Assim, a psicanálise está implicada no social, sendo agente motor de mudanças, de movimentos, de construções e de subversões.

Cabe ainda enfatizar aquilo que Freud, na introdução de *Psicologia das massas e análise do Eu*, de 1921, afirma acerca da ligação entre o social e o singular: "Na vida psíquica do ser individual, o Outro é geralmente considerado enquanto modelo, objeto auxiliador e adversário, e, portanto, a psicologia individual é também, desde o início, psicologia social, num sentido ampliado, mas inteiramente justificado" (Freud, 1921/2011, p. 14).

Nesse mesmo sentido, Maria Rita Kehl (2005), reforça essa questão afirmando que a construção de sentido da vida não é ação individual, mas coletiva, e, mesmo não aceitando mais uma ideia de valor incontestável que justifique a vida, ainda buscamos algo que, em alguma medida, equivaleria àquilo que os antigos chamavam de bem supremo, o qual seria capaz de fornecer algum sentido para a existência.

Os motivos mercadológicos contidos na lógica neoliberal atual, os quais se apresentam acima dos motivos filosóficos e/ou religiosos de outrora, nos colocam, por vezes, diante de uma banalização da existência humana, afirma Kehl (2005):

> *Nesse contexto, . . . a psicanálise ocupa, além de função terapêutica, o lugar de certa filosofia imanente da existência, preenchendo os vazios de discurso, tão intoleráveis e angustiantes . . . Em outras palavras: não é possível dissociar a concepção psicanalítica sobre o mal-estar de uma ética da cura e da condução clínica do percurso analítico. (pp. 11-12)*

Dentro do campo social de uma cultura neoliberal, os sujeitos estão expostos a diversos tipos de violência. Perante esse fato, enquanto praticantes da psicanálise, nos vemos frente a uma implicação clínica ético-política diante de uma "clínica do traumático", termo cunhado com base no pensamento da psicanalista Miriam Debieux Rosa (2018, p. 42). "A questão do traumático está vinculada ao desamparo discursivo e desvela a problemática do sujeito excluído do modelo neoliberal e as especificidades da clínica em contextos marcados pela violência da exclusão" (pp. 42-43).

Inseridos nessa sociedade, nosso compromisso com a escuta e a construção permanente da subjetividade humana, por meio de um caminho democrático, vai ao encontro do que a autora chama de "psicanálise implicada", podendo trazer voz para as "vidas secas" (Rosa, 2018, p. 43), assim denominadas por ela, em artigo de grande repercussão, no qual remete essa denominação à vida dos sujeitos vitimados pelo modelo econômico neoliberal vigente.

O comprometimento ético do psicanalista é o que pode permitir a construção de possibilidade de mudança e de apropriação da vida por sujeitos silenciados por suas vivências traumáticas, por meio da sua escuta e intervenções, que viabilizam a simbolização do que, até então, era da ordem do horror traumático. O que, conforme Freud nos ensinou, se manifesta pela repetição compulsiva.

A clínica psicanalítica, quando opera em contextos de enorme impotência e desamparo sociais, se depara comumente com não ditos e situações de submetimento, os quais podem, inclusive, ser transmitidos de geração para geração, em uma tentativa vã de defesa contra o sofrimento advindo de situações de extrema vulnerabilidade.

Com bem coloca Rosa (2022):

> *O desamparo é uma experiência estruturante do sujeito, relacionada com a dependência dos cuidados de outrem no início da vida e com a vivência da sua ausência ou da falta de amparo. O sujeito se constitui tecendo bordas protetoras a partir do desejo do outro e da transmissão da cultura recebida pela via da linguagem. São bordas que protegem do desamparo, marca sempre presente, remetendo à dimensão trágica da existência, ao real de sua falta-a-ser, que é reativada e revivida quando são retiradas as coordenadas simbólicas que sustentam o sujeito, suscitando a angústia e a sideração traumática. À dimensão constitutiva do desamparo soma-se a ameaça permanente*

> *promovida no laço social quando o lugar ocupado retira do sujeito a possibilidade de partilhar os bens materiais e culturais da sociedade e abre para a destituição dos seus direitos básicos. (p. 10)*

Dentro desse contexto, é fundamental que as práticas e os referenciais psicanalíticos possam servir aos sujeitos cujos laços sociais não cumpriram de modo suficiente sua função.

Na esteira do que pode o psicanalista "na contramão do desamparo social" (Rosa, 2022, p. 11) e das marcas do traumático não simbolizado, apresentam-se atos clínico-políticos por meio de inúmeras ações coletivas em projetos sociais que colocam o referencial e a prática da psicanálise a serviço de sujeitos afetados pelo modelo neoliberal vigente, conforme já apontado aqui.

Nessa mesma direção, é pertinente acrescentar algumas contribuições do pensamento de Silvia Bleichmar. No evento – que depois se tornou livro – em homenagem póstuma à psicanalista, promovido pelo Departamento Formação em Psicanálise em 2018, Marta Cerruti apresentou uma valiosa costura entre psicanálise e sociedade, seguindo a temática do livro da referida psicanalista, intitulado *Dolor País*, no qual Bleichmar discorre sobre a (im)possibilidade de mensurar as dores provenientes de um contexto extremo de crise econômica, social, política e cultural de seu país, datada de 2001.

Seguindo o pensamento da autora homenageada, trago o apontamento que ela faz à contradição que a indiferença cega de alguns apresenta, quando ignoram a condição de vulnerabilidade e desamparo vivido por outro semelhante na medida em que só há possibilidade de vida a partir de outro semelhante.

Bleichmar pensa o semelhante a partir de sua clínica com crianças, como alguém capaz de cuidar e investir libidinalmente, inscrevendo a sexualidade e, ao mesmo tempo, colocando limite na apropriação que faz do corpo da criança durante os cuidados que lhe outorgam a possibilidade de vida (Cerruti, 2018). Partindo desses pontos, a autora afirma que o que garante a constituição de um sujeito ético é o amor que transvasa desse semelhante, por meio de investimento narcísico que ultrapassa as barreiras de si mesmo e reconhece a alteridade no bebê, ligando o que é da ordem do pulsional. Considerando esses aspectos presentes nas primeiras relações humanas, a psicanalista argentina interroga: por que tanta ênfase no lado destrutivo e mau do humano?

Em contraponto ao elemento disruptivo presente na indagação de Silvia, a própria argumenta que a solidariedade em meio a situações extremas é o que possibilita vislumbrar um futuro de preservação da subjetividade. "O companheirismo se mostra como lugar possível onde histórias são preservadas e onde alguma singularidade pode ainda ser exercida" (Cerruti, 2018, p. 108).

Nesse sentido, a clínica psicanalítica implicada, que se lança aos desafios que o desamparo social irrompe, segue uma posição ética e política em prol da escuta daquilo que interpela nos contextos de extrema dor. Nessas situações, o/a analista lida com resistências de diversas ordens, mas, dentre elas, destaca-se a do sujeito que tenta, apesar disso, garantir sua subjetividade em meio a tanta violência e "se colocar em pé", conforme mencionado no início deste ensaio. A resistência do psicanalista, que, diante de uma dor extrema do outro, não deixa de senti-la também como sua, e, diante disso, pode lutar contra a paralisia ou pode não conseguir escutar essas vozes silenciadas pelo trauma.

Partindo do exposto até aqui, tem início a articulação desses pontos à potência política presente na resistência na clínica psicanalítica, além de uma possível articulação desse aspecto com a ética da psicanálise.

## *A resistência como potência política garantida pela ética da psicanálise*

Transpondo essas questões para o *setting* analítico, torna-se possível reconhecer um outro sentido para as resistências que se apresentam no trabalho psicanalítico para além do, talvez mais disseminado, que versa sobre um entrave aos objetivos da psicanálise. Sendo este o de apoio à árdua tarefa de reconhecer o que é do outro, reconhecer a alteridade, dar voz ao sujeito, que busca no analista um interlocutor capaz de ouvir e estar junto sem reproduzir e/ou estabelecer uma relação de poder opressora. O poder de cura, se assim essa palavra puder ser usada em tal contexto, encontra-se na palavra do sujeito que se implica em relação aos seus enigmas e, também, no que circula entre a dupla analítica. As resistências que emergem a partir dessa interlocução, a partir desses pontos levantados, podem ser meio de descoberta, instrumento de construção, promovendo a possibilidade de emergência do novo, não obstáculo.

De acordo com Garcia-Roza (1996), as resistências podem seguir a direção do "não ceder de seu desejo", que equivaleria a "não ceder de sua diferença . . . não abrir mão de ser sujeito" (p. 28), o que corresponde especificamente à pulsão de morte, que carrega em si uma dimensão destrutiva, desfusional, e que, ao mesmo tempo, é viabilizadora da produção de algo novo, considerando que somente pode ser fusionado o que estava separado.

Miriam Debicux Rosa e Márcio Gagliato (2011) apresentam uma interface política e subjetiva das resistências quando atreladas ao traumático, quando a queda das resistências erguidas pode retraumatizar o sujeito em vez de libertá-lo. Trava-se, nesses casos, segundo eles, uma "guerra silenciosa entre a resistência do sujeito e a resistência do trauma e sua insistência em enlouquecer o sujeito de sua completude" (p. 90). A ética do ofício analítico é capaz, nessas situações, de sustentar a construção de um novo sentido e ressignificar a dor do sofrimento traumático, considerando a experiência de subjetivação e autonomia por trás da manifestação de resistência nesses casos que envolvem situações de extrema violência e opressão reais.

Nesse sentido, considero importante destacar as considerações de Maria Rita Kehl (2005) acerca do pensamento do filósofo Emmanuel Lévinas:

> *a relação ética com o outro implica uma dimensão de responsabilidade mediada pela palavra. Essa proposição faz sentido nos termos da psicanálise, pois a palavra é o que nos separa do gozo. Para esse filósofo essencialmente preocupado com a questão da alteridade, o sujeito é responsável por convocar o outro como interlocutor, pois nada garante que o outro, aquele a quem se fala, seja por isso "previamente compreendido no seu ser"... O encontro só se dá fora da dimensão da posse, "o humano só se oferece a uma relação que não é de poder". Submeter o outro (ou, nos termos da psicanálise, fazer dele objeto de meu gozo) reduz sua humanidade e, portanto, a minha, que depende da alteridade para se constituir. Como pensante, escreve Lévinas, o homem é aquele para quem o mundo exterior existe. (p. 23)*

Dessa forma, as resistências podem ter uma função fundamental de preservação da subjetividade, e não apenas do recalcado. Diante disso, o que garantiria o reconhecimento de tal forma de afirmação de si seria o posicionamento ético do analista em seu ofício, comprometido com o posicionamento político da psicanálise. Disposição que comporta a possibilidade de cada sujeito seguir na direção do seu desejo, em meio à sociedade em que está inserido, renunciando à alienação que o distancia da responsabilização pelo seu inconsciente e suas escolhas.

Importante frisar que o cuidado ético do psicanalista em seu ofício deve sempre deixá-lo atento a qualquer possibilidade de que o tratamento psicanalítico possa correr o risco de seguir um caminho pedagógico ou de resignação, ou ainda, de exercício de poder dessubjetivante, dada assimetria que envolve.

Neste sentido, Renato Mezan (1996) destaca a questão da transferência do analista, que não tem como passar ileso aos fenômenos despertados em uma relação analítica. Ele afirma que, enquanto sujeito ético, mesmo não tendo como passar ileso aos fenômenos despertados em uma relação analítica, o analista deve poder prescindir do que ele chama de "recursos narcísicos de defesa", mesmo quando mobilizados "à sua revelia" (p. 132). Por isso, faz parte de sua ética se manter em vigilância no rigor do ofício, a fim de reconhecer e evitar seus pontos cegos.

Foucault, de acordo com Kehl (2005), criticou a psicanálise acusando-a de ser "mais uma manifestação de poder disciplinar, . . . cuja eficácia consiste em passar todos os detalhes da vida na forma de discurso" (p. 133). A relação que acontece em psicanálise, de fato, não pode se confundir com um jogo de poder, mas deve ser uma relação em que a assimetria (temporária), o reconhecimento (de ambos) do suposto saber do analista e as resistências inerentes ao processo possam caminhar a favor da desalienação e, ao mesmo tempo, da possibilidade de abertura para o novo.

É essa possibilidade que o posicionamento ético do psicanalista propõe resguardar e viabilizar, recusando desfrutar do poder que lhe é computado, renunciando às satisfações narcísicas que lhe são oferecidas transferencialmente.

Kehl (2005) considera que:

> *a análise oferece um novo destino para a pulsão, na forma da neurose de transferência, que vai permitir que o analisando se identifique não com o analista, mas com seu trabalho de investigação. Se há algo do analista com que o analisando deva se identificar é a atitude investigativa.*

> *A ética da psicanálise é uma ética da investigação, segundo a qual a dúvida sempre deve poder abrir uma brecha na fortaleza das certezas imaginárias com as quais o narcisismo do eu se defende. Não se trata da dúvida neurótica, a dúvida hamletiana que inibe o impulso do saber inconsciente com a interferência constante da consciência moral. Trata-se de uma disponibilidade para questionar não o saber que os impulsos revelam, mas as certezas que o pensamento constrói. É isso que abre, para o analisando, a possibilidade de investigar. (p. 145)*

Após a mudança de tópica freudiana, para além de defesas do Eu, chega-se a resistências de outra ordem, que não as oriundas do Eu, e que não respondem a interpretações e persistem, a despeito dos esforços do analista na direção de sua dissolução. Tais resistências colocam em pauta a questão aqui apresentada de início.

Diante de resistências insistentes, emanadas da pulsão, nunca simbolizadas, portanto, não passíveis de interpretação, seria a ética da psicanálise garantidora da possibilidade de uma escuta e trabalho que assegure a sustentação da subjetividade e singularidades do sujeito?

É possível que sim, considerando que, balizada por um posicionamento ético de escuta da subjetividade, a psicanálise oferece a possibilidade de escuta de algumas formas de resistência como via ou como instrumento de mobilidade e de multiplicidade, "para além de uma interrupção da experiência psicanalítica", conforme aponta Canavêz (2015, p. 231). Ainda de acordo com a referida autora, "na possibilidade de a psicanálise ser tomada como um foco de resistência no tocante às relações de poder e aos estados de dominação" (p. 231).

As relações de poder mencionadas estão, segundo Canavêz (2015), entranhadas no social e, tendo isso em vista, também dentro de uma ilusão de que haveria uma verdade sobre si mesmo a ser descoberta, revelada. Nesse sentido, a autora aponta uma direção da psicanálise ao cuidado de si, sobrepondo-se a um imperativo do pensamento moderno do "conhece-te a ti mesmo" (p. 239). É necessário que a psicanálise interrogue esse imperativo para que possa, conforme Birman, "se inscrever na tradição ética do cuidado de si" (2000, p. 98, citado em Cavavêz, 2015, p. 239) contra uma forma de subjetividade socialmente imposta, e sim a favor da multiplicidade.

Se há uma possibilidade de cada sujeito construir algo novo, nela reside também uma capacidade política de resistir para reexistir, abarcando o desamparo, o não saber, o vazio. A ética da psicanálise busca garantir essa chance e permite que isto se dê a partir do rigor de uma escuta aguda da subjetividade e do comprometimento político do psicanalista com o exercício de seu ofício.

## *Referências*

Birman, J. (2006). *Arquivos do mal-estar e da resistência.* Civilização Brasileira.

Breuer, J., & Freud, S. (1893-1895/2016). Estudos sobre a histeria. In *Obras completas* (Vol. 2). Companhia das Letras.

Canavêz, F. (2014). Por uma clínica do múltiplo: uma investigação sobre as resistências. *Trivium*, 6(1), 55-67. http://pepsic.bvsalud.org/pdf/trivium/v6n1/v6n1a07.pdf. Acesso em: 26 out. 2022.

Canavêz, F. (2015). Entre Freud e Foucault: a resistência como afirmação de si. *Psicologia Clínica, 27(1), 225-244.* http://pepsic.bvsalud.org/pdf/pc/v27n1/13.pdf. Acesso em: 26 de out. de 2022.

Canavêz, F., & Verztman S. (2021). Somos capazes de escutar os desmentidos sociais? *Ayvu: Revista de Psicologia*, 8. https://periodicos.uff.br/ayvu/article/view/49953/30783. Acesso em: 26 out. 2022.

Checchia, M. (2015). *Poder e política na clínica psicanalítica.* Annablume.

Cerruti, M. (2018). Nossas veias ainda abertas: Dolor País. In Brandani, R. C., & Perdomo, M. C. (Orgs.), *Campos clínico, educacional e social: o pensamento de Silvia Bleichmar.* Coleção Departamento Formação em Psicanálise. Zagodoni.

Freud, S. (1950 [1892-1899]/1977). Extratos dos documentos dirigidos a Fliess. In: *Edição standard brasileira das obras psicológicas completas de Sigmund Freud* (Vol. 1). Imago.

Freud, S. (1950 [1895]/1977). Projeto para uma psicologia científica. In *Edição standard brasileira das obras psicológicas completas de Sigmund Freud* (Vol. 1). Imago.

Freud, S. (1912/2010). A dinâmica da transferência. In *Obras completas* (Vol. 10). Companhia das Letras.

Freud, S. (1914/2010). Introdução ao narcisismo. In *Obras completas* (Vol. 12). Companhia das Letras.

Freud, S. (1916-1917/2014). Conferências introdutórias sobre psicanálise. In: *Obras completas* (vol. 13). Companhia das Letras.

Freud, S. (1920/2010). Além do princípio de prazer. In *Obras completas* (Vol. 14). Companhia das Letras.

Freud, S. (1921/2011). Psicologia das massas e análise do Eu. In *Obras completas* (Vol. 15). São Paulo: Companhia das Letras.

Freud, S. (1923/2011). O Eu e o Id. In *Obras completas* (Vol. 16). Companhia das Letras.

Freud, S. (1926/2014). Inibição, sintoma e angústia. In *Obras completas* (Vol. 17). Companhia das Letras.

Garcia-Roza, L. A. (1996). Ética e política em psicanálise. In M. I. França (Org.). Ética, psicanálise e sua transmissão. Vozes.

Goldenberg, R. (2006). *Política e psicanálise.* Coleção Passo-a-passo. Zahar.

Gonçalves, M. B. L. (2021). A resistência da pulsão? Um estudo sobre a noção de resistência na obra freudiana [Dissertação de Mestrado]. Programa de Pós-Graduação em Psicologia, Universidade Federal do Paraná.

Kehl, M. (2005). *Sobre ética e psicanálise.* Companhia das Letras.

Mezan, R. (1996). O psicanalista como sujeito moral. In M. I. França, *Ética, psicanálise e sua transmissão*. Vozes.

Rosa, M. D. (2022). Desamparo, acolhimento e parentalidade: práticas psicanalíticas ético-políticas junto à infância (Prefácio). In Peiter, C.; Ferreira, M. R. P.; Ghirardi, M. L. A. M. (Orgs.). *Desamparo, acolhimentos e adoções: escutas psicanalíticas*. Blucher.

Rosa, M. D. (2018). *A clínica psicanalítica em face da dimensão sociopolítica do sofrimento.* (2ª ed.). Escuta/Fapesp.

Rosa, M. D., & Gagliato, M. (2011). Traumas, heróis e resistências e psicanalistas. In Cerruti, M.; Perdomo, M. C. (Orgs.). *Trauma, memória e transmissão: a incidência da política na clínica psicanalítica.* Coleção Departamento Formação em Psicanálise. Primavera editorial.

Ventura, R (2009). *Os paradoxos da resistência: do mesmo à diferença* [Dissertação de Mestrado]. Instituto de Psicologia, Universidade Federal do Rio de Janeiro

# 7. Além do riso: em busca de uma política própria da psicanálise

*Marta Quaglia Cerruti*

## *Sobre psicanálise e cultura*

Discorrer sobre as teorizações acerca da cultura em Freud implica percorrer o caminho que vai de *Totem e tabu* (1913/1980) ao *Mal-estar na civilização* (1930/1980). No primeiro, trata-se do enfrentamento de um pai tirânico e violento; no segundo, o embate é feito com negatividade endógena, consequência inevitável do reconhecimento da pulsão de morte. Em ambas as formulações, Freud sublinha duas figuras teóricas fundamentais, o mal-estar e o desamparo, pois são elas que articulam o conflito estrutural entre os registros da pulsão e da civilização, condição e possibilidade para a construção do edifício civilizatório, como Freud o considera.

O desamparo é entendido, no início das formulações freudianas, como algo decorrente da constatação da prematuridade biológica do ser humano, que se reflete em sua dependência dos cuidados de um outro que garanta sua sobrevivência. O ser humano é um ser de nascimento prematuro, o que o condena a longo período de maternagem, cujo acabamento deve se completar em um outro lugar, qual seja, na cultura. O que Freud nomeia *exigências da vida*, nesse cenário, diz respeito a um movimento de retenção de parte das excitações no organismo com vistas a garantir a vida. No bamboleio entre retenção e descarga de excitações, a vida pode ser viável, promovendo a inscrição de experiências de satisfação que vão inaugurar o diferencial Prazer/Desprazer, reguladores do funcionamento psíquico.

A partir de *Além do princípio do prazer* (Freud, 1920/1980), a questão da descarga das excitações é retomada, sendo, nesse momento, articulada com o conceito de pulsão de morte, definida como uma força primordial do organismo que tende a fazê-lo retornar a um estado inorgânico, de quietude. De fato, considerando que o movimento originário do organismo se dirige à descarga total das excitações com base na presença da pulsão de morte, visando à "quietude do ser", não há como supor algo interno ao organismo capaz de se opor a esse movimento: se deixado a seu próprio encargo, o organismo tende à morte. A possibilidade de que a vida seja instaurada, que marca o diferencial Prazer/Desprazer, só pode decorrer de uma ação exterior ao próprio organismo, algo que vem de fora e que, por meio de cuidados e de interpretações possíveis da excitação, pode libidinizar a descarga excitatória, fixando a ordem vital no organismo.

Nesse sentido, a partir de 1920, o desamparo se articula com uma relação entre a intensidade da excitação e a existência, ou não, de ferramentas suficientes para dominá-la. E é a presença do outro que torna possível o agenciamento de vias que possibilitam os destinos pulsionais. Ou seja, é pela presença e pela interpretação do outro que a pulsão de morte é regulada pela pulsão de vida, possibilitando que tal força se vincule a objetos possíveis de promover experiências de satisfação, instaurando o erotismo. Trata-se de uma gestão infinita, pois em sua condição de estrutura coloca em cena a impossibilidade de que haja harmonia entre os registros da pulsão e o campo representacional. O sujeito se constitui nesse intervalo constante entre a força, as excitações, os possíveis representantes da pulsão e os objetos passíveis de promover alguma satisfação. Sem a presença do outro não há como o circuito pulsional se estabelecer, dado que a tendência do organismo é se dirigir para a descarga total. Consequentemente, a noção de sujeito supõe a gestão desse conflito estendida ao campo político e social, uma vez que o sujeito se constitui e é regido pelos laços sociais.

Com efeito, dado que o outro é aquele que viabiliza a constituição do sujeito por meio da interpretação de seus movimentos pulsionais, a ordem da cultura necessariamente é condição fundamental para a construção da subjetividade. Para Freud, trata-se de pensar e compreender a construção da subjetividade fundada no conflito entre as ordens da natureza e da cultura, e a formulação da presença do mal-estar inerente à construção do edifício civilizatório retrata a impossibilidade de articulação plena entre essas duas ordens, pois é a renúncia à satisfação plena da pulsão que abre o caminho que conduz à civilização.

E é em *Totem e tabu* (1913/1980) que Freud procura articular as implicações da questão do inconsciente e a civilização, ancorado na suposição da necessidade de que haja uma limitação do universo pulsional figurada, sobretudo, no horror ao incesto e do parricídio, e a consequente formação do laço e da civilização. Com base na clínica da neurose, Freud entende o que o neurótico testemunha em seu sintoma é o efeito do *horror do incesto*, que exige renúncia eterna e progressiva e cujo resultado é a edificação da civilização. Podemos afirmar que, do ponto de vista freudiano, nossa civilização é construída sobre as bases da renúncia pulsional, e o que o neurótico mostra são os impasses presentes entre a pulsão e a civilização. Ao fim e ao cabo, a presença da neurose contradiz a intenção da própria civilização, uma vez que a finalidade última da civilização é a de ser a reguladora das pulsões (Assoun, 2012). Questão já problematizada por Freud em 1908: "A neurose, onde quer que ela vá e em qualquer um que nela se encontre sabe tornar vã a intenção da civilização" (Freud, 1908/1980, p. 207).

É assim, partindo da interrogação sobre o significado da existência do *horror ao incesto*, que Freud irá estabelecer em *Totem e tabu* (1913/1980) um mito fundador. Mito este em que, no ato do assassinato do pai, lei e renúncia à tirania se articulam. A proibição do incesto é aquilo em torno do que o social se organiza: o assassinato do pai tirano – com quem os filhos mantinham uma relação ambivalente de amor e ódio – foi o ato que abriu campo para que "um estado arcaico, no qual incesto e violência prevaleciam, cedesse lugar para um estado de direito" (Koltai, 2010, p. 101).

O pai morto se revela mais poderoso do que em vida, pois os filhos passam a interditar eles mesmos aquilo que o pai outrora impedia sob a égide da violência. Se o assassinato do pai deu vazão ao ódio da submissão tirânica, o amor ao pai forte e protetor, sentimentos que os filhos também nutriam, converteu-se em sentimento de culpa. Prevalece, assim, a lei paterna nos dois tabus fundamentais do totemismo, não matar o pai e não possuir uma mulher do mesmo totem (desejos reprimidos do complexo de Édipo). Os rituais totêmicos atualizam o que Freud chamou de *obediência retrospectiva*, uma celebração na qual a incorporação do pai morto é feita em nome do amor e da culpa, gerando o elo perene do desejo e da lei, tanto no sujeito como no corpo social.

O sentimento de culpa é considerado por Freud (1930/1980) o problema mais importante da trajetória cultural, pois sua existência sustenta o processo de submissão à norma via internalização da autoridade e da violência, que tem no superego seu representante psíquico. Em 1917, em seu estudo sobre a melancolia, Freud (1917/1980) destaca a importância da dimensão do sentimento de culpa na configuração do ego: a introjeção – via identificação – de objetos que antes eram alvo de investimento libidinal e que foram forçosamente abandonados trazem à cena um tipo de regulação que tem como princípio acusar o ego de sua vulnerabilidade, paralisando sua capacidade de ação.

O superego, definido como instância autônoma e como agente crítico, fruto de uma clivagem na configuração narcísica, constrói-se sob a égide da primeira e mais importante identificação do sujeito:

a identificação com o pai em sua pré-história pessoal. Aqui, nós nos deparamos com o paradoxo dessa instância: pela identificação com o pai, o laço libidinal incestuoso é preservado, mas é também mediante esse representante da consciência moral que se reage energicamente a essa escolha, como Freud (1923/1980) esclarece:

> *O superego, contudo, não é simplesmente um resíduo das primitivas escolhas objetais do id; ele também representa uma formação reativa enérgica contra estas escolhas. A relação com o ego não se exaure com o preceito: "Você* deveria ser *assim (como seu pai)". Ela também compreende a proibição: "Você* não pode ser *assim (como o seu pai), isto é, você não pode fazer tudo o que ele faz: certas coisas são prerrogativas dele". (p. 49, grifos do original)*

De um lado, o superego se estabelece como o herdeiro do complexo de Édipo e condensa as moções pulsionais do Id; de outro, enquanto ideal, exige que o ego assuma características do objeto perdido, forçando-o ao Id como objeto de amor. Vemos, assim, o ego "como esta pobre criatura que deve serviço a três senhores e é consequentemente ameaçada por três perigos: o mundo externo, a libido do Id e a severidade do superego" (Freud, 1923/1980, p. 50).

O superego se torna essa instância autônoma e crítica por ser o que vem a substituir os investimentos libidinais incestuosos, em decorrência do declínio do complexo de Édipo. Opera-se, assim, uma substituição que encontra suas garantias na formulação de um ideal, ainda que se trate de uma substituição incompleta e interminável, uma vez que o superego as substitui e também as interdita. E é desse ponto de vista, em sua figuração obscena e fascinante, que podemos articular os desígnios do superego como operador permanente do masoquismo primordial, que carrega todas as suas terríveis consequências: recusa à cura, compulsão à repetição, e o masoquismo.

A soberania intersubjetiva, representada pelo superego como instância que aplica ao ego suas medidas estritas de padrão moral por meio da constante auto-observação, estende-se ao campo social, daí Freud (1921/1980) afirmar que "toda psicologia individual é também uma psicologia social" (p. 91). Desde as primeiras considerações sobre a histeria e a moral sexual civilizada até a formulação do mal-estar, Freud sublinha uma desarmonia fundamental que impede um encontro pleno pulsão/objeto.

A civilização, nosso "veneno remédio", descortina o fato de que a não liberdade está engendrada na própria constituição da subjetividade, pois não se trata de um conflito entre pulsão e razão que torna impossível o exercício da liberdade, mas de algo intrínseco à própria pulsão. Como, então, poder supor outro destino para o laço social que não a massificação e a pobreza erótica? É possível que haja outro modo de inserção do sujeito em um grupo baseado na ética, ou seja, em que cada qual se responsabilize por sua posição dentro do coletivo? Se pensarmos na meta de uma psicanálise, ela justamente se contrapõe à formação da massa, ou, indo além, ela visa, ao fim e ao cabo, à desconstrução de um laço que tenha como prerrogativa render um eterno tributo a um líder.

## *Depor o líder: uma leitura dos chistes e do humor*

Tentaremos argumentar que Freud construiu uma teoria para solucionar os impasses do paradoxo da existência da soberania, enunciando que o lugar da figura do líder deve ser mantido vazio, na medida em que é um lugar impossível de ser ocupado integralmente por alguém. O vazio desse lugar soberano indica a existência de um mundo no qual os homens devem constantemente desconstruir e reinventar suas formas de saber e seus discursos. É esse o sentido de entender o lugar do pai como um lugar vazio, no qual o totem é erigido para simbolizar sua ausência e simultaneamente destacar a sua presença. O que fala a favor de que, para Freud, a figura da soberania como operadora dos laços não é uma constatação, mas sim um problema. Seja intrapsiquicamente, por intermédio do superego que coloca a cena masoquista, ou nas massas, Freud entende a soberania como uma questão a ser tratada. Daí a escolha de explorar, neste trabalho, o chiste e o humor como outras modalidades de laço. Ou seja, nosso objetivo é poder vislumbrar outras modalidades de laço que não estejam inarredavelmente subsumidas à resignação mediante o imperativo da renúncia e à eterna severidade superegoica que lhe é correlata.

O funcionamento da horda supõe a violência do UM perpetrada sobre aqueles submetidos ao pai, e sua dominação tem expressão no monopólio sexual. É um pai originário violento, que guarda todas as mulheres para si, e é para pôr fim a essa tirania que os filhos cometem a violência parricida, honrando a vida, ou seja, pactuando que não irão repetir o ato pelo qual o pai pereceu. Contudo, resta a questão de saber como tal união pode continuar ativa no decorrer do tempo, como Freud problematiza em uma troca de correspondência com Einstein no texto *Por que a guerra?*:

> *A violência podia ser derrotada pela união, e o poder daqueles que se uniam representava, agora, a lei, em contraposição à violência de um indivíduo só. Vemos, assim, que a lei é a força de uma comunidade. [...] A fim de que a transição da violência a esse novo direito ou justiça pudesse ser efetuada, contudo, uma condição psicológica teve de ser preenchida. A união da maioria devia ser estável e duradoura. (Freud, 1933 [1932]/1980, p. 247)*

Nesse mesmo artigo, Freud enumera duas condições para que uma comunidade se mantenha unida: a força coercitiva da violência e as identificações entre os seus membros (Freud, 1933 [1932]/1980, pp. 250-251), com a importante ressalva que de nada vale eliminar as inclinações agressivas presentes no laço. E isso porque a pulsão de morte assume seu caráter destrutivo quando é dirigida aos objetos, "o organismo preserva sua própria vida, por assim dizer, destruindo a vida alheia" (p. 254).

Para responder como é possível amortecer o efeito da pulsão destrutiva, Freud evoca a figura de Eros:

> *Se o desejo de aderir à guerra é um efeito da pulsão destrutiva, a recomendação mais evidente será contrapor-lhe o seu antagonista, Eros. Tudo o que favorece o estreitamento dos vínculos emocionais entre os homens deve atuar contra a guerra. Tudo o que leva os homens a compartilhar de interesses importantes produz essa comunhão de sentimentos, essas identificações. E a estrutura da sociedade humana se baseia nelas, em grande escala. (Freud, 1933 [1932]/1980, p. 255)*

O que indica que o poder pode vir a ser algo construído não subsumido à soberania, mas sim algo que leva em conta a falta e o desamparo. Tentaremos buscar subsídios na teoria psicanalítica que falem a favor da construção de uma metapsicologia que aponta o caminho da alteridade. Os trabalhos freudianos *O Chiste e a sua relação com o inconsciente* (1905/1980) e *O humor* (1927/1980b) apontam direções possíveis para abordagens distintas do laço, que não têm em conta necessariamente a figura da soberania.

Tais proposições permitem pensar em formas de subjetivação que dispensam um modelo transcendente, universal e vertical para a constituição do laço com o outro, e falam a favor da possibilidade de um encontro com o outro que não se encerra em um significado único, mas supõe uma abertura para a diferença. O sujeito nada mais é que um acontecimento que logo se esvai, por isso não possui nenhuma constância, ao contrário do ego, uma miragem de uma promessa que jamais se cumpre. O sujeito assim compreendido é o rápido efeito de um ato em uma trajetória, uma trajetória que necessita do outro, pois é em virtude de sua presença, e só com ela, que o ato poderá se materializar.

Trata-se, assim, de identificar-se com o outro por meio do desamparo, ou seja, do significante da falta no outro, não para dar-lhe consistência ou almejar que dele venha algo capaz de suturar a falta, mas, pelo contrário, para trazer de volta a marca de sua insatisfação e, consequentemente, da condição inevitável da castração que marca a possibilidade de assunção do desejo. É nesse sentido que tanto os chistes, como o humor, como Freud os analisa, podem apontar para um laço que tem o prazer e a partilha como princípios.

## *Os chistes: a partilha com o outro*

Dentre as formações do inconsciente, Freud destaca o chiste como a mais social, pois a presença do outro é crucial para que o dito espirituoso possa ser reconhecido e legitimado. Além disso, trata-se de uma construção que denuncia as falhas de um saber totalizante, apontando um caminho de saída possível para a prisão que a soberania superegoica impõe. Colocando em cena o inesperado, a surpresa, trata-se de uma formação do inconsciente que demonstra vivamente o fato de que o sujeito não possui nenhuma constância: ao enunciar o chiste, o sujeito se lança em um circuito que necessita do outro, convoca-o e só com ele seu enunciado adquire sentido.

Também nos chistes Freud ressalta a importância da tríade para que o laço com o outro se efetive, uma vez que o ato se completa pela interação das três partes, cada uma das quais só se torna inteligível no contexto do conjunto. E isso supõe a possibilidade de quebra de uma suposta autonomia e indivisibilidade do ego, um campo no qual o sujeito pode ser capaz de se recolocar em outros termos, interrogando seus próprios fundamentos.

Diferente de outras formações do inconsciente (o sintoma como compromisso; os sonhos como relação entre um desejo infantil inconsciente e o desejo de dormir pré-consciente), os chistes, bem como as parapraxias, são compreendidos por Freud de maneira diferente. Nos sonhos e nos sintomas, há uma duração no tempo que marca sua diferença: os chistes e os atos falhos são abordados como eventos, ocorrências, ainda que para sua formação sejam considerados os mesmos mecanismos dos sonhos e sintomas, a condensação e o deslocamento. O processo de formação dos chistes e atos falhos implica uma supressão que gera uma irrupção, na qual também está presente um desejo inconsciente: nos atos falhos, ocorre uma corrupção, ou um esquecimento; nos chistes, uma invenção de sentido. Ainda sobre os chistes, Freud fala que: "com o auxílio de um chiste, a resistência interna é vencida, e a inibição, suspensa; a produção de prazer (nos chistes) corresponde à despesa psíquica que é economizada; as próprias técnicas dos chistes constituem fontes de prazer". (Freud, 1905/1980, p. 140).

O prazer derivado de uma forma chistosa de expressão encontra duas explicações: a redescoberta de algo que é familiar, um prazer na rememoração, e os jogos de palavras da criança. Sao formas possíveis de aliviar uma compulsão crítica, maneiras de caminhar ao largo de pressões da razão crítica. O que salta aos olhos é a participação da palavra na produção desse prazer: seja no jogo da criança aprendendo a usar as palavras, seja na transgressão com uso de palavras que proporcionem a suspensão de inibições.

Outro importante aspecto frisado por Freud nesse texto é a íntima relação dos ditos espirituosos com a cultura, em ao menos dois aspectos. O primeiro refere-se ao contexto culturalmente determinado da repressão.

> *Acreditamos que a civilização e a educação de nível mais alto têm larga influência no desenvolvimento da repressão*

> *e supomos que, em tais condições, a organização psíquica sofre uma alteração... em consequência de que aquilo que foi inicialmente sentido como agradável torna-se então inaceitável e é rejeitado com toda a força psíquica possível. A atividade repressiva da civilização faz com que as possibilidades primárias de fruição, agora repudiadas pela censura, se percam. (Freud, 1905/1980, p. 101)*

Esse aspecto se refere ao já mencionado prazer obtido no dito espirituoso, à fase infantil e ao poder de derivação de prazer no jogo com as palavras que as crianças estão aprendendo, uma vez que: "O pensamento que, para fins de formação de um chiste, mergulha-se no Inconsciente, só busca ali a velha semente que antigamente foi o lar do jogo com palavras" (Freud, 1905/1980, p. 160).

O segundo aspecto a ser mencionado, que traz o social como pano de fundo, é o fato de o efeito de um dito espirituoso só ser alcançado com a presença do outro: são necessários ao menos três para que o regozijo do dito seja alcançado. Nos outros fenômenos descritos como formações do inconsciente, essa presença nunca esteve muito clara ou específica. Como vimos, o sonho prescinde da presença do outro. Nos atos falhos e esquecimentos, é inegável que haja uma relação daquele que os comete com outrem, contudo de maneira velada. Uma palavra que escapa, ou que não vem à mente, a confusão de termos, as formulações equivocadas da fala, todos estes fenômenos possuem também um interlocutor direto ou indireto. Já nos ditos espirituosos, a presença de um segundo, real ou como referência, e de um terceiro, obrigatório no reconhecimento do dito espirituoso como tal, é explícita. O que torna o chiste "a mais social de todas as funções mentais que objetivam a produção de prazer" (Freud, 1905/19980, p. 168).

Como mencionado, o processo de formação do dito espirituoso não pode prescindir de uma terceira pessoa. A primeira é quem formula o dito, a segunda, o sujeito a quem o dito se refere, e a terceira, quem o aprecia. O papel do terceiro no dito espirituoso é crucial, segundo esta formulação: é a terceira pessoa quem legitima um dito espirituoso, é ela quem diz se o chiste se concretizou como tal ou não, se foi, segundo seu juízo, um ato falho, por exemplo, ou um erro, um *nonsense*. Apenas o terceiro pode dizer: *isto foi um dito espirituoso*. Mais que isto, um chiste necessita ser contado a alguém.

Se alguém acha uma coisa cômica, pode divertir-se consigo mesmo. Um chiste, pelo contrário, deve ser contado a alguém mais. O processo psíquico da construção de um chiste não parece ter terminado quando o chiste ocorre a alguém: permanece algo que procura, pela comunicação da ideia, levar o desconhecido processo de construção do chiste a uma conclusão.

Há, também, algo de surpreendente no chiste, uma vez que determinada significação – consequência de uma formulação na qual os processos inconscientes e, portanto, portadores das moções de desejo ativamente participaram – repentinamente é percebida pela consciência. A repressão, que procurava manter a representação sob recalque, é driblada, contornada. A energia dispensada para manter ativo o recalque momentaneamente deixa de ter utilidade, sendo liberada, junto com a aquela da representação que buscava expressão, provocando um prazer. De maneira não totalmente acessível à consciência, a repressão é enganada e libera prazer, não somente o obtido no próprio jogo de palavras, mas aquele represado no próprio processo de recalque.

Há que se notar que algo fundamental se revela quando o efeito é o de surpresa: a revelação da representação é algo (des)conhecido que (re)surge e traz consigo o prazer inerente ao processo de formação do chiste. A revelação da significação emergente é uma novidade, algo de novo que se desvela. O que nos indica a possibilidade de novas posições subjetivas, diferentes daquelas que conduzem o sujeito à submissão masoquística à soberania, oferecendo novas ferramentas para lidar com o pulsional, promovendo novos percursos para uma existência.

> *Mesmo não comportando nenhuma satisfação particular imediata, o chiste consiste em acontecer no Outro alguma coisa que simboliza o que poderíamos chamar de condição necessária de qualquer satisfação. Ou seja, que vocês sejam ouvidos para além do que dizem. (Lacan, 1957/1999, p. 156)*

A surpresa do riso revela que o chiste é capaz de fazer rir daquilo que pode vir até a contradizer nossos valores, revelando uma subversão do sentido, que interroga a consistência do Outro, tocando com isso a própria insuficiência da linguagem. O prazer obtido por meio do chiste não provém de articulações da linguagem, mas de um Outro que tem prazer, que ri, que deseja. Ou seja, podemos supor que se trata de uma modalidade de laço que não responde mais com articulações de linguagem prenhes de sentido, mas com o sem sentido da própria existência, como uma brecha que se abre na própria linguagem, trabalhando nas bordas do sentido.

A importância crucial da presença do terceiro para que o chiste seja eficaz desnuda o lugar do Outro – lugar do simbólico, do código da linguagem – como portador de toda a polissemia das palavras, dos equívocos e das múltiplas composições possíveis dos jogos de palavras, compondo um laço em que a insuficiência e a potência do humano podem convergir.

Escrevendo sobre os chistes, Freud abre campo para a possibilidade do prazer compartilhado. Por um lado, é com a renúncia à satisfação total da pulsão que a civilização se edifica, pois a expressão pulsional direta é incompatível com o *socius*, bem como a comunidade é possível com base na interdição do parricídio e do incesto, e o consequente sentimento de culpa. Por outro lado, o chiste aponta para a possibilidade de um laço capaz de superar os limites do recalque de forma criativa, uma maneira de não incorporar a crueldade e não se submeter à mortificação passiva.

Aqui, o semelhante toma a cena de maneira diversa, pois sua presença não é considerada empecilho à satisfação, gerando a agressividade que deve ser refreada.

A lógica do chiste recoloca a questão da renúncia e do recalque em outros termos, pois a entrada do terceiro em cena é aquilo capaz de promover a queda do recalque, promovendo outro tipo de laço. A presença do terceiro traz à tona um movimento subversivo às ordens rígidas das insígnias do ideal, desvelando a fantasia que subjaz por detrás do anseio do soberano.

> *Freud (1900) diz que o sonho é um desejo irreconhecível, e o chiste um jogo. Jogo que, diferente do manejo perverso que promove angústia no outro, tem a função de dissolver recalques, desdramatizar o sofrimento. Assim, se o sonho encaminha-se predominantemente para evitar o desprazer, o chiste visa à obtenção de prazer. O chiste traz uma marca de criatividade, humor, e inclui o outro, quer queira quer não, como parceiro e testemunho do que irrompe graças ao deslocamento das defesas, abrindo novos canais de circulação. (Rosa, 2010, p. 10)*

O sonho é uma formação do inconsciente completamente associal; os sintomas trazem angustia e sofrimento; já os chistes não podem prescindir da experiência viva com o outro. Sendo, então, uma formação do inconsciente eminentemente social, o chiste cede lugar a um prazer compartido. Aquele que elabora o chiste realiza um trabalho psíquico que atravessa a barreira do recalque e faz com que este ganhe expressão na consciência; aquele que ri expressa prazer e é dispensado de realizar o mesmo trabalho psíquico. E é seu riso, por sua parte, que permite que o prazer do primeiro se complete: compartilha-se uma experiência de prazer.

## *O humor: identificar-se até certo ponto com o pai*

Mais de 20 anos após a publicação do trabalho sobre os chistes, Freud retoma o tema em seu artigo *O humor* e enfatiza neste trabalho o fato de o humor ser capaz de recolocar os mandatos superegoicos em outros termos. Em ambos os textos, a premissa de que o aparelho psíquico funciona exclusivamente pelo prazer como evitamento do desprazer é colocada em questão, pois o prazer é também considerado em sua positividade. Contudo, o humor assume algumas características ainda não apresentadas no trabalho sobre os chistes, indo mais além da economia da despesa psíquica, pois trata-se de uma reflexão que inclui a dinâmica, baseada na pulsão de morte, na posição masoquística do ego em suas relações com o superego.

No estudo do humor, vemos a resistência de Freud a assumir uma postura desencantada diante de todas as adversariedades que perpassam a vida em comum. E isso porque o humor é um elemento bastante caro para Freud, que ele não abre mão nem diante da obrigação de se exilar. Ao sair de Viena, em plena escalada do nazismo, as autoridades o obrigam a assinar um termo atestando o bom tratamento a ele dispensado pelas autoridades nazistas. Ao assinar tal termo, Freud escreveu de próprio punho uma observação: *que recomenda a Gestapo a todos os seus amigos* (Fuks, 2014, p.30). É assim que, revisitando seu trabalho sobre os chistes no texto sobre o humor, Freud procura desvendar o que pode promover a transformação de um sofrimento em uma forma criativa de transgressão.

Como vimos, o chiste produz prazer, porque pode suspender a repressão temporariamente, promovendo assim uma economia na despesa psíquica. O humor acrescenta algo mais a essa forma de obtenção de prazer, por "possuir qualquer coisa de grandeza e elevação" (Freud, 1927/1980b, p. 190). Tal grandeza corresponde a um triunfo narcísico que vem afirmar a possibilidade de o ego ser invulnerável em relação às admoestações do mundo externo, uma recusa ao sofrimento que

Freud ilustra com a produção humorística de um criminoso pronto para a sua execução, em uma segunda-feira, que diz: "bem, a semana está começando otimamente" (Freud, 1927/1980b, p. 189). Exemplo que também indica uma segunda característica do humor, sua rebeldia.

> *O humor não é resignado, mas rebelde. Significa não apenas o triunfo do ego, mas também do princípio do prazer, que pode afirmar-se contra a crueldade das circunstâncias reais. (Freud, 1927/1980b, p. 191)*

Freud (1927/1980b, p. 191) sublinha que essas duas características do humor, "a rejeição da realidade e a efetivação do prazer", encontram correlato com as motivações que geram as patologias, uma vez que são maneiras de tentar escapar do sofrimento. A diferença do humor é sua recusa à posição de resignação mediante o desamparo, e afirmação da posição calcada em uma erótica, ainda que a realidade se mostre desagradável ou hostil.

> *O humor não se opõe ao que é sério, mas a uma realidade deserotizada e à lucidez mórbida criada por uma concep ção de mundo no qual o Princípio do Prazer e o Princípio da Realidade encontram-se inelutavelmente dissociados. (Kupermann, 2003, p. 93)*

Mas de que forma o humor pode sustentar de forma vitoriosa o Princípio do Prazer? Qual é a especificidade do humor que lhe permite, apesar de a civilização e do laço social edificados sobre a égide da repressão, afirmar o prazer?

Aqui nos é apresentado no texto sobre o humor outro elemento, que se soma aos dois anteriormente mencionados: a posição do humorista, que se mostra invulnerável diante dos dissabores do mundo, é a de um adulto que faz pilhéria ao sofrimento de uma criança, fazendo pouco de um sofrimento que para ela se apresenta tão intenso.

O humorista *identifica-se até certo ponto com o pai*, o que supõe uma redistribuição de energia psíquica na qual a ênfase é retirada do ego e recai sobre o superego. O ego surge, diante desse superego, "minúsculo e trivial em todos os seus interesses" (Freud, 1927/1980b, p. 194). Nesse trabalho, de fato, Freud nos apresenta um superego condescendente, capaz de acolher um ego intimidado, como se dissesse: "Olhem! Aqui está o mundo, que parece tão perigoso. Não passa de um jogo de crianças digno apenas de que sobre ele se faça uma pilhéria!" (Freud, 1927/1980b, p. 194).

De fato, o humor aponta um caminho de rebeldia criativa que prescinde das mais variadas formas de idealização, ou laços que se sustentam na figura do líder, posições que testemunham o empobrecimento do erotismo e seus efeitos deletérios: a servidão voluntária, o masoquismo e o beco escuro da repetição. Freud aponta para a possibilidade de um percurso para além da resignação mediante a renúncia, percurso esse que contempla a possibilidade criativa na busca de novos objetos de satisfação pulsional, o que confere novos destinos para o laço social que não a massificação e combate qualquer forma de idealização compartilhada.

A tentativa do superego de consolar o ego mediante das admoestações da realidade via o humor, para Freud (1927/1980b), "não contradiz sua origem no agente paterno" (p. 194). E isso porque, ao descrever que no humor ocorre uma identificação *até certo ponto com o pai*, Freud indica a possibilidade de que, com base no luto do objeto, outrora considerado única possibilidade de investimento pulsional, existe a possibilidade de constituição de um laço que supõe um descentramento não apenas em relação ao próprio ego, mas também com relação aos ideais reguladores da vida social que, livres do aprisionamento a um único objeto possível de trazer satisfação, recuperam aquilo que Freud descreve como principal característica da libido, a sua plasticidade.

Vimos que, em *Totem e tabu* (1913/1980), o processo de submissão à norma se efetiva pela internalização da autoridade e da violência, condensada na figura do superego, e isso faz do sentimento de culpa motor e principal problema da organização da vida em sociedade. Em *O futuro de uma ilusão*, Freud (1927/1980a) discorre sobre como a idealização funciona como um mecanismo infantil subsumido à idealização narcísica, com o intuito de escapar das angústias e das incertezas que a condição do desamparo constitutivo do humano impõe. O desamparo diante da morte do pai soberano se atualiza na maneira mediante a qual figuras de autoridade podem ser idealizadas, criando a ilusão de amparo proveniente de uma divindade onipotente, ou mesmo por uma visão de mundo totalitária capaz de eliminar a insegurança da divisão e do conflito por meio de prescrições normativas.

## *Conclusão*

Pois bem, o humor e o chiste são apresentados por Freud como formas possíveis de laços que se constituem às avessas de qualquer construção de figuras ideais capazes de suturar a divisão do sujeito, e isso por se contraporem ao incremento da crueldade superegoica – fruto da idealização de um objeto que por intermédio de sua sombra promove posições melancólicas e masoquistas de vassalagem –, por essa razão ambos podem ser considerados o paradigma de laços que priorizam a experiência compartilhada. Em outras palavras, o humor e o chiste produzem uma modalidade de laço social que se constrói no compartilhamento, não na exigência de uma posição resignada. É claro que não estamos supondo um estado de coisas em que a renúncia à satisfação plena da pulsão possa ocorrer. O argumento é que tal renúncia não deriva, inexoravelmente, na resignação, mas pode sim instaurar um movimento que privilegia a busca do prazer.

Do que foi discutido, a nós interessa ressaltar que os mecanismos do chiste e do humor apontam na direção de um laço no qual a alteração de uma trama discursiva abre campo para que algo novo, algo diferente e inusitado, possa se fazer ouvir. Com efeito, tem-se nessas modalidades peculiares de formações do inconsciente um tipo particular de posição subjetiva que subverte e desmancha fórmulas e normatividades e, no lugar delas, pode desenvolver um espírito crítico que amplia e ressignifica os termos do discurso.

Para o fim dos nossos propósitos, ressaltamos a preciosa indicação, com a qual Freud nos brinda, de que o prazer proporcionado pelo dito espirituoso é acima de tudo coletivo, dado que sempre referido à produção de um afeto que inarredavelmente solicita ser partilhado e transmitido. Além de ser também um ato que denuncia toda forma de idealização e alienação em formas de autoridade. O que importa aqui não é por que se contam piadas, mas entender como a produção de um afeto que solicita a partilha tem um viés eminentemente político e de que forma esse mecanismo comparece em narrativas que migram do particular para o público.

Tal resistência acena para a possibilidade de um laço social no qual os sujeitos não abdicam de sua singularidade em nome de identificações que cobram o preço de uma unidade cultural hegemônica, falando assim a favor de laços para além das modalidades masoquistas e de vassalagem. Com efeito, ao acentuar a partilha nos chistes e no humor, Freud nos mostra uma maneira de – mesmo tendo em conta o fato de o sujeito freudiano ser irremediavelmente assolado pelo trabalho silente da pulsão de morte, e o desamparo que lhe é correlato – vislumbrar um movimento possível de busca de soluções originais para tal exigência psíquica, capaz de criar novos objetos passíveis de serem transmitidos.

Os estudos freudianos do chiste e do humor sublinham a construção de laços subsumidos à partilha e à fruição: ao promoverem uma alteração na trama discursiva, criam condições para a emergência do novo, subvertendo e desconstruindo normatividades e, consequentemente, ressignificando os termos de qualquer discursividade hegemônica e totalizante. Sua ocorrência testemunha a produção de um prazer coletivo via um afeto que inarredavelmente solicita ser partilhado e transmitido.

Nesse sentido, o que é decisivo é o fato de como essa condição de resistência mostra um tipo de investimento libidinal que visa reajustar os elementos do mundo, mesmo diante dos duros contratempos da realidade. Isso se aproxima da ética tal qual Lacan (1959/1960) a concebeu: uma ética do desejo que confronta a interpretação da castração, a condição da falta e o desamparo como destinos que têm via única, a resignação. A ética da psicanálise, segundo Lacan, é do desejo e não do bem supremo, derivando daí uma ideia de sujeito como diferença e singularidade.

Isso significa que a prática psicanalítica se propõe a separar o desejo de cada sujeito das exigências impostas por qualquer ideal, conforme Lacan (1960/1988) enuncia: "A ética da psicanálise não é uma especulação que incide sobre a ordenação, a arrumação, do que chamo dos serviços dos bens. Ela implica, propriamente falando, a dimensão que expressa no que se chama experiência trágica da vida" (pp. 375-376). Em outros termos, para o desamparo, não existe cura possível, restando ao sujeito inventar para si novos destinos, tornando a vida factível e prazerosa.

É sob essa perspectiva que podemos extrair a potência política dos mecanismos do chiste e do humor. A *economia da despesa psíquica,* via a supressão do recalque, e *identificar-se até certo ponto com o pai* indicam que o conflito entre as exigências pulsionais e o estoque limitado de representações para sua consecução não é redutível a soluções institucionais e pode encontrar uma via criativa em um prazer que é coletivo.

## *Referências*

Assoun, P.-L. (2012). *Freud e as ciências sociais: psicanálise e teoria da cultura*. Loyola.

Freud, S. (1905/1980). Os chistes e sua relação com o inconsciente. In *Edição standard das obras psicológicas completas de Sigmund Freud* (Vol. 8, pp. 267-275). Imago.

Freud, S. (1908/1980).Moral sexual"civilizada" e doença nervosa moderna. In *Edição standard das obras psicológicas completas de Sigmund Freud* (Vol. 9, pp. 187-213). Imago.

Freud, S. (1913/1980). Totem e tabu. In *Edição standard das obras psicológicas completas de Sigmund Freud* (Vol. 13, pp. 17-193). Imago.

Freud, S. (1917/1980). Luto e melancolia. In *Edição standard das obras psicológicas completas de Sigmund Freud* (Vol. 14, pp. 275-293). Imago.

Freud, S. (1920/1980). Além do princípio do prazer. In *Edição standard das obras psicológicas completas de Sigmund Freud* (Vol. 18, pp. 17-91). Imago.

Freud, S. (1921/1980). Psicologia de grupo e análise do ego. In *Edição standard das obras psicológicas completas de Sigmund Freud* (Vol. 18, pp. 91-185). Imago.

Freud, S. (1923/1980). O ego e o Id. In *Edição Standard das obras completas de Sigmund Freud*. Imago

Freud, S. (1927/1980a). O futuro de uma ilusão. In *Edição standard das obras psicológicas completas de Sigmund Freud* (Vol. 21, pp. 15-81). Imago.

Freud, S. (1927/1980b). O humor. In *Edição standard das obras psicológicas completas de Sigmund Freud* (Vol. 21, pp. 189-197). Imago.

Freud, S. (1930/1980). O mal-estar na civilização. In *Edição standard das obras psicológicas completas de Sigmund Freud* (Vol. 21, pp. 81-179). Imago.

Freud, S. (1933/1980). Por que a guerra? In *Edição standard das obras psicológicas completas de Sigmund Freud* (Vol. 22, pp. 165-241). Imago.

Fuks, B. B. (2014). *O homem, Moisés e a religião monoteísta – Três ensaios: o desvelar de um assassinato*. Civilização Brasileira.

Goldenberg, R. (2006). *Política e psicanálise*. Rio de Janeiro: Jorge Zahar.

Koltai, C. (2000). *Política e psicanálise: o estrangeiro*. Escuta.

Kupermann, D. (2003). *Ousar rir: humor, criação e psicanálise*. Civilização Brasileira.

Lacan, J. (1957/1999). Formulações sobre a causalidade psíquica. In *Escritos* (pp. 152-194). Zahar.

Lacan, J. (1960/1998). Subversão do sujeito e dialética do desejo no inconsciente freudiano. In *Escritos*, pp. 807-841. Zahar.

Lacan, J. (1960/1998). *O seminário. Livro 7*: A ética da psicanálise. Zahar.

Rosa, M. D. (2010). Os intratáveis: o exílio dos adolescentes no laço social, v. 10, pp. 08-24. *Revista Psicanálise e Política*.

Rosa, M. D. (2016). *Psicanálise, política e cultura: a clínica em face da dimensão sócio-política de sofrimento*. Escuta/Fapesp.

# 8. A opção anticolonial na psicanálise: uma aposta no múltiplo

*Fernanda Canavêz*

Quando recebi, com alegria e entusiasmo, o convite para compor esta coletânea, confesso ter me demorado nos termos do título: psicanálise e democracia. De imediato, ocorreu-me a ideia de que a psicanálise não se sustentaria sem democracia, algo que temos a oportunidade de discutir bastante aqui no Brasil, posto que a democracia por essas bandas se mostra não apenas inconclusa, mas também reiteradamente ameaçada.

Por livre associação, tive o prazer de sentir meu corpo visitado pela memória de uma tese do saudoso Gilson Secundino, filósofo e militante da luta antimanicomial com quem gerações de psicólogos e psicanalistas do Rio de Janeiro aprenderam muito sobre clínica. É que Gilson se tratava em serviços de assistência em saúde mental do *campus* da Praia Vermelha, da Universidade Federal do Rio de Janeiro, ocupando o território com o roncar de sua cuíca e a incrível aptidão de fazer boas perguntas e apontamentos, habilidade que buscamos com muitos anos de formação em psicanálise. Em um evento destinado a discutir políticas públicas para os campos da cultura, saúde mental e arte,[1] Gilson propunha a relação dos termos saúde e arte, cabendo à cultura fazer a

1 Evento Loucos pela Diversidade – da diversidade da loucura à identidade da cultura, ocorrido em 2007, na Escola Nacional de Saúde Pública Sérgio Arouca (ENSP/Fiocruz-RJ).

ligação entre os dois. A cultura, ensinou, é a partícula *e* elemento garantidor do vínculo entre os campos da saúde mental e da arte.

Munida desse saber, pude avançar na afirmação do desejo de indissociabilidade entre psicanálise e democracia para pensar sobre quais seriam os elementos de ligação entre esses termos. Se há um *e* que afiance essa relação, faz-se também a marca de que esse elo pode se romper. Saúde mental sem arte. Psicanálise sem democracia. Ouvidos mais afeitos a debates do campo progressista podem vociferar argumentando que a prática da psicanálise só se viabiliza em contextos democráticos, espécie de premissa para a sustentação de sua ética, o que implicaria uma discussão acerca do que se entende por psicanálise e até mesmo por democracia. Por ora, gostaria de tomar a psicanálise como um campo em disputa no qual circulam perspectivas múltiplas, terreno que não se faz imune à tentativa de instauração do Um, como argumentei anteriormente (Canavêz, 2012; 2017). Nosso campo é polifônico, composto por muitas vozes e sotaques, e a própria expectativa de afirmar o que seria a psicanálise de forma estanque e unívoca corre o risco de se colocar como partidária da tirania do Um em detrimento do múltiplo. De acordo com essa perspectiva, psicanálise e democracia são termos cuja relação pode ser afiançada pelo *e* do múltiplo.

Nos últimos anos, tenho me dedicado a investigar em que medida o predicado múltiplo da psicanálise se vê ameaçado, debate que me parece importante para sustentar a aposta nesse *e*, em nossa polifonia. Um dos nomes dessa ameaça reside na herança que carregamos ao fazer psicanálise hoje, em continuidade com o brilhante legado inaugurado por Freud, mas também com um modelo de sujeito e de civilização intimamente relacionados com uma filiação colonialista. Mais recentemente, o debate ganhou o movimento psicanalítico graças à incorporação dos chamados estudos decoloniais, os quais, em linhas gerais, problematizam a modernidade como projeto de um mundo que fora forjado deixando tantos outros à sua sombra. Modernidade par da colonialidade que serviu de berço à psicanálise, realidade que nos coloca em posição de embaraço (Canavêz & Fernandez, 2020), marcados que somos de maneira incontornável por essa herança moderna/colonial.

Mais do que teorizar sobre a decolonialidade, tenho me interessado por lançar mão da opção anticolonial para problematizar nossa herança moderna/colonial na psicanálise. Isso porque, como apontam Jota Mombaça (2020), Bernardino-Costa, Maldonado-Torres e Grosfoguel (2020), há o risco de as narrativas sobre a decolonialidade virarem apenas mais uma moda academicista, afastando-se dos movimentos sociais e da luta política de quem tem seus corpos eleitos como alvo da violência moderna/colonial, para engrossarem o caldo de saberes destinados a vender um modelo epistêmico único, outro nome para o Um.[2] Para Silvia Rivera Cusicanqui, socióloga de origem aymara, o decolonial é uma moda; o pós-colonial, um desejo; e o anticolonial, uma luta,[3] luta que não surge exatamente com os debates sobre a persistência da colonialidade[4] ou sobre o chamado giro decolonial,[5] mas se faz presente desde que a violência colonial foi erigida. De maneira análoga, a opção anticolonial na psicanálise não surge agora, fazendo-se presente desde Freud, no que ele evidenciou de crítico da modernidade que habitava.[6] Psicanálise como desvio da medicina moderna. Inconsciente como desvio da consciência.

2 Com esse apontamento, gostaria de indicar o risco de que o debate decolonial se afaste de suas motivações iniciais e, ao mesmo tempo, as fissuras no campo que reúne diferentes autores e autoras dedicados a tratar de temas afins, já que podem acabar por reproduzir a colonialidade que buscam criticar em suas perspectivas. Para uma discussão pormenorizada sobre o assunto indico a tese de Jardim (2018).

3 Barber, K. (2019, 8 mar.).

4 Discussão vocalizada, no final da década de 1990, pelo grupo modernidade/colonialidade (Mignolo, 2017).

5 Para uma genealogia do debate, sugiro o trabalho de Ballestrin (2013).

6 Reconheço diferentes perspectivas na obra freudiana, às vezes em um mesmo texto, como um movimento pendular que ora se aproxima do projeto da modernidade, ora com este busca romper (Canavêz, 2011).

A indicação é oportuna, já que para olhos acostumados com as dicotomias modernas a opção anticolonial na psicanálise acarretaria necessariamente o rompimento com o legado freudiano. De fato, quando o mundo é visto com lentes afeitas a polarizações, restam poucas opções que não passem pelo receio da eliminação pelo outro ou desejo de eliminação do outro. A aposta aqui é outra: em continuidade com a invenção de Freud – pois ela ainda parece fazer sentido hoje e também em nosso contexto –, sigo na afirmação do predicado múltiplo da psicanálise e, por consequência, de seu lugar estratégico para pensar sobre os problemas de nossa época, como o furor dicotômico que remonta à modernidade colonial.

Ao abordar a questão racial na psicanálise, o psicanalista Emiliano de Camargo David (2023) lembra que grande parte dos psicanalistas não faz jus ao legado freudiano. Isso porque, ao chegar nos Estados Unidos da América, Freud anunciou que levava a peste, "o avesso da pureza devido à condição crítica, subversiva e incômoda da psicanálise" (p. 11). Quando escondidos sob o véu da branquitude psicanalítica, lembra o colega, não sustentamos a peste, a ética delineada por Freud, mas buscamos nos esconder em traje de proteção pesticida. Freud sustentou a peste quando produziu um diagnóstico preciso do furor dicotômico a que me refiro. Afinal de contas, esse diagnóstico não orientou de cabo a rabo a obra freudiana, ainda no recorte historiográfico da modernidade? Para quem respondeu de forma afirmativa, então certamente temos acordo quanto à afirmação de que a opção anticolonial em nosso campo é ainda psicanálise, radicalmente psicanálise. Abandonemos os trajes de proteção pesticida.

Dito isso, é importante lembrar que o fato de Freud ter operado certo deslocamento da colonialidade não é suficiente para imunizá-lo da herança colonialista. Do mesmo modo, se a psicanálise surge como crítica do modelo epistêmico até então utilizado, nas fileiras da medicina moderna, compete a nós, situados em nossa época e território, a manutenção dessa crítica e de uma postura inventiva diante de cenários que não puderam ser antecipados por Freud ou por quem quer que desejemos eleger como figuras importantes na transmissão da psicanálise.

Ao apresentarem o trabalho de oferta de escuta nas ruas de Brasília, o Coletivo Psicanálise na Rua (2022) conta que "trazemos um café porque confiamos num francês que disse que é no leito da demanda que corre o desejo. Ou estamos inventando isso agora" (p. 57). Confiamos num austríaco, num francês, num húngaro, num inglês. E estamos inventando isso agora. Confiamos *e* inventamos a cada encontro, a cada escuta, onde quer que ela se dê, não só nas ruas, ocupações, praças, becos e vielas, mas até mesmo nos *settings* aparentemente menos permeáveis a imprevistos como os dos consultórios. Isso significa que confiamos desconfiando, conforme aprendemos com Freud e com os demais que vieram depois dele. Confiamos nos modelos de que dispomos, plurais, mas deles precisamos desconfiar quando flertam com a instauração do Um. E assim inventamos.

As considerações que ganham estas páginas integram as pesquisas realizadas no marginália Laboratório,[7] espaço em que discutimos e praticamos a psicanálise a partir de alguns princípios de funcionamento, alguns dos quais gostaria de compartilhar para ajudar a situar de onde falamos e, portanto, como nos posicionamos na polifonia do movimento psicanalítico.

Em primeiro lugar, entendemos que é importante extrair as devidas consequências das interrogações que são colocadas à psicanálise. Em nossas formações, ao contrário, muitas vezes somos levados a supor que as críticas endereçadas ao nosso campo denotariam uma resistência a ser superada, neutralizada em prol da manutenção do saber psicanalítico. Com essa pretensa estratégia de defesa, a psicanálise corre o risco de se tornar menos porosa aos saberes que circulam fora de sua alçada, os quais podem nos ajudar a movimentar o movimento psicanalítico (Zana, 2020). Paradoxalmente, apegada ao seu próprio referencial

7 www.youtube.com/c/marginálialaboratório.

como tábua de salvação e esquecida do seu caráter de provisoriedade, a psicanálise pode chegar a decretar o seu fim. É o perigo que Derrida (1996) remonta à chamada resistência autoimunitária, uma resistência da psicanálise à própria psicanálise a partir da qual ela perde o poder de colocar em crise, talvez uma de suas marcas distintivas: a peste que Freud levou na mala em viagem aos Estados Unidos. Para exemplificar a importância das indagações colocadas à psicanálise, é possível retomar as críticas do movimento feminista dirigidas ao predicado falocêntrico de conceitos psicanalíticos (Rivera, 2023), dando à psicanálise a oportunidade de reanimar sua propriedade de ser múltipla, pluralizando os modelos teórico-clínicos com os quais trabalha.

Além disso, em filiação às epistemologias que têm origem no movimento feminista nas décadas de 1970-1980, adotamos como princípio de funcionamento a tomada da psicanálise em uma perspectiva situada. A ideia principal é de que é preciso criticar a falácia de um conhecimento científico "neutro", que se pretende universal e desconsidera as marcas de quem o produz e com qual finalidade. Seguindo as pistas deixadas por Donna Haraway (2009), temos em conta que o saber é sempre parcial. Em resistência autoimunitária, pode-se argumentar que a psicanálise seria necessariamente situada, pois trabalha no caso a caso, tomando a clínica por "soberana". A defesa apressada desconsidera que trabalhamos com modelos, mesmo que estejamos suficientemente abertos a abandoná-los se a clínica assim demandar, e que não raras vezes esses modelos estão a serviço de resguardar uma ficção de universalidade. Lembremos do exemplo do complexo de Édipo, alçado ao estatuto de universal caso não inclua os marcadores de seu tempo e de seu território, bem como dos corpos sobre os quais incide (Dias, 2022). A tentação de afirmar um modelo supostamente universal também se oferece a ver na demanda por um espaço seguro na clínica (Santos, 2016), prova de que modelos abstratos e desencarnados, "imparciais", seguem operando na escuta analítica.

Dessa maneira, figuram como estratégias da opção anticolonial no nosso campo a escuta atenta às críticas que nos são endereçadas e a permeabilidade da psicanálise a saberes que a situem em seu território e época, assuntos que gostaria de tomar aqui como aliados em prol do múltiplo. Quando proponho atenção às críticas colocadas à psicanálise, talvez seja interessante tomarmos de empréstimo a regra da atenção flutuante, para que não nos demoremos muito em bobagens a serem levadas a sério apenas se se deseja garantir uma reserva de mercado na clínica.[8] Parece que a psicanálise tem força e condições para se colocar em outros termos, quais sejam, como saber à altura do poder de colocar em crise sua época e seus pilares epistemológicos sem que com isso decrete seu fim. Fiquemos, portanto, com os problemas trazidos por questões dirigidas à psicanálise.

Novamente acompanhada por Haraway (2023), sigo à risca a recomendação de ficar com o problema. A bióloga e filósofa estadunidense traz uma proposta ousada em uma época marcada pelas tentativas de cancelamento e bloqueio do outro, por gambiarras vendidas como soluções milagrosas para questões absolutamente complexas (e também por nós criadas): ficar com o problema, demorar-se nas confusões para que floresçam outros modos de abordagem e referenciais. Em contraponto ao que chama de narrativas fálicas – e as sensações a elas atreladas de desespero, cinismo e indiferença –, o convite é para que possamos fabular respostas, sempre múltiplas e parciais, em vez de agarrarmos tábuas de salvação, em busca de uma resposta messiânica e descontextualizada passível de nos apaziguar. Fazer o luto do messias salvador, abandonar a narrativa do herói e do argumento de autoridade são tomadas de posição urgentes para que estejamos devidamente implicados com os desafios do nosso tempo.

8 Refiro-me aqui à recente retomada do tema da cientificidade da psicanálise, em uma tentativa apressada e superficial de desqualificá-la, como comentado por Guimarães (2023).

O gesto inaugural da psicanálise remete a um problema clínico que o método hipnótico não foi capaz de silenciar, problema responsável por movimentar as histéricas e Freud rumo à fabulação de modelos outros. Como a própria história da psicanálise exemplifica, os problemas não se esgotam simplesmente porque assim desejamos, tampouco permanecem na obscuridade para onde tantas vezes tentamos relegá-los. A poeira não some debaixo do tapete. Nesse sentido, o problema de partir de um modelo de sujeito e de civilização paridos em uma determinada época e contexto – como ocorrera por ocasião da criação da psicanálise –, e na expectativa de tomá-lo como universal, não será suficiente para que todas as demais formas de existência caibam nos parâmetros dessa régua. Ao contrário, assumirmos esse problema trazendo-o para o nosso campo pode nos ajudar a movimentá-lo.

Lembremos do discurso de Paul Preciado (2022), em 2019, por ocasião do evento destinado a discutir as mulheres na psicanálise,

> *como se esse tipo particular de animal que vocês condescendente e naturalisticamente chamam de "mulheres" ainda não tivesse ganho pleno reconhecimento como sujeito político, como se fosse um apêndice ou uma nota de rodapé, uma criatura estranha e exótica, sobre a qual vocês têm que pensar de vez em quando, em um colóquio ou em uma mesa redonda. (p. 8)*

Partindo do modelo de sujeito falocentrado, mais uma tentativa de instauração do Um, a mulher figura sempre como outra, resto a ser perscrutado pela psicanálise. Em uma cartografia marcada pelo binarismo sexual, temos o masculino como modelo de sujeito alçado à ficção de universalidade, do qual restam os demais arranjos a serem esquadrinhados, medidos, teorizados pela psicanálise.

A intervenção de Preciado (2022) suscitou inúmeros posicionamentos entre os colegas, ora em defesa do modelo epistemológico consagrado desde Freud, ora em aliança com as críticas endereçadas a ele, na aceitação do convite para que o movimento psicanalítico se movimente para além do "'humano universal' e que permanece, pelo menos até agora, tema de enunciação central nos discursos e instituições psicanalíticas da modernidade colonial" (p. 8). Uma psicanálise mutante, nos termos do filósofo. Uma psicanálise que faça jus ao seu predicado múltiplo. Uma psicanálise que não se apressa em se livrar dos problemas como batata quente, talvez em resistência autoimunitária.

Situar a psicanálise nomeando os modelos que se pretendem universais em seu arcabouço clínico-conceitual é um recurso de que dispomos para apostar em seu caráter múltiplo. O termo situação ganha estatuto conceitual em Donna Haraway como o conjunto de marcações que estampam um saber: históricas, políticas, éticas, sexuais, intuitivas etc. Avançando no debate, a filósofa panamenha Linda Alcoff (1991-1992) lembra que a localização, aqui sinônimo de situação, não deve ser tomada como estática e unidimensional, pois não é de essência que estamos falando. Isso significa que a situação não *determina* um saber ou uma narrativa, mas o saber e a narrativa *dependem* da situação. Situar a psicanálise não é engessá-la nos predicados dos sujeitos que a enunciam – tampouco em algumas características –, mas é considerar as marcas desses sujeitos de enunciação. A psicanálise não é uma universalidade abstrata, mas um saber encarnado; ela é feita e praticada por sujeitos situados. E o conhecimento situado reflete a perspectiva específica desses sujeitos contra a pretensão de isenção e de imparcialidade. Para olhares mais acostumados com o referencial psicanalítico, acrescento: e de neutralidade.

Quando Freud (1912/1969) teorizou sobre a neutralidade na clínica, é indispensável ter em conta os interlocutores com quem buscava dialogar, isto é, médicos que exerciam a até então recém-nascida psicanálise. Era importante manter prescrições em relação à exigência de neutralidade para quem se aventurava a adentrar o furacão afetivo da transferência, colocando o próprio corpo para jogo como termômetro da ousada técnica no tratamento das pacientes histéricas. Desde então, a neutralidade permanece como prescrição técnica fundamental em nossa escuta, mas não pode estar a serviço da tentativa de tamponar a situação do analista, tomando-o como imparcial e isento. Ferenczi (1992) indicara a hipocrisia profissional de quem buscava se aninhar sob o véu da pretensa neutralidade, escondido em teorias e técnicas para se manter indiferente à dor do outro. Com a psicóloga Sofia Favero (2020), temos que a neutralidade na clínica nada tem a ver com indiferença ou imparcialidade, simplesmente dizendo respeito a um projeto: "entender o que é seu e o que é do outro" (p. 413). Separemos, portanto, a falácia de neutralidade que se erige como contraponto à psicanálise situada da neutralidade benevolente, recurso indispensável com o qual precisamos contar em nossa clínica.

Uma psicanálise situada não é, e nem poderia ser, indiferente à dor do povo com quem compartilha seu território, dos sujeitos que escuta. A afirmativa nos ajuda a colocar em pauta mais um dos recursos que sustentam o que estou chamando de opção anticolonial na psicanálise, que é a importância de que se mantenha suficientemente permeável aos saberes desse povo. Quando não está deitado no divã – se é que lança mesmo mão desse recurso –, como o sujeito busca lidar com o que lhe aflige em um país como o Brasil? Em pesquisa sobre itinerários terapêuticos de saúde junto à população quilombola do agreste de Alagoas, os psicólogos Saulo Fernandes e Alessandro Santos (2019) chegam a diferentes formas de cuidado baseadas em saberes populares situados no território em questão, como o uso de chás e plantas medicinais, práticas com rezadeiras e benzedeiras ou até mesmo o ato de caminhar pelo território e conversar com vizinhos. As práticas revelam a tentativa de preencher hiatos deixados por serviços de saúde formalmente instituídos, mas também indicam como o modelo epistêmico em saúde deve ser deslocado de uma ciência que se pretende neutra e imparcial para contemplar a multiplicidade das maneiras de enxergar o mundo, as relações, o sofrimento.

No Rio de Janeiro, cidade onde nasci, cresci e que tomo ainda hoje por morada, é inegável o recurso da roda de samba como prática de cuidado. "O samba é terapia popular" – ensina o verso da música "Nos pagodes da vida" (1987) – e também dá corpo a modos de enxergar o mundo que desafiam as lentes dicotômicas da modernidade/colonial (Canavêz & Jardim, no prelo). Na tradição do samba, por exemplo, é comum que a morte seja comemorada em uma festa chamada de gurufim. É que, para um sambista, a morte não é sinônimo de finitude, mas compreendida como entidade que deve ser ludibriada com uma celebração para que não decida levar outros vivos. Estamos falando de um povo que, versado nos ensinamentos transmitidos por Zé Keti (1964), entendeu que "acender as velas já é profissão, quando não tem samba, tem desilusão". Tradição que não povoou o imaginário de Freud (1917/1969) quando teorizou sobre luto e melancolia, muito embora da teoria freudiana também se possa extrair consequências em seu modo de lidar com a finitude.

E o que a psicanálise tem a ver com isso? Os saberes de um povo estão muito além de um passado folclorizado que teria sido superado pela modernidade científica. Ao contrário, a partir da generosa indicação de que os modelos – de sujeito, civilização e epistemologia – são múltiplos, esses saberes auxiliam a interrogar a colonialidade da psicanálise no que pode revelar, ainda hoje, de persistência da matriz epistêmica moderna colonial em sua clínica. Em aliança com os saberes populares, a psicanálise pode se afastar do caráter de modismo do debate decolonial, tomando para si temas de importância "nas lutas políticas de resistência e reexistência das populações afrodiaspóricas e africanas, indígenas e terceiro-mundistas" (Bernardino-Costa, Maldonado-Torres & Grosfoguel, 2020, p. 10), e pluralizar seus modelos epistêmicos, situando-os em seu território.

Assim, a opção anticolonial na psicanálise pode se dar também quando ela se coloca em coalizão epistêmica (Alcoff, 2016) com os saberes populares. Não apenas para buscar aplausos em um evento sobre decolonialidade ou para integrar coletâneas em espaços academicamente consagrados, mas porque esses saberes muito dizem sobre o território e a época da qual a psicanálise faz parte. Como, então, construímos a psicanálise por aqui e em nossa época? A partir de quais referências escutamos e teorizamos? Músicas e versos do nosso povo permanecem em epígrafes de textos que exaltam um austríaco, um francês, um húngaro, um inglês ou são levados a sério como saberes situados capazes de interrogá-los?

Certa noite, sonhei que estava em uma roda de samba no bairro da Lapa, no Rio de Janeiro. Durante um pequeno intervalo, descansava observando atentamente a multidão que se espremia para guardar um lugar mais perto dos músicos. Fui surpreendida pela figura de Nelson Cavaquinho que se destacava na aglomeração por estar em preto e branco, sem camisa, como aparece no documentário de Leon Hirszman (1969/2018). Saí correndo para chegar mais perto dele, sem qualquer outro objetivo delineado. Quando finalmente o alcanço, ofegante e sem propósito aparente, nossos olhares se encontram e ele me diz: "O inconsciente sou eu!" Para minha própria surpresa, caio na gargalhada e respondo: "Pois eu podia jurar que fosse a Clementina de Jesus".

## *Referências*

Alcoff, L. M. (1991-1992). The problem of speaking for others. *Cultural Critique*, (20), 5-32. https://www.jstor.org/stable/1354221.

Alcoff, L. M. (2016). Uma epistemologia para a próxima revolução. *Revista Sociedade e Estado*, 31(1), 129-143. https://doi.org/10.1590/S0102-69922016000100007.

Barber, K. (2019, 8 de março). Silvia Rivera Cusicanqui: "Temos que produzir pensamento a partir do cotidiano". In *Agência de notícias anarquistas*. https://noticiasanarquistas.noblogs.org/

post/2019/03/08/bolivia-silvia-rivera-cusicanqui-temos-que-produzir-pensamento-a-partir-do-cotidiano/.

Ballestrin, L. (2013). América Latina e o giro decolonial. *Revista Brasileira De Ciência Política*, (11), 89-117. https://periodicos.unb.br/index.php/rbcp/article/view/2069

Bernardino-Costa, J., Maldonado-Torres, N., & Grosfoguel, R. (2020). Introdução: decolonialidade e pensamento afrodiaspórico. In *Decolonialidade e pensamento afro-diaspórico* (pp. 9-26). Autêntica.

Derrida, J. (1996). *Résistances de la psychanalyse*. Galilée.

Canavêz, F. (2011). *Entre compromisso e resistência: os descaminhos do sintoma neurótico*. Multifoco.

Canavêz, F. (2012). *Violência, trauma e resistência: sobre o múltiplo na psicanálise* [Tese de Doutorado]. Programa de Pós-Graduação em Teoria Psicanalítica, Instituto de Psicologia, Universidade Federal do Rio de Janeiro.

Canavêz, F. (2017). Da resistência autoimunitária ao múltiplo na psicanálise. *Psicologia USP*, 28(3), 424-431. https://doi.org/10.1590/0103-656420150202.

Canavêz, F., & Fernandes, S. L. (2020). Caixa de ferramentas de desesperar. In F. Tucci, J. Gondar, & R. Herzog (Orgs.). *Diário de bordo: ano 1 da pandemia* (pp. 27-42). 7Letras.

Canavêz, F. & Jardim, R. M. M. (no prelo). Psicanálise dá samba? *Espaço Acadêmico*.

Coletivo Psicanálise na Rua. (2022). Confiança na escuta das ruas. In F. Canavêz (Org.), *Ensaios (marginais) sobre a confiança* (pp. 54-58). Fi.

David, E. C. (2023). Prefácio. In A. M. C. Guerra & F. S. Bispo (Orgs.). *Ocupar a psicanálise: por uma clínica antirracista e decolonial* (pp. 11-13). N-1 edições.

Dias, L. S. & Canavêz, F. (2022). Complexo de Édipo e Diferença Racial em Psicanálise. *Revista Subjetividades*, 22(3), 1-13. https://doi.org/10.5020/23590777.rs.v22i3.e12545.

Favero, S. (2020). (Des)epistemologizar a clínica: o reconhecimento de uma clínica guiada pelo pensamento cisgênero. *Revista Brasileira de Pesquisa (Auto)Biográfica*, 5(13), 403-418. https://doi.org/10.31892/rbpab2525-426X.2020.v5.n13.p403-418.

Ferenczi, S. (1992). Confusão de língua entre os adultos e a criança. In S. Ferenczi, *Sándor Ferenczi: Obras Completas, Psicanálise IV* (pp. 97-106). Martins Fontes. (Obra original publicada em 1933)

Fernandes, S. L. & Santos, A. O. (2019). Itinerários terapêuticos e formas de cuidado em um quilombo do agreste alagoano. *Psicologia: Ciência e Profissão*, (39), 38-52. https://doi.org/10.1590/1982-3703003176272.

Freud, S. (1969). Recomendações aos médicos que exercem a psicanálise. In S. Freud, *Edição Standard Brasileira das Obras Psicológicas Completas* (Vol. 12; pp. 147-159). Imago. (Obra original publicada em 1912)

Freud, S. (1969). Luto e melancolia. In S. Freud, *Edição Standard Brasileira das Obras Psicológicas Completas* (Vol. 14; pp. 271-294). Imago. (Obra original publicada em 1917)

Guimarães, E. (2023). Um psicanalista lê Pasternak e Orsi. *Outras Palavras*. https://outraspalavras.net/descolonizacoes/um-psicanalista-le-pasternak-e-orsi/.

Haraway, D. (2009). Saberes localizados: a questão da ciência para o feminismo e o privilégio da perspectiva parcial. *Cadernos Pagu*, (5), 7-41. https://periodicos.sbu.unicamp.br/ojs/index.php/cadpagu/article/view/1773.

Haraway, D. J. (2023). *Ficar com o problema: fazer parentes com no Chthluceno*. N-1.

Hirszman, L. (1969/2018, 10 jun.). *Nelson Cavaquinho*. [Vídeo]. YouTube. https://www.youtube.com/watch?v=MxfDn41xP3s.

Jardim, R. M. M. (2018). *Educação intercultural e o projeto encontro de saberes: do giro decolonial ao efetivo giro epistêmico* [Tese de Doutorado]. Programa de Pós-Graduação em Estudos Comparados sobre as Américas, Departamento de Estudos Latinoamericanos, Universidade de Brasília.

Keti, Z. (1964). Acender as velas. In Z. Keti, *Acender as velas/Nega Dina*. Mocambo.

Mignolo, W. D. (2017). Colonialidade: o lado mais obscuro da modernidade. *Revista Brasileira de Ciências Sociais*, 32(94), 1-18. https://doi.org/10.17666/329402/2017.

Mombaça, J. (2020). A plantação cognitiva. In *MASP Afterall*. São Paulo, MASP. https://assets.masp.org.br/uploads/temp/temp-QYyCoFPJZWoJ7Xs8Dgp6.pdf.

Nascimento, G., & Serrão, R. (1987). Nos pagodes da vida. In Reinaldo. *Aquela imagem* [Álbum]. Gel Continental.

Preciado, P. B. (2022). *Eu sou o monstro que vos fala: relatório para uma academia de psicanalistas*. Zahar.

Rivera, T. (2023). Para dissecar o falo: fetiche, violência e sedução. *Lacuna: uma revista de psicanálise*, (14), 2. https://revistalacuna.com/2023/06/06/n-14-2/.

Santos, B., & Polverel, E. (2016). Procura-se psicanalista segurx. Uma conversa sobre normatividade e escuta analítica. *Revista Lacuna*, (1), 3. https://revistalacuna.com/2016/05/22/normatividade-e-escuta-analitica/.

Zana, A. R. O. (2020). *Identidades e posições nas relações sociais em perspectivas feministas: interrogações à psicanálise a partir de articulações entre materialidade e discurso* [Tese de Doutorado]. Programa de Pós-Graduação em Teoria Psicanalítica, Instituto de Psicologia, Universidade Federal do Rio de Janeiro.

# 9. Identidades em jogo: contribuições winnicottianas à pesquisa política contemporânea

*Lucas Charafeddine Bulamah*

## *Identidades, psicanálise e política*

Qualquer psicanalista atento à subjetividade contemporânea, esteja ele atuando na clínica ou desenvolvendo uma pesquisa acadêmica, não pode se furtar a perceber e articular a importância que o tema das identidades ganhou há pelo menos quatro décadas, não apenas na discussão erudita, mas também no discurso corrente. Conceitos e noções como lugar de fala, reconhecimento, direitos civis e pós-colonialismo são apenas alguns dos nomes de ampla gama de afirmativas e interrogações que repousam hoje sobre as ciências humanas e sobre os sujeitos e as sociedades.

Em seu sentido metafísico originário, a identidade remete à unidade de substância, à coisa se apresentando como idêntica a si mesma, conforme proposto na Antiguidade por Aristóteles. Foi justamente na modernidade, porém, conforme aponta Cunha (2009), que a definição da identidade se revestiu do sentido de continuidade ou estabilidade da substância do ser. Como descreve a pesquisadora Margaret Wetherell (2010), na modernidade, a identidade havia se tornado uma "aquisição subjetiva individual" (p. 3), ou seja, o ideário individual foi fomentado por uma teleologia normativa que aponta para a individualidade enquanto aquisição do desenvolvimento do sujeito.

O pesquisador inglês Stephen Frosh (2010), partindo do ponto de vista atual da pesquisa acerca da subjetividade, centraliza sua definição de identidade como uma *área* da pesquisa em psicologia social, voltando-se às reflexões contemporâneas sobre a localização dos sujeitos humanos na cultura. A trajetória mais recente desses estudos, resume o autor,

> *tem sido a de examinar como cada sujeito é* ativamente construído na e através da cultura *e chega a se localizar em certas posições identitárias (*identity positions*). Estas posições podem ser bastante fluidas e mesmo mutuamente contraditórias, mas elas possuem o poder de deslocar os sujeitos em localizações sociais ou "posições" em que eles se tornam altamente investidos.*[1] *(p. 98, grifos nossos)*

Frosh (2010) destaca a *construção* que alicerça as identidades, endereçando um processo de criação histórica distinto da abordagem naturalista e desenvolvimentista que caracterizava e ainda caracteriza boa parte da psicanálise, especialmente algumas leituras canônicas de Donald Winnicott, cuja contribuição examinaremos aqui. Retornando a Frosh, a construção das identidades não exclui a ausência dos sujeitos no processo, mas pressupõe negociações dialéticas entre eles e as posições identitárias disponíveis na cultura, em interação com seus processos afetivos e relacionais.

Ademais, Frosh (2010) destaca ainda que "encontrar uma identidade dentro da qual se pode viver, uma que organize as experiências

---

1 Todas as citações reproduzidas em português com base na língua original são traduções nossas.

da vida e permite a alguém se tornar uma 'pessoa'" parece ter se tornado "uma tarefa central da vida" (p. 99). Não é raro – e, na realidade, é o que mais se destaca nos veículos de notícias – encontrarmos sujeitos e grupos dispostos a darem a vida àquilo que à primeira vista parece ser a afirmação e manutenção de suas identidades (associadas a lugares de pertencimentos grupais, familiares, étnicos, históricos e geográficos), ou sujeitos e grupos sendo marcados e excluídos (quando não visados à eliminação) por suas identidades.

Com efeito, ainda seguindo Frosh e outros autores contemporâneos e influentes acerca do tema das identidades, é notável que, nos debates acadêmicos atuais, parece haver certo consenso de que a visão moderna da identidade como a continuidade da substância do ser – independentemente da História e dos caracteres sociais e relacionais na gênese e na manutenção dela – é insustentável e passível de críticas. As identidades fixas progressivamente dão lugar atualmente a noções baseadas na construção e na relacionalidade, alinhando a pesquisa psicológica e da subjetividade à teoria política e à pesquisa histórica. Frosh (2010), novamente, sintetiza que a "identidade é vista mais como um *processo* que um estado" (p. 101, grifos do autor).

Mas ainda mais que Frosh, a pena do pioneiro Stuart Hall (1996/2000) vai direto ao ponto:

> *A desconstrução tem sido conduzida em uma variedade de áreas disciplinares, todas elas, de um jeito ou de outro, críticas da noção de uma identidade integral, originária e unificada. A crítica do sujeito autossuficiente no centro da metafísica pós-cartesiana ocidental foi bastante avançada na filosofia. A questão da subjetividade e de seus processos de formação inconscientes desenvolveu-se no discurso do feminismo e da crítica influenciadas pela psicanálise. O self infinitamente performativo avançou nas variantes celebratórias do pós-modernismo. (p. 15)*

Hall já antecipava, portanto, a pertinência da psicanálise na crítica ao *self* e à identidade moderna feitas pelo que chamamos hoje de desconstrucionismo ou pós-estruturalismo (menos especificamente, também, de pós-modernismo). Todavia, a variante que mais se adequa à crítica pós-estruturalista é, sem dúvidas, a psicanálise lacaniana, assentada sobre a base dos conceitos freudianos mais rebeldes à Razão moderna, de maneira que se faz notavelmente sintônica aos estudos pós-estruturalistas por sua massiva apropriação da linguística saussureana e da antropologia de Claude Lévi-Strauss (fundamentos sobre os quais o pós-estruturalismo se constrói sob uma iniciativa crítica).

## *Verdadeiro* self, *falso* self *e as identidades*

Que a psicanálise freudo-lacaniana tenha se mostrado apropriada para as iniciativas pós-estruturalistas de crítica à concepção moderna da identidade, o mesmo dificilmente pode ser dito acerca de outras linhagens da psicanálise, especialmente aquela que convencionamos chamar de Escola Inglesa (representada, entre outros, por Melanie Klein, Donald Glover, Harry Guntrip e, um tanto forçosamente, Donald Winnicott).

Winnicott é quase sempre imediatamente associado a uma versão desenvolvimentista, embora pragmatica (e clinicamente) bastante operativa, do sujeito que cresce da dependência de um ambiente suficientemente bom até a esperada autonomia da vida de maturidade. Nessa senda, é evidente que a identidade ganhe importância fundamental – mesmo que o autor não tenha se dedicado à identidade enquanto conceito, como o fez Erik Erikson –, mas que forma a identidade ganha em Winnicott, à primeira vista?

Talvez seja um tanto tendencioso exigir que os leitores de Winnicott (dos menos aos mais influentes) tenham tido, em suas trajetórias e sínteses, um olhar atento à crítica à identidade que lateralmente se insinua durante toda a obra do autor (mais intensamente em seus textos da maturidade, próximos ao final de sua vida). Crítica que não deixa de conter um traço distintivamente winnicottiano na medida em que é paradoxal e ao mesmo tempo que reconhece a importância da aquisição da experiência da constância do corpo que experiencia o mundo, também e ao mesmo tempo dá um lugar fundamental à retirada da posição de integração e constância que caracteriza o indivíduo moderno. Mesmo assim, é de se notar que nessas leituras (que atualmente podemos chamar de leituras canônicas), o psicanalista inglês pareça avançar sempre a visão de um sujeito – garantida a atuação de um ambiente pensado normativamente como suficientemente bom no suprimento de suas demandas desenvolvimentais – que se orienta teleologicamente à integração e à experiência fundamental de continuidade da sua existência.

Em outras palavras, se o espelho de Lacan (1998/1949) aponta para um sujeito esfacelado, integrando-se precariamente mediante a imagem que lhe devolve o aparato escópico, o espelho winnicottiano (Winnicott, 1967/2005a) mostra um sujeito que depende da continuidade e da saúde da presença materna prontificada para secundar seu gesto expressivo, doando-lhe a subsistência da continuidade do mesmo gesto reconhecido continuamente e contribuindo para sua sensação de ser um corpo que vive uma experiência no mundo compartilhado.

Em um de seus textos mais abstratos e teóricos, intitulado *A criatividade e suas origens*, Winnicott (1971/2005b) tentará esboçar os primeiros contornos do que futuramente será o que chamou de *self*, ou seja, a unidade que compreende a subjetividade em sentido amplo e também o aparelho psíquico freudiano e suas instâncias. Primeiros contornos que o psicanalista inglês reúne em torno do termo *being*, ao qual retornaremos a seguir. Em síntese, sob aquilo que o autor chama de "elemento feminino puro", ele irá teorizar que a experiência da apresentação de um objeto que fomenta a ilusão de onipotência de um sujeito (que ainda não se tornou um sujeito) ao criar aquilo que ele mesmo não sabia que necessitava (o primeiro alicerce no edifício da criatividade) "estabelece o que é talvez a mais simples de todas as experiências", qual seja, "a experiência do *being*" (Winnicott, 1971/2005b, p. 108).

Diretamente ao ponto do propósito deste texto, Winnicott (1971/2005b) escreve que a experiência do *being*, de se tornar o mesmo objeto que oferece a experiência da ilusão de onipotência e da criatividade, estabelece o que ele chama de "identidade primária (*primary identity*)" (p. 108). Ou seja, em uma leitura apressada, poderíamos concluir – e foi isso que ajudou a posicionar o autor como identitário e desenvolvimentista – que no cerne do sujeito winnicottiano está justamente a continuidade do ser no tempo que vimos ser o alvo da crítica pós-estruturalista das identidades. Porém, o que deve ser entendido de forma mais cautelosa é o fato de que, em Winnicott, há dois conceitos operantes de identidade, sendo apenas um nomeado de identidade – o cerne experiencial do sujeito que vive experiências de ilusão e enriquece seu potencial criativo – e o outro que diz respeito à personalidade e aos predicados do sujeito (sua pertença, gênero, linhagem familiar etc.) que poderíamos localizar, conforme argumentarei, na noção de falso *self*. Ao leitor que já se acostumou com as interpretações canônicas de Winnicott, pode parecer estranho equacionar o falso *self* com a identidade no sentido da personalidade, então nas próximas linhas poderá haver surpresas curiosas.

O ser ou a existência, a partícula de vida mínima que permite ao sujeito aceder ao mundo como um ente capaz de experimentar o ambiente e sua criatividade e se desenvolver até a forma relacional da vida adulta, encontra nisso a sua associação psicossomática (a parceria psique-soma, cuja separação de fato não existe) (Winnicott, 1970/1986). Aquilo que vimos anteriormente nomeado de identidade primária é, antes de uma vivência de estabilidade do cerne experiencial no sujeito, uma experiência identificatória primária do ser ainda não diferenciado com o outro que lhe oferece o potencial de vida que se realizará progressivamente. Nessa experiência, não podemos perder de vista algo que se mostra insistentemente na teorização abstrata do autor, que são suas proposições dinâmicas e posicionais, as quais se diferenciam claramente das metafísicas essencialistas do indivíduo moderno.

Em Winnicott, com efeito, muito do que pode ser considerado parte de uma ontologia (inclusive a própria noção de *being*) é muito mais produtivamente lida como uma especulação imaginativa acerca dos distintos espaços ocupados pelo *self* winnicottiano em sua história, ou seja, uma heterotopia. É precisamente essa possibilidade conceitual que se perde quando aceitamos tão facilmente a tradução do *being* por Ser (grafado não raramente em caixa alta, dando ainda mais ênfase a essa suposta intensidade ontológica).

Ora, é justamente essa dubiedade que está em jogo quando se percebe que *being*, no inglês do psicanalista, pode se verter nas línguas latinas tanto por "ser" quanto por "estar". A teorização poderia se expandir caso não nos detivéssemos tanto em uma série de interrogações sobre a ontologia quanto sobre o tema da topologia no pensamento winnicottiano.

Mesmo não tendo se estendido sobre o tema, essa percepção não escapou a Heitor O'Dwyer de Macedo (2012), que descreve repetidamente o desenvolvimento segundo Winnicott como relativo à emergência de um espaço:

> *Esse percurso, que vai de uma dependência absoluta à autonomia da criança é, de fato, a consequência lógica de diversos operadores psíquicos que permitem a* emergência de um espaço, *também ele psíquico, que* coincide com o surgimento do sujeito. *(p. 62, grifos nossos)*

Ademais, quando retorna para o tema central de seu ensaio, a "continuidade da existência", Macedo (2012) volta a ressaltar a temática do lugar na teorização winnicottiana da história de origem do *self*.

Particularmente acerca do que vimos sobre a identificação do infante com o "seio" na origem da pertença espacial/ontológica chamada de *being*, o autor escreve:

> *Podemos, então, dizer que o campo da noção de* continuidade de existência *inclui uma teoria da identificação primária. Formulo essa teoria assim:* a primeira identificação é a identificação a um lugar. *Este lugar se encontra no espaço psíquico da mãe, lugar preservado para que esse sujeito preciso, e não outro, possa advir. Garantir a continuidade de existência é a mesma coisa que garantir a continuidade do* self, *e o* self *é o sujeito, a pessoa real. (p. 63)*

Um "lugar básico de onde se opera" (Winnicott, 1970/1986, p. 39), como escreveu uma vez o psicanalista inglês, é portanto a identificação do lugar de ancoragem para que um corpo seja capaz de viver experiências (e potencialmente experiências criativas podem advir). Uma criação que poderíamos chamar de conjunta ou relacional não fosse o fato de que não existe neste momento primário do desenvolvimento nenhum sujeito diferenciado que reconheça outros sujeitos e se relacione com eles, mas sim uma dinâmica de forças que se renova em uma virtualidade espacial, inclusive após a separação entre o sujeito e o objeto.

Nessa interpretação, a dita identidade no cerne do sujeito winnicottiano não pode, com efeito, ser vista unilateralmente como um obstáculo à "permanente recriação do sujeito e de suas formas de vida", de acordo com a definição de Jurandir Freire Costa (2002, p. 75) sobre uma das funções do verdadeiro *self*, e tampouco pode ser vista como a forma final e totalizante que o sujeito deve alcançar. Ela é o próprio fundamento da recriação permanente do sujeito e de suas formas de vida, na medida em que a identificação com o lugar do seio que cria aquilo que o bebê teve a ilusão de ele próprio ter criado instaura no sujeito o próprio impulso dinâmico e irrepreensível que chamamos de criatividade. Por isso, mesmo que seja de certa forma atentar contra a pena do próprio autor, acredito ser bastante enganoso chamar esse sopro primário de experiência criativa de identidade, tratando-se em termos definitivos justamente do contrário.

Em outras palavras e avançando o raciocínio, estamos falando aqui do que efetivamente se trata o verdadeiro *self* em Winnicott. Noção de difícil conceitualização e que do próprio psicanalista inglês mereceu pouquíssimo desenvolvimento argumentativo, resumindo-se com frequência em caracterizações minimalistas da soma de experiências do estar vivo e da experiência do próprio corpo em interação com o mundo. Não se trata do que a vulgata costuma enunciar acerca da noção: o sujeito em sua personalidade verdadeira, cuja aquisição pode se constituir como alvo de uma psicanálise winnicottiana. O verdadeiro *self* é uma instância silenciosa, não comunicativa, não cognoscível e indisponível ao intercâmbio comunicativo com o outro, tornado um outro após o período que vimos como indiferenciação, quando se forma a identificação com o espaço vital do outro com o acúmulo de experiências de ilusão.

Ou, melhor ainda, como escreve Winnicott (1963/1990) em um de seus ensaios mais importantes e menos populares, *Comunicar-se e não se comunicar levando ao estudo de certos opostos*:

> *na saúde, há um núcleo da personalidade que corresponde ao verdadeiro* self *dos casos cindidos; sugiro que este núcleo nunca se comunique com o mundo de objetos percebidos e que o indivíduo sabe que ele nunca deve se comunicar ou ser influenciado pela realidade externa. Este é meu ponto principal . . . Mesmo que as pessoas saudáveis se comuniquem e gostem de se comunicar, o outro fato é igualmente verdadeiro:* cada indivíduo é um isolado, permanentemente não comunicante, permanentemente desconhecido, de fato não encontrado. *(p. 187, grifos do original)*

A mesma pressa na leitura do verdadeiro *self* como a identidade real do sujeito, recoberta por uma carapaça falseada que pode ser tratada e atenuada por uma psicanálise levada a bom termo é secundada na leitura do falso *self*. Conforme versa o ensaio clássico e bastante conhecido de Winnicott (1960/1990), *Distorção do ego em termos de verdadeiro e falso self*, compreendemos que o falso *self* seja uma defesa, um artifício adaptativo que o sujeito lança mão em situações em que – dada a sua dependência absoluta do ambiente nos primórdios de sua vida – o ambiente não permite que ele expresse seu gesto espontâneo, sua iniciativa criativa diante do mundo que se mostra pouco receptivo e, principalmente, intrusivo.

Nesse momento da obra winnicottiana (distintamente daquele que já vimos, em 1963), não resta ao sujeito outra coisa que não se isolar, quer dizer, isolar seu verdadeiro *self* do ambiente que não permite que ele o alcance de forma espontânea. O isolamento é uma defesa adaptativa do sujeito, que de outro modo, em uma situação mais favorável, em um ambiente menos intrusivo, poderia não se fazer isolado e expressar – Winnicott não é de forma nenhuma claro a respeito disso – seu verdadeiro *self*. Porém, mesmo que o verdadeiro *self* pareça poder ser expresso comunicativamente no mundo interativo dos objetos compartilhados, já há em *Distorção do ego* a concessão ao falso *self* como algo irredutível a uma defesa maligna. Em casos ditos "normais", o autor escreve que o falso *self* sempre estará lá em situações de polidez, pois é simplesmente exaustivo demais que o sujeito exija a si mesmo espontaneidade e uma forma autêntica de expressão. De qualquer forma, dos casos menos aos mais patológicos, o falso *self* sempre se posiciona como um envoltório do verdadeiro *self*, sendo sua função principal permanentemente protegê-lo de intrusões.

Todavia, com o avanço de sua obra e ao ousar conceituar o verdadeiro *self* em *Comunicar-se e não se comunicar*, Winnicott (1963/1990), conforme vimos na citação anterior, faz-se muito claro ao postular que, mesmo em casos saudáveis, o indivíduo em seu núcleo experiencial – aquele que vimos como o precipitado das primeiras experiências criativas indiferenciadas – simplesmente não se comunica e jamais deveria se comunicar com os objetos compartilhados da realidade, com os outros sujeitos. Se a submissão e a adaptação são os motivos pelos quais criamos um falso *self* em um ambiente intrusivo, o falso *self* sempre estará presente como os mediadores por excelência do posicionamento do sujeito em sua interface relacional. O mundo da interação comunicativa e expressiva não é exatamente onde o verdadeiro *self* irá se expressar, e veremos na última parte deste capítulo o que resta a essa instância em termos relacionais (mesmo que, no limite, não se trate de uma relação comunicativa).

Submissão e adaptação são inescapáveis quando falamos sobre as identidades como predicados do sujeito. Ninguém escolhe, com base em seu cerne experiencial, as características que lançarão mão nas *performances* identitárias iterativas no mundo político. A adaptação é sempre imperativa (o que se relaciona ao que Barthes, citado em Blikstein, 1995, chamou de "função fascista" da linguagem), e somos sempre interpelados pelas iniciativas que visam a nos conformar com o que de fato não escolhemos (e nunca nos adaptamos totalmente). Portanto, da mesma maneira que o verdadeiro *self*, nos finais da obra winnicottianas, ganhou um estatuto de isolado inescapável, o falso *self* assumiu tudo aquilo que antes poderia ser creditado ao verdadeiro *self* como uma interação não adaptativa com o mundo, como uma forma de apresentar o sujeito diferenciado ao mundo em caracteres legíveis e reconhecíveis, ou seja, a função do falso *self* pode facilmente ser descrita justamente como a das identidades. Assim, mesmo que seja sempre de maneira defensiva, protegendo o cerne experiencial do sujeito, as identidades são essenciais à situação do sujeito no mundo interativo, à realidade compartilhada.

As identidades são, antes, manifestações estratégicas, por assim dizer, na lida dos sujeitos com as posições disponíveis a eles nas práticas e nos discursos que constituem a ideologia e a cultura, algo performado pela instância externa da subjetividade responsável justamente por essa função, correspondente àquela que Winnicott chamou de falso *self*. Como algo permanentemente móvel, processual e informe, voltado à ação criadora, o verdadeiro *self* está no lugar em que estão ausentes as identidades.

Dessa maneira, conseguimos compreender melhor a inquietante afirmação de Adam Phillips (2007) na nova introdução de seu influente livro chamado simplesmente de *Winnicott*: "a submissão (*compliance*) é o motivo pelo qual inventamos a personalidade" e, portanto, o "desejo, a vivacidade, o 'viver criativo' requerem algo diferente"[2] (p. xi).

## *Identidades em jogo*

Gostaria de argumentar que a leitura que faço do verdadeiro e do falso *self* em Winnicott e sua relação com as identidades, posiciona o psicanalista em um lugar *sui generis* na associação da psicanálise com a reflexão política e social. É evidente que Winnicott não bebeu das mesmas fontes linguísticas e estruturalistas que Lacan, servindo de base para as superações propostas pelos pós-estruturalistas contemporâneos, tampouco deu um lugar de destaque à realidade do desamparo e aos movimentos irrepreensíveis das pulsões e do Isso freudiano. Todavia, e creio que isso seja unânime, o autor prestou uma contribuição inestimável às ciências da subjetividade ao pensar as bases do viver criativo e lançar uma série de teorias fortes a respeito de sua gênese e manutenção. As consequências das proposições acerca do viver criativo para o pensamento político ainda se encontram em um estado bastante inicial de desenvolvimento, e é nessa interface que este texto propõe a se fazer valer.

---

2 No original, lemos "*compliance is what we have invented personality for*" (Phillips, 2007, p. xi).

Possivelmente, a iniciativa mais robusta de apropriação das ideias de Winnicott ao pensamento político foi a coletânea elaborada por Bowker e Buzby (2017), que apresenta de saída o argumento de que a força do psicanalista inglês para esse campo interdisciplinar repousa no remar contra a corrente da situação da psicanálise como iniciativa desconstrutiva e descentralizadora do sujeito (o verso característico da psicanálise freudo-lacaniana). O sujeito deve ser recentralizado no pensamento político atual e, para eles, é justamente isso que Winnicott faz, trazendo, pois, uma solução ao problema dos "discursos da disrupção, do descentramento e mesmo da 'morte' do sujeito", característicos da chamada pós-modernidade, que para eles

> *espelham processos psíquicos que minam o desenvolvimento de sujeitos nascentes. Se tais discursos são representativos de atitudes gerais quanto aos sujeitos (i.e., pessoas), na medida em que eles são proeminentes na vida política, cultural e intelectual, o "ambiente" que facilitaria subjetividades e intersubjetividades saudáveis será consideravelmente prejudicado. (Bowker & Buzby, 2017, p. 3)*

A característica winnicottiana que os autores mais apreciam como importante para o pensamento político é, com efeito, o aspecto mais normativo e desenvolvimentista do autor, levado a um estatuto de ídolo pelas leituras canônicas. Ademais, o sujeito centrado, diferente do sujeito cindido e descentrado pelo desejo inconsciente e pelas pulsões, é apenas um dos elementos do paradoxo contido na proposição do sujeito winnicottiano. Winnicott trabalhava majoritariamente com casos difíceis, refratários ao método psicanalítico dito clássico, predominantemente orientado para as neuroses, então a orientação de sua técnica e teoria para encontrar uma ancoragem mais firme na constância do *self* e do objeto foi fundamental. Mas minha proposta é a de que isso se faz fundamental na medida em que essa ancoragem permite ao sujeito usufruir da *amorfia* (1967/2005b) da descentralização e da ausência de identidade em seu verdadeiro *self*.

É por essa razão que um texto como *Comunicar-se e não se comunicar* (1963/1990) se fez tão lateral na obra winnicottiana, quando os autointitulados "winnicottianos" – bem como os proponentes de sua importância no pensamento político – querem-no como um recentralizador do sujeito. Anteriormente, vimos o quanto o verdadeiro *self* colocou-se de modo tardio na obra de Winnicott como uma instância rebelde à identidade e à personalidade, mesmo que seja fomentada fundamentalmente, em seu nascedouro, pela provisão de um outro que ofereça o suporte mínimo para a experiência vital da ilusão criadora. Porém, ao reduzir esta proposição justamente ao triunfo do indivíduo integrado e racional da modernidade, os autores não apenas dão passos para trás no gesto crítico freudiano valorizado atualmente, como não fazem justiça à complexidade de Winnicott.

Contra Bowker e Buzby (2017), levemos o que vimos antes a respeito da ideia depreendida de Winnicott acerca das identidades não como reduzidas ao sujeito recentralizado, contínuo e idêntico a si mesmo, mas como a assunção de uma personalidade em seu aspecto defensivo. Defendendo, recordemos, o cerne isolado do sujeito, que é com efeito rebelde aos esforços pela continuidade e apropriação dos predicados do sujeito disponíveis na cultura, histórica e politicamente localizados. Ou seja, isolado das identidades e acessível em ocasiões especiais às quais veremos a seguir no encerramento deste capítulo.

As identidades são itens da realidade objetiva e comunicativa da mesma maneira que o são os objetos transicionais (Winnicott nunca deixou claro se enxergava a linguagem como algo transicional, mas essa proposição é definitivamente depreendida de sua obra extensa). Objetos transicionais (Winnicott, 1971/2005a), lembremos, são o primeiro contato da realidade externa que o bebê em processo de subjetivação e diferenciação do ambiente primário se apropria para fazer o movimento paradoxal de união e separação daquele que antes era experienciado como inseparado, parte da mesma realidade indiferenciada.

No desenvolvimento do sujeito, os objetos transicionais passam de símbolos massivamente investidos de uma série de funções relacionadas à negociação do processo da vida indiferenciada e amorfa – substanciada pela ilusão de onipotência até a entrada e situação no mundo dos objetos objetivamente compartilhados, outro nome para um mundo de sujeitos diferenciados – a um espaço de interação criativa peculiar, no qual o que está em jogo não são os sujeitos individuais e suas características distintivas, mas o que compartilham em termos daquilo que Winnicott chama de "substância da ilusão" (CIT).

Como aponta Jurandir Freire Costa (2002), esse espaço de interação, o espaço potencial, torna-se ele mesmo o campo de jogo expansivo e não delimitado no qual o verdadeiro *self* pode se manifestar. Com efeito, se já vimos que o verdadeiro *self* é uma realidade amorfa não capturável pelas costuras identitárias, ele tem uma chance de manifestar-se ali quando adultos e crianças brincam justamente de não serem algo fixo e permanente, mas que podem se dispor ao fluxo dinâmico das posições identitárias sem a necessidade de uma declaração definitiva e indelével do que se é.

É assim que compreendo que o desenvolvimento paradoxal de Winnicott (1963/1990) acerca do verdadeiro *self* em *Comunicar-se e não se comunicar*: de algo definitivamente elusivo, porém pragmaticamente experienciado na realidade transicional e potencial, conforme versa um de seus mais bonitos fraseados, o de que "*é uma alegria estar escondido, mas um desastre não ser encontrado*" (p. 186, grifos do original).

É esse paradoxo que eu proponho que não seja perdido ao se avançar em Winnicott para a pesquisa política. Não é justo com o autor posicioná-lo como o salvador do sujeito moderno, mesmo que sob o desejo justo de restaurar junto a ele as proposições do Estado de bem-estar contra a privatização generalizada e atomização da sociedade características do neoliberalismo, suas instituições e subjetivações. Sem a possibilidade de usarmos as identidades como itens de um jogo de esconde-mostra que usar e, como objetos transicionais, dispensar, estaremos fadados ao uso de objetos que Winnicott (1971/2005a) corretamente apontou como um uso fetichista, que serve ao propósito não apenas de negar a separação, mas também de negar a não integração e amorfia que carregamos em nosso inconsciente. Ao mesmo tempo, porém, ao aportar uma teoria do sujeito que opera por uma espécie de monismo da pulsão de morte, absolutamente rebelde a qualquer tipo de ancoragem identitária, negamos contraintuitivamente o fato de que precisamos da continuidade e da estabilidade justamente também porque precisamos, ao mesmo tempo e paradoxalmente, de seu contrário.

## *Referências*


Blikstein, I. (1995). *Kaspar Hauser ou a fabricação da realidade*. Cultrix.

Bowker, M., & Buzby, A. (2017). *D.W. Winnicott and political theory: recentering the subject*. Palgrave Macmillan.

Costa, J. F. (2002). Criatividade, transgressão e ética. In *Transgressões* (pp. 63-76). Contra Capa.

Cunha, E. L. (2009). *Indivíduo singular plural: a identidade em questão*. 7Letras.

Frosh, S. (2010). *Psychoanalysis outside the clinic: interventions in psychosocial studies*. Palgrave Macmillan.

Hall, S. (2000). Who needs identity? (1996). In *Identity: a reader*. Sage.

Lacan, J. (1998). O estádio do espelho como formador da função do eu. In *Escritos*. Zahar. (Original publicado em 1949)

Macedo, H. O. (2012). O conceito de continuidade de existência em Winnicott: transferência e tratamento do trauma. In *Cartas a uma jovem psicanalista*. Perspectiva.

Phillips, A. (2007). *Winnicott*. Penguin Books.

Wetherell, M. (2010). Introduction: the field of identity studies. In M. Wetherell, & C. T. Mohanty (eds.), *The sage handbook of identities*. Sage.

Winnicott, D. W. (1986). Living creatively. In *Home is where we start from*. Norton. (Original publicado em 1970)

Winnicott, D. W. (1990). Ego distortion in terms of true and false self. In *The maturational processes and the facilitating environment*. Karnac. (Original publicado em 1960)

Winnicott, D. W. (1990). Communicating and not communicating leading to a study of certain opposites. In *The maturational processes and the facilitating environment*. Karnac. (Original publicado em 1963)

Winnicott, D. W. (2005a). Transitional objects and transitional phenomena. In *Playing and reality*. Routledge. (Original publicado em 1971)

Winnicott, D. W. (2005b). Playing: a theoretical statement. In *Playing and reality*. Routledge. (Original publicado em 1967)

Winnicott, D. W. (2005b). Creativity and its origins. In *Playing and reality*. Routledge. (Original publicado em 1971)

Winnicott, D. W. (2005a). Mirror-role of mother and family in child development. In *Playing and reality*. Routledge. (Original publicado em 1967)

Winnicott, D. W. (2007). Mind and its relation to the psyche-soma. In *Collected papers: through paediatrics to psychoanalysis*. Karnac. (Original publicado em 1949)

# 10. A clínica psicanalítica e a política

*Maria Helena Saleme*

A elaboração deste capítulo me foi muito difícil, pois escrevi sob o impacto dos massacres no Oriente Médio, o mais horrível do ser humano sendo exibido mundialmente. Não conseguia focar no tema pedido, até porque o próprio tema contém a ideia de poder, de individualismo, de comunidade, de bem comum, de mal comum, da lei do mais forte, da ausência total da lei. Espetáculo terrível que tem patrocínio e lucros do patrocinador. Há nesses fatos um excesso que transborda em muitos de nós e que escapa no meio das frases, no meio dos grupos, no meio da vida.

A política oferece uma estrutura para a organização da sociedade, define regras e normas, distribui recursos e poder, e permite a resolução de conflitos de maneira institucionalizada. É por meio da política que as sociedades buscam alcançar objetivos coletivos, garantir direitos individuais e promover o bem-estar.

A política influencia a psicanálise e o contrário também acontece.

Há várias formas de definir a política, aqui será abordado um conceito geral e o porquê de a política ser necessária.

## *A política é necessária?*

> *Eles não são loucos. Eles são treinados*
> *para acreditar, não para saber.*
> *A crença pode ser manipulada.*
> *Só o conhecimento é perigoso.*
> Frank Herbert

A política desempenha um papel crucial na sociedade: indica o que é necessário, ou não, para a pólis, com o foco no bem comum. A sobrevivência do grupo depende de uma lei que esteja fora do grupo.

Em *Psicologia das massas e análise do ego* (1921), Freud mostrou que o homem é um animal de horda. Precisa do grupo para sobreviver e ao mesmo tempo vive as exigências pulsionais que tendem, em última instância, a destruir o grupo. Há urgência do gozo. O conflito acontece entre a vida e as exigências pulsionais.

Diante desse confronto, o ser humano precisou de uma harmonização entre as pulsões e a sobrevivência. A sobrevivência exigiu que o bem comum tomasse sua importância. Para a continuidade da vida humana foi preciso que um homem limitasse o outro homem e a si mesmo.

As relações primitivas, em certo momento, começaram a ter interdependência, hierarquia simples, cooperação mínima, compartilhamento de recursos e uma comunicação simplificada. Criou-se a política. Esta nasceu *do* e *no* conflito. Trata-se de um conceito complexo, com ela o poder adquiriu novas facetas. O poder, que era provado pela força e pela guerra, encontrou novos meios de ser exercido: o engano e a palavra.

No estudo sobre o poder aprecio a contribuição, entre outros, de três autores: Michel Foucault, Gilles Deleuze e Hannah Arendt. Foucault definiu o poder nas relações, em instituições sociais. De acordo com esse autor, ninguém possui o poder, ele é uma força difusa que está presente em todas as relações. Para Deleuze, o poder é difuso, opera nas relações pessoais, nas subjetividades e nas práticas cotidianas. Ele afirma que o poder molda o desejo e o desejo molda o poder. Já Arendt vê o poder como a capacidade de agir em conjunto. Ela não considera a violência como forma de poder, mas como resultado do fracasso do poder; acredita, sobretudo, que o poder está relacionado à política.

Na Grécia Antiga, ser um político era um cargo honroso e respeitado. Aristóteles (IV a.C./2007) escreve na *Ética a Nicômaco* que a ciência mais importante é a Política, pois indica aquilo que é necessário ou não para a pólis. Fornece os princípios do que é ou não justo. O foco é o bem do Estado, e não do indivíduo; trata-se do bem comum. O bom político era o que dominava a arte da *argumentação* e, assim, exercia poder sobre outros homens. Somente os homens mais dignos e admiráveis poderiam pensar e decidir sobre o que é o bem comum, acima do bem individual. Tratava-se do uso do poder – poder de determinar o bem comum e persuadir os demais políticos sobre esses dados. Por isso a política é reconhecida como a *arte de persuasão*, o caminho que, pela palavra, consegue influenciar o pensamento do outro e criar em conjunto novos pensamentos; e uma forma de exercer poder sobre outro homem. No mesmo eixo do poder, temos o poder da força: a guerra, que se opõe totalmente ao político.

É preciso sublinhar que a política como arte da persuasão não é a política da arte do ilusionismo, do engano, da mentira e do bem individual. Ela é a política ética, que conduz à escolha do bem comum, e não a política do poder sobre o outro, mais importante do que qualquer ética, cujo objetivo do político deve ser alcançado a qualquer custo.

Voltando à questão da guerra, esta seria, então, o fracasso da política e, portanto, o fracasso da palavra. A Primeira Guerra Mundial mudou a relação entre política e guerra. Já à época, o estrategista Carl Von Clausewitz (1780-1831) definiu, sabiamente, que: *a guerra nada mais é do que a continuação da política por outros meios* (famosa tradução livre de suas palavras no livro *Da guerra* – em alemão, *Vom Kriege* [Clausewitz, 1883; Clausewitz, 1994] –, amplamente citada e publicada em diversos textos). E a inversão da ordem dessa máxima também é verdadeira: a política é a continuação da guerra. A guerra é interminável.

Neste ensaio, defendo a ideia de que o ato psicanalítico é incompatível com o ato político, mesmo do ato político que deseja o bem comum. Afirmo, ao mesmo tempo, que o processo psicanalítico pode conduzir o indivíduo a buscar o bem comum. Destaco essas convicções a partir do pensamento de outro filósofo, Vladimir Safatle, que tem trazido importantes considerações no campo da política na contemporaneidade. Outro ponto fundamental de seu pensamento é sua defesa de que a negociação na política não pode ser maior que a ética. Tais questões não ficam de fora da relação analítica, bem como da psicanálise de forma geral. Daí a importância de compreendermos sobre a política em nosso campo.

## *O poder, a política e a psicanálise*

Adentrando em temas tão vastos e importantes, acabamos por usar palavras que têm vários sentidos e que estão marcadas pela história. A palavra poder, por exemplo, pode determinar algo admirável e importante e/ou algo deplorável e aterrorizante. Quando pensamos no poder exercido no nazismo, nas ditaduras, horrorizamo-nos com o poder que cala os sujeitos, que violenta os corpos e os pensamentos. Já quando pensamos no poder do conhecimento, deparamo-nos com um poder que salva.

Quando pensamos na política, podemos pensar no exercício do engano para obter ganhos pessoais ilícitos ou na arte de discutir ideias e em uma comunidade que pretende o melhor consenso. Temos um ponto fundamental que modula as ideias de política e de poder à procura do bem individual ou do bem coletivo.

Freud criou um método que preservava o máximo possível o trabalho psicanalítico do social, portanto, da política também. Tentou criar um tipo de relação mais protegida das normatividades instituídas. Criou um espaço de resistência à normatização, sendo resistência a procura de uma libertação possível. Campo aberto pela regra mais importante do encontro analítico: *fale o que lhe vier à cabeça, com a menor crítica possível.* Com a posição deitada do paciente, ocorre uma quebra com a forma utilizada frequentemente nos encontros.

O analista *ouve*.

Os encontros são sempre feitos em um espaço privado protegido. Não há trocas sociais nesse espaço; há um afastamento da realidade externa e aproximação da realidade interna.

Todos esses instrumentos foram inventados por Freud para liberar a relação analista-analisando da *normatização* provocada pelo poder. O poder tem a homogeneização como uma forma de controle, pretende animais de rebanho para governar, não animais de horda.

A configuração do encontro analista-analisando criada por Freud tenta excluir as forças que dificultam a experimentação dos encontros e de si próprio. São tentativas de outro tipo de poder diferente da soberania. São encontros imbuídos de política sim, mas oposta à normatização do outro.

Penso no ser humano como um animal de horda que modulou sua violência nos encontros felizes, nos encontros que, segundo Espinoza, aumentam a potência. São esses encontros que vão colocar o vetor do comum e do individual.

## *Estratégias de soberania*

Vivemos no tempo de estilos de vida "desejáveis", que determinam, a quem os seguem, a marca de poderoso, respeitável, bonito, amado. É uma época cujo mundo parece tender fortemente para a linha da repressão do pensamento. Há "o" modo certo de pensar e de ver o mundo.

Recorrendo novamente ao pensamento de Freud em *Psicologia das massas e análise do ego* (1921), nesse texto ele teoriza o narcisismo das pequenas diferenças, quando apresenta e explora a ideia de que o sujeito não suporta a convivência com o diferente, com um outro. A violência, o confronto sangrento, o assassinato, passam a ser compreendidos por essa teoria. Assim, entendo ser possível que algumas guerras são motivadas por esse narcisismo das pequenas diferenças.

Nesse mesmo texto de 1921, Freud formula que o homem não é um animal de massa, "é um animal de horda" (p. 154). Considero essa afirmação um apontamento incontornável. Pensando acerca dessa afirmativa freudiana – *o homem é um animal de horda* –, lembrei-me de uma experiência interessante que tive em uma viagem há alguns anos. Assisti a uma luta entre dois hipopótamos. Esses animais habitam em rios e em pequenos grupos compostos de um hipopótamo macho, e líder, e várias fêmeas. Se outro macho invade o espaço do líder, inicia-se uma luta que só é interrompida com a morte de um dos dois. Assim funciona a horda. Nenhum outro animal, incluindo o homem, sobrevive no terreno em que o hipopótamo líder considera dele. As guerras brutais são a demonstração do animal de horda.

Vejamos algumas técnicas de soberania em nosso tempo.

A religião pode ser uma forma potente de homogeneização, um exemplo disso em nosso meio ocorre, atualmente, pela pretensão de formar "psicanalistas religiosos", criando faculdades, cursos rápidos, enfim, um simulacro do processo de formação de analista.

Outra forma poderosa de mediocrizar as pessoas é a medicalização fácil, rápida, de qualquer pessoa que se destaque daquilo que é coletivamente considerado "normal". O alienista contemporâneo é o que separa o "normal" do "diferente". Em nosso tempo, ele medica, enquadra e normatiza.

Não conseguimos falar sobre política sem usar a palavra poder. Há vários dispositivos de poder – o econômico, o religioso, o político, o epistêmico, o científico e outros.

A nossa política atual é a política que normatiza, que pretende (e, muitas vezes, consegue) influenciar fortemente o pensamento do outro. Somos bombardeados todo o tempo por palavras de ordem vestidas de *boa intenção de melhorar nossa vida*, que indicam o que devemos fazer, vestir, pensar.

De outro lado, surgem mais e mais violências urbanas, guerras, ataques, agressões. Haverá alguma relação entre essa dócil obediência e o crescimento exponencial da violência?

O "bem-estar" está sendo destruído por uma imagem que vende um falso "bem-estar"?

É possível que essa domesticação seja uma violência contra o próprio indivíduo, que provoque a crueldade e a barbárie?

Como já vimos, Freud procurava criar um ambiente para seu trabalho e uma forma de relação com seu analisando que destoasse do nosso modo habitual de existirmos. Quando diz "diga o que lhe vem à cabeça, com a menor censura possível", opõem-se totalmente ao "correto", que seria "fale o que acha que eu gostaria de ouvir para que você seja amado".

Deleuze (1998) afirmou que, como consequência ao adestramento, o homem passou a se afastar de si. Seus pensamentos foram violentados produzindo dispersão e violência. Pensamentos que não se abrem a outros pensamentos, presos a tolices, "que se definissem no movimento de aprender e não no resultado de saber, e que não deixassem a ninguém, a poder algum, o cuidado de 'colocar' questões ou de 'criar' problemas" (p. 21).

A proposta de Freud, portanto, seria um encontro de criação de pensamentos, que não sabe e não ensina, ouve e problematiza, faz circular o que ouviu e a imagem que criou dentro de si. Isso vale para o analista e para o analisando.

A psicanálise faz caminhar. Mas para onde? Para onde os fluxos do encontro levarem. Seria um encontro no qual o discurso de um não seja superior ao do outro? Raros encontros são assim, mesmo nas melhores análises. Freud colocou como meta uma fala livre e um ouvir livre. A sua proposta inclui *a menor censura possível*. Surge então, como oposição, a moral, aliada da ética. E é a ética que nos dirige aos nossos pensamentos.

Esse tipo de encontro promove a troca de ideias e o afastamento da docilidade enquanto submissão. Assim, a psicanálise é compatível com a política que busca o bem comum. A política que pode mudar o pensamento do outro pela argumentação; que é libertária e oposta em todos os pontos ao político que busca na política a realização de sonhos individuais de poder. A psicanálise não resolve o mal-estar, convive com ele, como bem apontou Freud em *O mal-estar na civilização*, de 1930.

A medicalização, bem como as religiões, como mencionei a título de exemplo, são muito úteis para nos colocar na "vida desejável" à qual me referi anteriormente – uma vida de bem-estar constante e infinito, tendo controle dos desejos, do corpo, do envelhecimento. Nesse mundo, no qual não trocamos pensamentos, se eles não forem iguais ao do interlocutor, não discutimos posições políticas e não trocamos ideias porque há "o" modo certo de pensar, de falar, de sentir. E a ética anda perdendo lugar para a moral, para a norma.

O psicanalista vive nesse mundo, portanto, deve cuidar muito da sua liberdade de pensamento e da ética. A psicanálise vive do imprevisto, daquilo que surge no encontro, dos atos falhos, dos sonhos, da possibilidade de amar o outro pelo que ele é. Já a política, na concepção ética trazida por Foucault (2000), é uma resistência ao poder controlador. Penso que a psicanálise poderia ser incluída nessa prática de resistência ao poder – um encontro que fortalece a potência e o movimento.

Vivemos e criamos uma sociedade que sente muito medo. Medo de mudar e de se expor à violência que pode surgir por qualquer livre pensar em uma comunidade que controla o corpo e as palavras, que está totalmente inserida na política do controle e da repressão.

Aí lembramos da afirmação de Freud: *fale o que lhe vier à cabeça, com a menor censura possível.* Por isso, a psicanálise é um escape a essa contenção. Porque não diz o que é normal ou não, a psicanálise ouve e com esse ato provoca um rearranjo no aparelho psíquico.

Será que a psicanálise pode se excluir da colonização capitalista? O psicanalista consegue se abster dessa busca insidiosa de poder? Nos *Diálogos* de Deleuze e Parnet (1998), os autores apresentam a ideia – com a qual concordo plenamente – de que o analista poderia – e deve – parar de procurar ser amado e alimentar a potência de amar.

Freud (1914), em sua introdução ao narcisismo, discorre sobre uma quantidade de libido dirigida ao mundo e uma mesma quantidade dirigida ao sujeito. Essa energia deve estar balanceada, ou seja, a quantidade de amor dirigida ao outro deve equivaler ao amor dirigido a si próprio. Por que vivemos nessa busca incessante e insidiosa por sermos amados e temos tanta dificuldade em amar o outro?

Entre os contos de Machado de Assis, gostaria de citar *Na Arca*. Nesse conto, Machado de Assis descreve a chegada da família de Noé em terra firme e como habitaram essa nova terra. Noé deu a cada um dos dois filhos um pedaço de terra de igual tamanho, para que ali produzissem. Os filhos argumentaram que como só existiam eles naquele lugar, poderiam usar o rio como referência, as terras do lado direito do rio seriam de um deles e as do lado esquerdo de outro. Assim foi feito. A história progride e eles começam a brigar pelas margens do rio e depois pelo próprio rio.

Será que é disso que se trata? É necessário ter mais do que o outro? É necessário ser mais do que o outro? Esse texto traz uma questão constante, nada de extraordinário e original, mas é minha questão. O homem é um animal de horda? A partir dela, levanto outras questões. Dito de outra forma, por que os homens se matam mutuamente? Por que tanto para uns e nada para outros? É possível entender a violência humana por meio do conceito de narcisismo das pequenas diferenças?

Pode a psicanálise nos ajudar a suportar o lugar de exclusão dado aos que não se deixam colonizar? A homogeneização para governar é determinar o que se deve fazer para ser amado pelo outro? Como aumentar a potência de amar e diminuir a necessidade de ser o mais amado?

A meu ver, a partir dessas perguntas, Freud ecoa em nossos ouvidos: fale o que lhe vier à cabeça com a menor crítica possível. Tentemos uma relação diferente de todas que conhecemos. Trata-se de um convite para um novo tipo de relacionamento, sem as normas sociais pelas quais fomos adestrados.

A psicanálise é um instrumento de transformação em si mesmo, e não transformação moldada pelo desejo do outro. A psicanálise que Freud inventou e teorizou, será a psicanálise que praticamos?

Não afirmo que Freud tenha atuado pensando nas subjetividades possíveis. Freud nos deu a possibilidade desses pensamentos, junto com uma série enorme de pensadores que nos puxaram da multidão.

## *Novas tentativas*

No início de seu trabalho, Freud acreditou em uma harmonia possível entre o sujeito e a civilização. Ele defendeu a ideia de que o sujeito vive constantemente o conflito entre as pulsões e a civilização. No começo do século XX, acreditava que esse conflito poderia se harmonizar. Já em um segundo momento, afirmou que tal harmonia seria impossível. Falamos, no começo deste capítulo, que aí surgiu a política enquanto uma arte de persuasão.

Joel Birman (2016), aponta que Freud lidou e falou sobre uma sociedade da modernidade, embora não tenhamos unanimidade entre autores sobre o exato período chamado de modernidade. Alguns, por considerarem um novo tempo na atualidade, denominam o período atual de pós-modernidade; já os europeus, em geral, formulam que ainda estamos na modernidade. Penso que poderemos delimitar mais bem esse período quando nos distanciarmos mais dele.

A característica fundamental da modernidade é o respeito pela ciência em detrimento do divino. Como afirma Birman (2017), "a constituição da modernidade representou o autocentramento do sujeito no eu e na consciência... [Ela] é autocentrada no indivíduo. A individualidade é a categoria fundamental que define o ideário da modernidade, sem a qual esta é impensável" (p. 39). Ele acrescenta mais à frente:

> *A* razão científica *torna-se marca distintiva do homem, o que lhe confere* soberania *e* autonomia *não apenas diante da natureza, como também em face do mundo divino. Portanto, é apenas a racionalidade científica que pode arguir sobre a veracidade dos enunciados e dos juízos. Em decorrência disse, a* tecnologia *se transforma no instrumento por excelência do exercício da sabedoria humana, uma vez que a técnica verifica na prática a verdade formulada pela razão científica, isto é, por seu impacto e pelas transformações que possibilita na natureza e na sociedade. (Birman, 2017, p. 41, grifos do original)*

É importante não perdermos de vista que a psicanálise e a política às quais me refiro são as desta modernidade, pensando também que essas duas teorias acompanham a passagem do tempo e que estão sendo reformuladas com todas as mudanças que estão ocorrendo no século XXI.

O Freud de 1908, em *A moral sexual "cultural" e o nervosismo moderno*, acreditava que a psicanálise poderia ajudar o sujeito a viver em paz e harmonizar as pulsões e o social. Mas, em 1930, já não acreditava mais nessa possibilidade de tranquilidade entre esses dois polos. Afirmou, em *O mal-estar na civilização*, que o mal-estar reside na incompatibilidade entre o desejo e a civilização. Freud desiste da possibilidade de "resolver" esse mal-estar. A partir de então, pondera que a psicanálise poderia ajudar na gestão de tal conflito, mas jamais daria conta dele.

Sublinho que uma mudança importante ocorreu na psicanálise, pela leitura de Freud sobre o social. Fundamentalmente, ele incluiu o conceito de desamparo e teorizou sobre o mal-estar entre o sujeito e a modernidade; ou seja, incluiu a ética e o social. Alguns psicanalistas acompanharam a novidade teórica em sua clínica, outros ignoraram essa mudança.

Voltando ao livro *O mal-estar na atualidade*, nele, a respeito do nosso tempo, Birman (2016) afirmou que:

> *Com efeito, como discurso teórico a psicanálise perdeu suas dimensões* ética e política, *ficando restrita a uma mera perspectiva terapêutica, em que a harmonia do sujeito no campo social seria a sua finalidade maior. Assim a psicanálise incorporou, no seu corpo teórico, uma perspectiva* normativa, *pela qual a* medicalização *do* social *pode se realizar sem resistências, na medida em que foi silenciado o potencial crítico da tese sobre o mal-estar na modernidade. (p. 135, grifos do autor)*

Reitero concordando com as palavras de Birman, nesse sentido aqui exposto, a psicanálise tornou-se *normativa*. No livro *A normopatia na formação do analista* (Saleme, 2008), mostro esse caminho sendo aberto por Ernest Jones e a Sociedade Psicanalítica de Berlim. A psicanálise se tornou política nesse momento. Significa que muitos psicanalistas perceberam o movimento da vida e de que esta se tratava da gestão de conflitos. Outros não perceberam essa mudança e não se deram conta de que viviam no mesmo mundo que os analisandos.

Freud apresentou como acontece a gestão do conflito de forças no texto *Pulsão e suas Vicissitudes* (1915). O movimento inicial, natural do ser humano, é a descarga do mal-estar, o que é incompatível com a vida. Para a vida ser possível, a energia do mal-estar *precisa ser retida* no organismo. Uma parte dessa tensão, da energia elevada, é contida no corpo do recém-nascido. Essa contenção só pode ocorrer pela ação de Eros, pela energia que vem de um outro que recebe a descarga e a envolve com Eros, alimentando a vida por meio da libido. Isso nos mostra como a vida vem de outro humano, em um processo instável e surpreendente para todos que participam dessa experiência.

Retomando as duas possibilidades de compreensão na clínica psicanalítica. São duas apreensões muito distintas, oriundas de momentos bastante diversos. Em uma primeira visão, que permanece, infelizmente, em muitas análises, a psicanálise não abrange as perspectivas éticas e a política. Nesta perspectiva, o fundamental é a terapêutica visando à harmonia do campo do sujeito no campo social, conforme dito antes. Mas, em uma segunda concepção, a psicanálise praticada é a que entende que o conflito entre as pulsões e a civilização jamais será resolvido. Há a compreensão de que esse embate exigirá uma gestão permanente, por toda a vida do sujeito.

Com esses dois prismas em jogo, vemos que a psicanálise ganhou uma perspectiva ética e política. Evidencia-se a vida vivida como um ato político e ético na administração das pulsões frente a civilização; vida que pode mudar a qualquer momento e, portanto, deve ser administrada e equilibrada permanentemente. A outra possibilidade seria a vida com a ilusão de controle das angústias, dos impasses e da dor psíquica. A vida da igualdade e das repetições.

Na clínica, a postura do psicanalista é fundamental para que exista o trabalho analítico, e a ética é o suporte essencial da dupla analista-analisando para o reconhecimento das afetações e busca do que podem significar na história pessoal de ambos, *da dupla*. O analista é afetado e afeta o analisando, um encontro vivo. O psicanalista, tela em branco, é um fantasma.

A análise é um encontro entre duas pessoas, com seus corpos, suas psiques e suas histórias, por meio das palavras. De um analista que conhece o sofrimento do encontro com o desamparo e que pode sobreviver à experiência de acompanhar o analisando na convivência com o desamparo. Não suportar esse encontro abre portas para soluções onipotentes e mágicas. Propicia o apagamento das diferenças pela normopatia e a consequente subserviência, favorecendo a idealização e a normatização. O trabalho psicanalítico tem como ajudar a suportar o desamparo e evitar as saídas que provocam desamparo ainda maior.

Enfim, quero reforçar a ideia de que a política faz parte diretamente da vida da psicanálise, e que os encontros podem nos modificar.

Não sabemos do amanhã, a vida é instável e justamente aí mora sua beleza, nas possibilidades, nas surpresas que nos conduzem a mudanças, por vezes criativas e repletas de novos ensinamentos e compreensão do mundo e das relações.

Para isso, precisamos suportar nosso desamparo, seja como pai, mãe, psicanalista, médico etc. Em todos os lugares que ocupamos ele está junto conosco. Renunciar à crença de onipotência pode inclusive ser uma força propulsora em caminhos na direção da esperança e da satisfação.

Talvez aí possamos ser diferentes uns dos outros e nos ajudarmos mutuamente, sem que isso seja aterrorizante.

## *Referências*

Assis, M. de. (1994). Na Arca. *Obra Completa* (Vol. II). Nova Aguilar.

Aristóteles (IV a.C./2007). *Ética a Nicômaco*. Edipro.

Birman, J. (2016). *Mal-estar na atualidade: a psicanálise e as novas formas de subjetivação*. Civilização Brasileira.

Birman, J. (2017). *Arquivos do mal-estar e da resistência*. Civilização Brasileira.

Clausewitz, C. von. (1883). *Vom Krieg. Hinterlassenes Werk des Generals*. Richard Wilhelmi.

Clausewitz, C. von. (1984). *On war*. Howard, M., Paret, P. (Ed. e Trad.). Princeton University Press.

Deleuze, G., & Parnet, C. (1998). *Diálogos*. (E. A. Ribeiro, Trad.). Escuta.

Foucault, M. (2000). *Microfísica do poder*. Graal.

Freud, S. (1908/2015). A moral sexual "cultural" e o nervosismo moderno . In *Obras completas* (P. C. Souza, Trad.; Vol. 8). Companhia das Letras.

Freud, S. (1914/2010). Introdução ao Narcisismo. In *Obras completas* (P. C. Souza, Trad., Vol. 12, pp. 37-48). Companhia das Letras. ano da obra consultada.

Freud, S. (1920/2010). Além do princípio do prazer. In *Obras completas* (P. C. Souza, Trad.; Vol. 14). Companhia das Letras.

Freud, S. (1921/2011). Psicologia das massas e análise do eu. In *Obras completas* (P. C. Souza, Trad.; Vol. 15). Companhia das Letras.

Freud, S. (1930/2010). O mal-estar na civilização. In *Obras completas* (P. C. Souza, Trad.; Vol. 18). Companhia das Letras.

Saleme, M. H. (2008). *A normopatia na formação do analista*. Escuta.

## Bibliografia

Deleuze, G. (2013). *Conversações* (P. P. Pelbart, Trad.) . 3. ed. Editora 34.

Hardt, M., & Negri, A. (2016). *Bem-estar comum*. Record.

Le Rider, J. (2002). Cultivar o mal-estar ou civilizar a cultura? In Le Rider, J., Plon, M., Raulet, G., & Rey-Flaud, H., *Em torno de O mal-estar na cultura, de Freud*. Escuta.

Papeti, G., Silva Junior, J. P., Persicano, M. L. S., & Mello, S. A. R. de. (Orgs.) (2022). *Psicologia das massas: um século de pensamento crítico*. Blucher.

# 11. Intersetorialidade e psicanálise: a política do Um pelo avesso

*Paulo Bueno*

Neste ensaio iremos propor que o modelo intersetorial é uma interessante proposta de planejamento, execução e avaliação das ações estatais no campo das políticas socioassistenciais. Trata-se de um modelo concorrente àquele vigente, o chamado modo setorial. Este é atravessado por uma lógica de funcionamento a qual denominamos "Política do Um". É importante considerarmos que os psicanalistas que atuam como profissionais dos equipamentos socioassistenciais estão a serviço dos planos de intervenção do Poder Executivo do Estado, de tal modo, que essa discussão concerne também à psicanálise.

Organizamos o ensaio em quatro tópicos. No primeiro faremos uma breve apresentação de alguns pressupostos da filosofia política clássica. Em seguida, traremos alguns pontos de aproximação e outros de distanciamento entre o modelo de unidade da filosofia política hobbesiana com a proposta freudiana de unificação, contida, sobretudo, em *Psicologia das massas e análise do eu*. No terceiro tópico avançaremos em direção à crítica lacaniana à chamada Política do Um. No quarto tópico, trabalharemos a noção de intersetorialidade e os impasses que ocorrem na experiência de sua implementação, explorando algumas vinhetas institucionais. No último tópico, continuaremos trabalhando com vinhetas institucionais, dessa vez, articulando o debate da intersetorialidade à política do discurso do analista (que constitui o avesso da Política do Um).

## *Política e unidade em Hobbes*

Em filosofia política, campo do qual procede o conceito de Estado, há um autor incontornável: Thomas Hobbes. Assim como Freud no nosso campo, a obra de Hobbes é incontornável na medida em que tudo o que se produziu depois dele é uma derivação, uma reformulação ou oposição às suas ideias. Um dos motivos de nosso interesse em sua obra é o fato de Hobbes comparecer como importante referência em alguns dos chamados textos sociais de Freud. O outro motivo é o de que os termos política e unidade são alçados ao primeiro plano das discussões. Há, inclusive, uma interessante observação a respeito: Douzinas (2009, p. 82) avalia que seria impossível a qualquer leitor contemporâneo de Hobbes distinguir a teoria política da teoria jurídica em seus escritos – essa separação que, do lado dos juristas, tornou-se inconciliável em nossos tempos.

As definições clássicas de Estado, enquanto categoria política, reconhecem três elementos que lhe são constituintes: povo, território e soberania. Em trabalho recente, indicamos que há um quarto elemento decisivo que atravessa a definição dos três anteriores, que é a noção de unidade.[1] Nesse mesmo trabalho, mostramos que a concepção jurídica de Estado ganhou prevalência em relação à concepção política nas discussões contemporâneas. Neste ensaio, iremos articular esses dois pontos excluídos das definições jurídicas de Estado: a política e a unidade.

A mais célebre tese de Hobbes é a de que os indivíduos, abandonados ao estado de natureza, se digladiariam. A premissa é a de que "os homens, quando desejam a mesma coisa e não podem desfrutá-la por igual, tornam-se inimigos e . . . tratam de eliminar ou subjugar uns aos outros" (Hobbes, 1651/2014, p. 107). Desejando o mesmo objeto e diante da escassez, há a luta. No estado de natureza

1 O trabalho ao qual fazemos menção é a tese da qual se extrai o presente texto – Bueno (2021).

não seríamos homens e mulheres, apenas lobos. Daí a necessidade da passagem do estado de natureza para o estado civil. No primeiro, haveria uma guerra permanente; no segundo, haveria uma força superior produzida pela coesão dos súditos, que é o poder soberano. Essa força superior seria responsável pela resolução dos conflitos. Em nome da segurança, transferiríamos parte de nossa liberdade ao Estado por meio de um contrato, comprometendo-nos a obedecê-lo.

Na ausência desse contrato, a equivalência de forças entre os homens e a confluência de seus desejos conduziriam à guerra civil, pois, coincidindo os bens desejados e considerando a limitação de recursos em relação a esses bens, os homens usariam da força para obter aquilo que almejassem. A equivalência entre as forças não permitiria uma dominação e a consequente instituição de um período estável de paz, pois aquele que mata pode ser imediatamente morto por outro mais forte. Com o processo podendo se repetir infinitamente.

Daí a necessidade de definir o conceito de poder, pois ele está na base da mitologia de Hobbes. O poder é entendido como o conjunto de meios disponíveis para alcançar, no futuro, algum bem pretendido.

> *O maior de todos os poderes humanos é o poder integrado de vários homens unidos com o consentimento de uma pessoa natural ou civil: é o poder do Estado ou aquele de um representativo número de pessoas, cujas ações estão sujeitas à vontade de determinadas pessoas em particular, como é o poder de uma facção ou de várias facções coligadas. (Hobbes, 1651/2014, p. 80)*

Em termos políticos, para Hobbes, unidade se traduz em poder. Por isso a integração em grupos é essencial para a sustentação política. O pressuposto que habita sua teoria sobre o estado civil é o de que não haveria civilização sem a unificação e delegação do poder a uma certa instância. Por isso, a primeira lei natural que obriga a agir na busca pela paz é seguida por outra que exige a renúncia de direitos e liberdade (Hobbes, 1651/2014, p. 111). Essa renúncia é formalizada por meio de contratos e pactos civis, que realizam a transferência de direitos. Daí o surgimento de uma terceira lei que exige que os homens cumpram tais acordos. Para Hobbes (1651/2014, p. 120), essa lei constitui origem e fonte da justiça, pois dá a definição de injustiça, que é o rompimento do pacto firmado. Ou seja, o jurídico se funda na circunscrição do campo da injuridicidade.

Retomemos o ponto que estabelece que a política necessariamente tem que lidar com a questão da unidade. Esta é uma premissa que atravessa a principal obra de Hobbes transversalmente. Leviatã, que intitula o livro, é a alegoria escolhida para representar a soberania. Trata-se de uma figura bíblica que aparece no livro de Jó; é um poderosíssimo e assustador monstro marítimo minuciosamente descrito por Deus ao mais fervoroso de seus fiéis. Hobbes (1651/2014) busca mostrar que, assim como a besta do mar, o Estado, "pelo temor que inspira, é capaz de conformar todas as vontades, a fim de garantir a paz em seu país" (p. 142). A compreensão não é de grande complexidade: se há direitos naturais, há também paixões naturais. A função soberana é a de garantir a segurança de todos aplacando a força dessas vontades e punindo quando necessário. Daí a justificativa da escolha em representar o Estado como algo grandioso e amedrontador, para que possa inibir eventuais transgressões dos pactos que são estabelecidos. O medo, assim, se apresenta em dois tempos: primeiro como afeto que impulsiona a união entre os homens e a renúncia aos direitos naturais, depois como aquilo que mantém essa unidade pela via da intimidação. Dessa forma, dirá o inglês, "a multidão assim unida numa só pessoa passa a chamar-se Estado" (Hobbes, 1951/2014, p. 142).

A ilustração que estampa a capa da primeira edição do livro em 1651 tornou-se a mais importante imagem da filosofia política moderna, de acordo com Agamben (2018, p. 35). Infelizmente não poderemos nos deter nos pormenores do interessante ensaio iconológico que o autor italiano faz dessa imagem, mas destacaremos algumas pequenas observações que servem aos nossos objetivos. A imagem revela o peito desnudo, os braços e a cabeça do soberano. Aquilo que está sob a cintura se mantém ocultado. A parte abaixo do pescoço é formada pelo conjunto de diversas cabeças pequenas, que constituem a multidão do pacto unificador. A cabeça é humana e sustenta uma coroa. A mão direita carrega uma espada, emblema do poder temporal, e a mão esquerda sustenta um báculo pastoral, que simboliza o poder religioso (Agamben, 2018, p. 42). O grande ponto dessa imagem é o fato de que transmite uma importante ideia que, desde então, se instaurou na filosofia política ocidental: a do corpo político. A sociedade como corpo político, com o funcionamento fisiológico de um corpo humano, constituído pelos súditos, animado por uma alma soberana e que encontra a morte na guerra civil, como destaca o próprio autor na primeira página da obra (Hobbes, 1651/2014, p. 21). A soberania é a alma do corpo e a guerra civil, sua morte. Sem a unidade da multidão, a manutenção da vida do Estado se torna impossível. Daí a inevitável consequência (ou seria a causa?) de que toda política de Estado na modernidade se estabelece como política do Um, da busca pela unificação.

## *Unificação das massas*

Freud não poupou esforços em sua investigação sobre a natureza psíquica dos processos de unificação dos grupos. A tarefa em identificar em alguns de seus textos a inspiração da filosofia hobbesiana não é das mais difíceis. Podemos encontrar em *Totem e tabu* (1912-1913/2012) a passagem do estado de natureza para o estado civil, através do pacto fraterno que sucede o parricídio – pacto que limita o direito a gozar livremente do corpo do semelhante. Em *Mal-estar na cultura* (1930/2020) há também uma referência à concepção de que a sociedade se funda na renúncia pulsional, mais especificamente na renúncia à pulsão de morte. Há outras referências diretas e indiretas, mas essas que acabamos de mencionar são suficientes para nossos objetivos. O que nos interessa é indicar, assim, brevemente, que a concepção freudiana de civilização (ou cultura) tem uma marca hobbesiana. Portanto, o imperativo da unidade também se apresenta em suas elaborações.

Em *Psicologia das massas e análise do eu* (1921/2020), Freud trabalha a questão da unificação dos grupos de maneira bastante original. O ponto de partida é a apresentação de questões comuns à época, como "o que é uma massa psicológica?" ou "como as massas influenciam os indivíduos?". Le Bon e Macdogall, dois autores cujos trabalhos passaram pela apreciação freudiana, formularam perguntas buscando compreender como a massa opera sobre seus integrantes.

Freud se opõe não apenas às conclusões de Le Bon, mas também à perspectiva assumida pelo autor, pois opera uma inversão na forma de abordar o problema. Já não se trata de perguntar como a massa exerce seu poder, mas sim de como o sujeito participa em sua adesão ao grupo. Essa participação supõe uma economia libidinal, processos identificatórios e vínculos eróticos. Ao produzir esse deslocamento de perspectiva, Freud altera a própria noção de massa, que não pode mais ser definida somente como aquilo que submete um indivíduo. Há um acréscimo de complexidade no processo de unificação do grupo que é o da participação subjetiva em sua formação. Ou seja, a dominação ocorre por meio dos sujeitos, e não apesar deles.

Não basta a observação de que uma massa tende a um comportamento homogêneo e de que por meio dela se realiza a dominação. É preciso adicionar a essa constatação o fato de que o engajamento acontece de maneira singular em cada um dos componentes do grupo. Isso implica a colocação em cena de problemas que até então não haviam sido explorados, como o elo que se forma entre os agrupados. Este é o primeiro apontamento que Freud faz em relação a Le Bon (Freud, 1921/2020, p. 141). Outra acusação que Freud faz aos autores que trabalharam o tema é o de não terem se aprofundado na relação que o sujeito estabelece com o líder. Embora Le Bon compare a submissão ao grupo com a hipnose, curiosamente omite a relação entre o hipnotizado e o hipnotizador.

Outro autor criticado por Freud é Trotter, que propôs que a humanidade é uma espécie cujo comportamento de solidariedade e união tem raízes em um instinto gregário. Essa tese foi cabalmente desmontada com diversos argumentos por Freud, dentre os quais destacamos a ausência de menção à questão da liderança; "a essência da massa não seria compreensível se negligenciássemos o líder. O instinto gregário não deixa absolutamente nenhum espaço para o líder; este só é adicionado ao rebanho acidentalmente" (Freud, 1921/2020, p. 195). Seria incompreensível porque a constituição do grupo passa pelos vínculos horizontais e verticais. Em outros termos, a manutenção da coesão da massa pressupõe ligações amorosas que a sustentem enquanto tal. Sem essas ligações libidinais, o grupo se dissolveria – antes disso, talvez sequer fosse constituído. Portanto, não caberá uma explicação biologizante para o fenômeno.

O caminho percorrido por Freud foi outro. O primeiro passo foi compreender o porquê do poder de sugestionabilidade operar de maneira tão intensa em um grupo. Para tanto, baseou-se nos estudos sobre hipnose, retomando uma velha tese de que o paciente coloca o pai no lugar do hipnotizador. Mais preciso seria dizer que a autoridade passa a ocupar tal lugar, e por esse motivo as ordens do hipnotizador têm efeito. No texto, Freud depura essa afirmação, resultando em uma fórmula mais precisa, que indica que o objeto de amor (pai ou líder) é colocado no lugar do Ideal de Eu. Lembremos que em 1921 ainda não havia sido desenvolvido o conceito de Supereu, portanto o Ideal de Eu condensava as funções de instância moral e vigilância do Eu. Desse modo, a submissão ao hipnotizador tem como base a obediência às injunções supereuoicas. Isso explica a completa entrega do hipnotizado aos comandos que lhe são dirigidos, assim como àquela do sujeito aderido a uma massa. Freud (1921/2020) chega a indicar que "a hipnose é uma massa a dois" (p. 190), pois possuem a mesma estrutura no que tange à relação vertical. A diferença é que o grupo é constituído por diversos sujeitos que elegem o mesmo objeto de liderança, que ocupa o lugar de Ideal do Eu de cada um dos integrantes. A consequência dessa operação primeira é a identificação horizontal entre eles, de modo que se mantêm ligados pelo fato de haver esse elemento comum que une (Freud, 1921/2020, p. 192).

É importante que façamos duas observações acerca da liderança antes de passarmos adiante. A primeira é a de que devemos compreendê-la como uma função – função de unificação do grupo. Outra observação fundamental é a de que o líder não necessariamente será encarnado em uma pessoa. Freud lança mão de dois exemplos, o primeiro foi o da organização militar, com suas subdivisões e hierarquia rígidas, que se caracteriza como uma massa de indivíduos com lideranças encarnadas: há generais, comandantes, majores etc.; em seguida, discorreu sobre a Igreja Católica, como exemplo de uma massa que teve um líder em sua fundação, mas que se manteve através dos ideais por ele propagados, donde a Igreja surge como um caso que se origina pela eleição de um líder, realizada por um grupo de fiéis, mas que deve sua coesão às ideias que se ligam a ele.

> *Estaríamos sobretudo ocupados com a diferença entre as massas que possuem um líder e as massas sem líder. Deveríamos averiguar se as massas com líder são as mais primordiais e as mais completas; se nas outras o líder não pode ser substituído por uma ideia, por uma abstração, para a qual as massas religiosas, com seu chefe invisível, já constituem a transição; se uma tendência comum, um desejo, do qual uma quantidade de pessoas possa fazer parte, não poderia fornecer o mesmo substituto. Essa abstração poderia, por sua vez, encarnar-se mais ou menos*

> *perfeitamente na pessoa de um líder, de alguma forma secundário, e da relação entre ideia e líder resultariam interessantes variedades. O líder ou a ideia condutora poderiam também, por assim dizer, tornar-se negativos; o ódio contra uma pessoa ou instituição poderia, da mesma forma, ter um efeito unificante e produzir ligações afetivas semelhantes, tal como a dependência positiva. Além disso, devemos perguntar se o líder é realmente indispensável para a essência da massa. (Freud, 1921/2020, p. 173)*

A citação é digna de que a comentemos ponto a ponto. Primeiro: é colocado em questão se de fato o líder é essencial à massa. Freud chega a sugerir que talvez seja uma figura secundária. Isso nos abre a possibilidade de pensar o lugar da liderança como uma função. Segundo: na mesma linha, introduz-se a noção de uma massa sem líder, com uma ideia ocupando esse lugar. Terceiro: hipotetiza-se que o desejo possa cumprir essa função. Aqui haveria um obstáculo teórico a partir da formulação lacaniana de desejo que, por definição, é do campo da singularidade. De tal modo, que não é concebível pensarmos em uma identidade de desejos para a constituição de uma massa. Entretanto, se liberarmos essa hipótese daquilo a que se refere diretamente, podemos encontrar nela um embrião para a concepção de que a massa unificante se erige sobre algo da ordem do singular. Não como uma identidade de singularidades, mas como algo que só pode emergir pelo fato de que em cada um há algo radicalmente distintivo em sua origem. Quarto: a expressão "ideia condutora" nos remeterá ao poder de comando que reveste a função unificante. Quinto: Freud menciona a reunião em torno de um outro afeto, o ódio. Para tanto, haveria uma ideia que colocaria em funcionamento esse circuito afetivo grupal. Desses pontos, concluímos pela prescindibilidade do líder para a coesão das massas, que podem se constituir, inclusive, movidas pelo ódio em comum ao inimigo. Outra conclusão que podemos extrair é da centralidade da ideia para o cumprimento da tarefa unificadora. Poderíamos encontrar termos mais adequados para falar dessa ideia que ocupa o lugar de um Ideal de Eu, como um significante que sustenta um ideal ou um conjunto de ideais.

## *Política do Um*

A Política do Um é aquela que tem como objetivo unificar a multidão dispersa. A história da formação do Estado moderno – e consequentemente da filosofia política dos últimos séculos – é completamente atravessada por essa premissa. Em tal contexto se assenta a importância de *Psicologia das massas e análise do eu*, porque nessa obra Freud demonstrou que as massas se reúnem em torno de uma ideia condutora, sobre a qual eventualmente se sustenta uma figura de liderança. Essa ideia ou ideal é um significante em termos lacanianos, pois todo ideal é um significante oriundo do campo do Outro (Soler, 2016, p. 22). Ou seja, não devemos conceber o ideal como uma abstração, ele tem uma materialidade – a materialidade significante. No caso da formação de grupos que têm a estrutura descrita por Freud, trata-se de um significante que possui função de comando, de condução da massa. Um dos nomes possíveis para ele é o de significante Um, e assim passaremos a designá-lo.

Nesse sentido, é interessante retomarmos a discussão acerca da conexão entre política e poder à luz do significante Um. Como aponta Bobbio (1997), "não há teoria política que não parta de alguma maneira, direta ou indiretamente, de uma definição de poder" (p. 76). Política, Estado, unificação e poder são termos intimamente correlacionados. Política é o poder de decidir sustentado por aquilo que Hobbes (1640/2015, p. 90) denominou como vontade da multidão, no livro *Do cidadão*. Essa vontade, cujos motores são o medo e a esperança (Hobbes, 1640/2015, p. 83), é o que confere legitimidade ao poder soberano. Notemos que vontade não se assemelha em nada com o conceito psicanalítico de desejo, que embora se apresente articulado à demanda, é inarticulável por definição (Lacan, 1966/1998, p. 819). A vontade é articulável na medida em que se constitui sobre uma base de medo e de esperança. Tais afetos são manejáveis, é possível tanto impor o medo como despertar a esperança. O significante Um é aquele que vem responder às demandas suscitadas por tais afetos. De tal modo que se fundir ao significante Um é um modo de obtenção de poder. Tal fusão é importante porque pressupõe-se que há toda uma multidão que pode ser aderida em torno desse significante. Se colocar como o representante desse grupo possibilita o exercício de poder sobre seus integrantes. Nessa linha, Lacan (2018) chega a afirmar que "aquilo que enfrentamos na política é um tipo de informação cujo sentido não tem outro alcance senão imperativo, a saber, do significante Um" (p. 110). Ou seja, a política impõe continuamente significantes que possam ocupar a função de Um, através dos quais o sujeito possa se identificar. Lacan (2018) prossegue afirmando que "é para mandar sobre nós, dito de outro modo, para que a ponta do nosso nariz a siga, que toda informação, em nossa época, é vertida como tal" (p. 110).

Se a política visa ao poder de estabelecer a unidade que legitime a dominação e se esse processo acontece via significante, central para a unificação, nos é permitido concluir que há uma ligação entre poder, política e significante Um. Essa conexão é o modelo político prevalente no Ocidente, é o que podemos chamar de Política do Um, aquela que opera na busca contínua de imposição do significante Um. Logo, essa política necessita manter um poder de influência sobre a circulação desses significantes de comando. Por isso, não há exagero na afirmação de que há uma indissociabilidade entre o Estado moderno e a Política do Um. Os Estados se organizam por meio de instâncias ocupadas por "Um que tem o poder e a responsabilidade da decisão final" (Checchia, 2015, p. 411). Um que decide representando a vontade geral dos cidadãos. Os profissionais da rede socioassistencial atuam mais ou menos em conformidade com aquilo que advém desse Um. O que advém do Um? A Constituição, leis ordinárias, decretos, resoluções, planos municipais e estaduais de implementação de políticas públicas etc.

A decisão sobre essas políticas, entretanto, não ocorre aleatoriamente, ao bel-prazer do Um. O raio de ação daqueles que têm o poder de decidir está diretamente ligado ao alcance e limites de influência do significante Um. No campo da saúde mental, por exemplo, assistimos o retorno de políticas públicas calcadas no modelo terapêutico da abstinência nos últimos anos. Isso só é possível pelo fato de que a inclinação para o uso de tais estratégias confere importante capital político para quem se encarrega de as executar, tendo em vista que esse modelo se ampara em um discurso proibicionista e moralista que é largamente propagado no debate público. De forma simultanea, há a circulação de uma série de significantes sobre o tema que atacam modelos alternativos à internação, como o da redução de danos.

Não pretendemos nos alongar nesse debate específico, o que interessa é explicitar que as políticas públicas com as quais trabalhamos podem ser interrompidas, propostas ou reformuladas mediante o rechaço ou apoio popular, que são determinados pelo poder dos significantes em sua função unificadora. O significante Um ocupa, portanto, papel fundamental, pois "a política é caracterizada aí como um sistema cujo poder é obtido por sua fusão com o significante falo, o significante Um" (Checchia, 2015, p. 410). De tal modo que "o poder político pertence, assim, à categoria do poder do Um sobre os outros para que se alcancem os efeitos desejados" (p. 411).

A lógica do Um atravessa a noção de política no Ocidente; está na origem da elaboração e implementação de políticas públicas e se revela nas estratégias de execução adotadas. Contudo, não é a única concepção de política que podemos encontrar. Há também sociedades que se organizam de modo distinto no que concerne ao Um – algumas sociedades indígenas. Para introduzir o contraste entre os dois modos de organização, iremos apresentar duas citações. A primeira descreve a

Política do Um: "a doutrina do poder de uma cidade depende, quase que completamente, da diferença que existe entre uma multidão de homens e uma multidão de regidos" (Hobbes, 1640/2015, p. 90). A segunda trata do modelo alternativo:

> *basta relembrarmos os estudos de Clastres. O antropólogo descreveu e analisou comunidades tribais nas quais não há um poder separado na forma de um Estado e não há divisão entre seres dominantes e outros dominados, demonstrando, ao mesmo tempo, que tais comunidades não são apolíticas. Tais comunidades têm como política a recusa ao poder coercitivo próprio do Estado. (Checchia, 2015, p. 412)*

Para Hobbes, a política, que se realiza por meio da transferência de poder não pode, de forma alguma, prescindir da separação entre comandantes e comandados. Pierre Clastres descreve uma sociedade com um outro tipo de funcionamento, uma sociedade que afirma a recusa à coerção como forma de política. De um lado a política de eleição do Um, de outro, a política contra o Um. Em ambos os casos o que se observa é que o Um se mantém como elemento estrutural da política (Checchia, 2015, p. 412). É a esse significante que o fazer político faz referências. Nessa linha, podemos compreender a afirmação de Soler (2016) de que "sejam quais forem as diferenças entre as multidões, sejam elas institucionalizadas ou não, com ou sem chefe, o Um homogeneizante, unificante, opera aí" (p. 25). O Um unificante sempre se faz presente, ainda que seja para que possamos, a ele, nos opor.

## Intersetorialidade

É curioso pensarmos como tudo alude ao Um quando o tema é o Estado de Direito. Toda organização política e territorial se estrutura a partir da lógica do Um. No Brasil, por exemplo, a relação entre cidades, estados e nação é atravessada de ponta a ponta pela racionalidade da teoria dos conjuntos. O Estado pode ser definido pelo conjunto de municípios que o integram; e a União é formada pelo conjunto de Estados brasileiros. A União é o sugestivo nome da unidade político-administrativa nacional (Brasil, 1988/2016, p. 25). Ela se divide em três Poderes: Judiciário, Legislativo e Executivo. Este, por sua vez, é subdividido em Ministérios (no plano federal) e em Secretarias (nos Estados e nos Municípios). É a soma de Uns para a constituição do Um.

Esse modelo prevalece na concepção e execução das mais variadas políticas. Trata-se de uma organização setorial, que se baseia em uma divisão de setores para a realização das funções estatais: há a Secretaria da Saúde, a Secretaria da Educação, a Secretaria da Assistência Social, a Secretaria da Habitação etc. Cada qual busca responder às demandas que lhes são direcionadas: a Saúde trabalha focada na prevenção e tratamento de doenças, promoção de saúde e sistematização epidemiológica; a Educação, com as questões escolares; a Assistência Social, com a garantia de direitos, e a Habitação, com demandas de moradia. As Secretarias, muitas vezes, também trabalham na cristalização de sua subdivisão em equipamentos. Na área da Saúde há os hospitais, as Unidades Básicas de Saúde, os Centros de Atenção Psicossocial etc. Por fim, para que não nos estendamos na parte descritiva, vale mencionar que se trata de uma estrutura hierarquizada, em que cada Secretaria tem uma liderança e cada equipamento público, pertencente à Secretaria, tem um gerente.

Nas últimas décadas desenvolveu-se uma racionalidade alternativa para o planejamento, implementação e avaliação das políticas públicas: o modelo intersetorial. O paradigma tradicional se caracteriza pela departamentalização, em que as Secretarias se estruturam pela natureza de suas intervenções ou pelo conhecimento técnico atinente a cada uma delas. O modelo intersetorial se apresenta como uma proposta que traz como um dos principais contrastes a ideia de que a organização não deve ser feita pela especificidade das intervenções, mas sim pela demanda correspondente à cada região. O pressuposto é o de que demandas complexas exigem respostas complexas. A demanda por saúde nem sempre se resume a um simples acompanhamento ginecológico, por exemplo. Os problemas que levaram essa paciente fictícia à procura por assistência médica podem, inclusive, estar atrelados a uma situação de violência doméstica. Agressões perpetradas por um marido alcoolista e desempregado. Com o tempo, percebe-se que os filhos do casal passam a apresentar problemas escolares. Paremos por aí. Essa pequena situação hipotética já conduz à conclusão de que diversos equipamentos de diferentes setores precisariam ser convocados na resposta às problemáticas identificadas. Unidade Básica de Saúde, Centro de Atenção Psicossocial Álcool/Drogas, Delegacia da Mulher, Centro de Referência Especializado de Assistência Social (Creas), Secretaria do Trabalho, escola, Conselho Tutelar, Núcleo de Atenção e Prevenção à Violência são apenas alguns dentre os equipamentos que poderiam contribuir para que pensemos em respostas adequadas ao caso. Daí a importância do pensamento transversal da intersetorialidade.

> *Intersetorialidade é aqui entendida como a articulação de saberes e experiências no planejamento, realização e avaliação de ações, com o objetivo de alcançar resultados integrados em situações complexas, visando um efeito sinérgico no desenvolvimento social. Visa promover um impacto positivo nas condições de vida da população, num movimento de reversão da exclusão social. (Junqueira et al., 1997, p. 24)*

Para que a articulação entre saberes e experiências se efetive, propõe-se um redesenho do modelo de organização administrativa. As Secretarias que são divididas por área de atuação seriam substituídas por Secretarias regionalizadas. Elas atuariam na resolução dos problemas da população de um pequeno território por meio de ações integradas. Esse novo desenho implicaria uma mudança de concepção do planejamento de intervenções, que passaria a ser mais geral. Os equipamentos (com suas equipes especializadas) permanecem, "a diferença é que as equipes e serviços estarão integrados em uma única rede regional" (Inojosa, 1998, p. 44).

> *Para modelar uma organização governamental segundo a lógica intersetorial, em termos de desenho de estrutura, é preciso substituir as secretarias e outros órgãos segmentados por áreas de conhecimento por um corte regional, com secretarias que tenham por missão proporcionar a melhoria das condições de vida da população da sua área de jurisdição, geograficamente delimitada, através das ações e serviços de competência do governo. Essa missão é realizada mediante a identificação e a articulação do atendimento às necessidades e demandas dos grupos populacionais da região, considerados em sua dinâmica de uso do espaço urbano. (Inojosa, 1998, p. 44)*

No modelo tradicional, cada Secretaria é atravessada por um discurso hegemônico: na Saúde, o discurso médico; na Educação, o discurso pedagógico; na Assistência Social, discurso da tutela; na Segurança Pública, o discurso da seguridade etc. Em um modelo transversal os profissionais das mais diversas áreas se reúnem para sustentar essa multiplicidade discursiva ou para encontrar um discurso comum. Nossa experiência nos mostrou que, normalmente, o consenso se estabelece pela eleição do discurso dos direitos como norte comum. Defendemos em trabalho anterior (Bueno, 2016, p. 65) a hipótese de que o predomínio dessa modalidade discursiva no campo socioassistencial se conecta ao contexto mais amplo da contemporaneidade. Tal hipótese se sustenta nos trabalhos do filósofo grego Costa Douzinas (2009), que afirma que "o conceito de direitos é ao mesmo tempo o fundamento e a culminância da visão de mundo filosófica, jurídica e moral da modernidade" (p. 248).

Sabemos que tal proposta não se efetivou completamente. O modelo de Secretarias por área de atuação permanece o mesmo, mas houve grandes avanços no sentido do início da implementação de práticas pautadas pelo novo paradigma. O que a literatura aponta é que há um modelo híbrido nas cidades pesquisadas (Junqueira et. al., 1997; Duarte, 2012; Borysow & Furtado, 2014). Podemos dizer que essa hibridez é um fato esperado em um processo de mudança de paradigma, como aponta Inojosa (1997): "a mudança é, necessariamente, um processo que supõe um movimento dialético entre o antigo e o novo, até que se tenha uma realidade distinta da situação anterior" (p. 46). Para que a mudança se efetive é necessário o enfrentamento de diversos obstáculos político-administrativos e também o enfrentamento de resistências institucionais, arraigadas no interior de cada equipamento que compõe a rede de serviços.

Borysow e Furtado (2014) realizaram uma pesquisa acerca do funcionamento da proposta intersetorial com a população em situação de rua em uma cidade no interior de São Paulo. Uma das perspectivas apresentadas pelos pesquisadores era a de profissionais da estratégia de Abordagem Social. Normalmente, trata-se de uma estratégia definida pela Secretaria Municipal de Assistência Social, em que uma miniequipe tem seu trabalho orientado pelas demandas da população em situação de rua. A Abordagem Social, por definição, é intersetorial, pois um dos objetivos dos profissionais é restabelecer o vínculo entre o sujeito e os serviços de saúde e socioassistenciais do Estado. Dentre os apontamentos realizados pelos autores, um nos despertou atenção: aquilo que chamaram de *refratariedade das equipes de outros serviços com a população em situação de rua* (Borysow & Furtado, 2014, p. 1073). O significante *refratariedade* foi referido à equipe, e não ao usuário, como ocorre habitualmente nas reuniões de rede. Geralmente, o termo é utilizado quando se discute a não adesão do usuário aos serviços da rede. A aplicação que os autores fizeram desse significante foi subversiva, apontando para uma das resistências das equipes ao modelo de atuação intersetorial.

Essa refratariedade se revela em dois episódios por eles descritos. O primeiro foi a resolução encontrada pelo Centro de Atenção Psicossocial (CAPS) do Município à constatação de que grande parte daqueles que estavam em situação de rua tinha questões de ordem psicossocial que se enquadravam nos critérios para serem atendidos pelo CAPS. A resolução foi a de deslocar uma terapeuta ocupacional para atuar junto à equipe da abordagem uma vez por semana (Borysow & Furtado, 2014 , p. 1072). A intervenção conjunta, entre técnicos de diferentes equipamentos é, muitas vezes, uma estratégia potente. O problema é que não se trata de uma estratégia, de fato, intersetorial, pois esta prevê que o planejamento, a execução e a avaliação das ações devem ser feitos em conjunto entre as equipes. Quando simplesmente se desloca uma das profissionais, se está transferindo a responsabilidade para ela, a terapeuta ocupacional. Além disso, foi uma estratégia com resultados limitados, pois a equipe da Abordagem Social continuou descoberta nos outros dias da semana, como concluíram os pesquisadores (Borysow & Furtado, 2014, p. 1074). Um caso emblemático de como o CAPS pode ser refratário a um determinado público.

No segundo episódio um homem em situação de rua encontrava-se em uma crise (com comportamentos agressivos) diante de profissionais do Serviço de Atendimento Móvel de Urgência (Samu), da Guarda Municipal e da Abordagem Social. Uma situação complexa, três equipes, três Secretarias (Saúde, Segurança Pública e Assistência Social), uma solução: deixar que os profissionais da Abordagem Social se encarregassem sozinhos do caso (Borysow & Furtado, 2014, p. 1072). Os guardas e os profissionais do Samu, que são treinados para atuar em situações de urgência, abdicaram de suas funções. O argumento utilizado foi o de que o "caso" era da "Abordagem". Esse movimento de responsabilização do outro é típico do modelo setorial. Configura um modo de abandono do caso, só que dessa vez um abandono àquele que é considerado o setor de origem. Entretanto, o que os casos que demandam intervenção intersetorial apontam é que não são originariamente de um setor específico, pela própria complexidade da situação ou da demanda. Em nossa experiência, não foram raras as vezes em que participamos de reuniões de rede em que a discussão orbitava em torno da definição do equipamento responsável pelo usuário.

Podemos interpretar essa modalidade de resistência, que surge em equipes de diferentes serviços, como o retorno ao Um. Lembremos que o modelo de organização intersetorial supõe uma permeabilidade entre os setores e os serviços. A sua efetivação implica, no mínimo, uma flexibilização das equipes unificadas pelos significantes mestres por meio dos quais se estabelecem os grupos setoriais. Como mencionamos antes, cada setor, cada equipe, traz uma discursividade que lhe é própria. Atuam a partir de alguns significantes comuns na tentativa de elaboração de respostas aos problemas do seu público de atendimento. A intersetorialidade aponta para um caminho de embate entre os diferentes discursos, de tal modo que o furo que a massa insiste em tapar possa se manter aberto. Retornar ao Um é tomar o outro como exceção.

No primeiro exemplo, a lógica do Um emerge no modo com o qual o CAPS lida com as demandas de seu público. Dada a gravidade dos casos, é esperado que muitos dos usuários não cheguem ao serviço. A população em situação de rua acometida por transtornos mentais está entre esses casos. A escolha das estratégias para que se possa garantir a assistência daqueles que não chegam é uma tarefa essencial dos CAPS. O retorno ao Um se processa quando todo um grupo é retirado da rota de intervenções da equipe. Uma equipe para um público específico: pessoas em sofrimento psíquico que não estão em situação de rua. Os outros são a exceção. Ao mesmo tempo, a profissional designada para o acompanhamento dessa população torna-se também exceção dentro da equipe.

Apresentemos um caso ocorrido conosco para mais bem aprofundar a ideia de que o profissional pode ser tratado como exceção. Isadora (nome fictício) é uma paciente conhecida por toda a cidade. A fama entre os munícipes se deve às constantes atuações que protagonizava por todos os cantos. Para ilustrar, uma situação basta: a última vez que a vi, dirigia meu carro em uma rua pacata quando a avistei deitada no chão, afirmando que queria se matar. Tive que esperar os profissionais do CAPS Adulto lhe retirarem da rua para prosseguir meu caminho. À época contava 18 anos; 18 anos em que foi extremamente negligenciada nos cuidados mais básicos, como alimentação, higiene e vestuário. Vivia com o pai e os irmãos (alguns adultos), todos sustentados por benefícios da Assistência Social. O genitor orgulhava-se em dizer que não trabalhava porque o Estado lhe dava tudo o que fosse necessário. Essa aversão ao trabalho contrastava com seu porte físico: alto, forte e musculoso. Ademais, era um homem negro. Todos esses ingredientes, tanto a falta de vocação do pai à labuta, como aquilo que era interpretado como atuações de Isadora, alimentavam nas equipes dos serviços pelos quais ela passava um forte sentimento de hostilidade.

O pai recusava-se a acompanhá-la à Unidade, mesmo durante os períodos de crise. Quando esta irrompia, Isadora tinha constantes manifestações de agressividade, de tal modo que o transporte público se tornava inadequado, pois colocava em risco a segurança de outras pessoas e a dela própria. Uma estratégia utilizada pelo CAPS-IJ[2] foi a de disponibilizar o veículo do serviço para realizar o transporte durante um desses períodos críticos. Os profissionais da

2 Antes de ser transferida ao CAPS Adulto, Isadora passou por muitos anos em tratamento no CAPS-IJ, equipamento em que eu atuava.

equipe estavam saturados com as oscilações comportamentais da garota, com suas agressões e com o abandono do pai. Isadora, que já tinha sido abandonada em diversos momentos de sua vida, agora fora abandonada ao Estado. O Estado, por sua vez, abandonou-a ao CAPS-IJ. Entenda-se por Estado os equipamentos responsáveis pelo seu atendimento: Conselho Tutelar, CREAS, escola, Ministério Público e Vara da Infância e Juventude. Diante do abandono generalizado, a equipe dava sinais de esgotamento. O estopim foi quando agrediu uma enfermeira, puxando-a pelo cabelo. O episódio ocorreu no veículo do serviço durante o trajeto para sua casa, pois os técnicos acompanhavam o motorista, em uma organização de revezamento. Indignada, a equipe decidiu que não a acompanharia mais no percurso. Foi realizada uma reunião a respeito da conduta a ser tomada e três técnicos, dentre os quais me incluo, se opuseram à resolução. A preocupação principal era a de que Isadora ficasse entregue à completa desassistência e à violência familiar. Compreendíamos que os episódios agressivos eram expressão de que o sofrimento vivido era da ordem do insuportável. E incluímos na discussão o fato de que a adolescente só atacava pessoas com quem estabelecia relações transferenciais amorosas, talvez em uma precária tentativa de averiguar a capacidade do laço social suportar aquilo que para ela era insuportável. A proposta foi de que reformulássemos o enquadre, de modo que ela se engajasse e se comprometesse a seguir as regras propostas, uma forma da instituição enlaçá-la discursivamente por meio da reconstrução de alguns significantes ordenadores. A proposta não só foi rechaçada, como coube aos profissionais dissidentes arcar com os atendimentos e acompanhá-la no transporte. Cinco dias por semana, ida e volta, totalizando dez viagens. Atendimento em regime intensivo, várias horas por dia. Dividido entre três técnicos e uma estagiária, que tinham que dar conta, também, das outras atividades e atendimentos que já realizavam. Isso durou cerca de oito semanas, pois a garota fizera 18 anos e a equipe decidiu por sua transferência imediata ao CAPS Adulto (por isso, inclusive, eram os profissionais do CAPS Adulto que estavam lhe retirando do meio da rua na última vez que a vi). As relações com o grupo unificado foram bastante conflitivas nos meses que se seguiram, mesmo após Isadora não frequentar mais o CAPS-IJ. Os dissidentes representavam os traidores de uma causa e, junto da garota, foram abandonados. Exceção! Lembremos da citação que trouxemos no início do capítulo, em que Freud (1921/2020, p. 173) assevera que o ódio constitui fator de unificação de um grupo.

Estendemo-nos nesse modo de abandono que ocorre no interior dos equipamentos, mas há outras formas ampliadas desse movimento na rede intersetorial. O segundo caso trazido por Borysow e Furtado (2014) evidencia tal fenômeno, em que a Guarda Civil Municipal e o Samu não prestaram assistência ao homem em situação de rua. É um exemplo em que o caso é abandonado àquele que seria o setor de origem. A mesma racionalidade se faz presente com serviços do mesmo setor. Não foram poucas as vezes em que acompanhamos pacientes ao pronto-socorro e fomos atendidos de forma ríspida pelos recepcionistas e enfermeiros do hospital. Este é um abandono ao serviço de origem. Em todas as formas de abandono observa-se que o ódio como fator de unificação está presente.

## *Política do discurso do analista*

Introduziremos agora a teoria dos discursos lacaniana. Buscaremos explorar a distinção entre a política do Um e a política do discurso do analista. A primeira busca a unificação e a segunda, a separação.

Os discursos são compostos por lugares fixos e elementos que ocupam esses lugares. São quatro os lugares: agente, outro, produção e verdade. Quatro são os elementos: significante mestre ($S_1$), saber ($S_2$), objeto (*a*) e sujeito ($). Os elementos mantêm a ordem em que estão dispostos antes, alternando os lugares ocupados a depender do discurso. São quatro também os discursos: o do mestre, o do histérico, o analítico e o universitário.

A política de um dado discurso se revela pelo elemento que ocupa a posição de agente do discurso. A política do discurso do mestre é a política do Um; no discurso universitário temos a política do saber totalizante que visa uniformizar o outro; e no discurso da histérica temos a política do sintoma do sujeito dividido. No discurso do analista, o objeto causa de desejo ocupa o lugar de agente, instaurando a política do *a*.

A política do discurso do analista com o *a* no lugar de agente é uma "política de separação" (Checchia, 2015, p. 364), no caso, da separação entre o objeto *a* e o significante mestre, também chamado de significante Um ($S_1$). Este se situa no avesso da posição daquele, como podemos constatar no matema: *a* e $S_1$ estão em pontos opostos da estrutura, o *a* ocupa o lugar de agente, enquanto o $S_1$ está no lugar da produção. No discurso do mestre, ocorre o mesmo, só que ao avesso: o $S_1$ na posição do semblante e o *a* no lugar da perda. Isso revela a oposição entre a política do analista e a política do Um: uma visa à separação e a outra almeja a unificação. Essa constatação precede, em muito, a elaboração da teoria dos discursos. Retornemos à assertiva freudiana de que na unificação de um grupo está em jogo a "colocação do objeto no lugar do Ideal de Eu" (Freud, 1921/2020, p. 208). Chamaremos o objeto de *a* e o ideal chamaremos de significante mestre, escrito com o $S_1$. A política do discurso do mestre é a política da unificação, de um significante mestre que se dirige a um outro, visando produzir o objeto *a*. A política do analista opera exatamente na via de fazer barreira à união entre tais elementos. Quinet (2009) postula, sem meandros, que "a tarefa política do analista, tanto na análise como no mundo, poderia ser então formulada como atuando justamente na separação entre o significante mestre e o objeto *a*" (p. 51). A política do analista é a política da separação, tanto na análise como no mundo. Talvez seja oportuno trazermos uma vinheta intersetorial para este debate.

Lucas tinha 12 anos na época. Desde muito novo, colecionava alguns passatempos um tanto quanto extravagantes. Um deles era fugir de casa e ficar durante períodos relativamente extensos no meio do mato; em uma ocasião chegou a passar uma noite inteira em cima de uma árvore. Outro comportamento incomum era o de furtar cavalos dos vizinhos e perambular em montaria pela cidade. Este último *hobby* contava com um perigo adicional: os vizinhos já estavam possessos com o garoto e, conforme ele crescia, as ameaças eram mais incisivas. Em um certo momento de sua história, o Conselho Tutelar decidiu pelo seu acolhimento institucional. Nessa época já fora atendido algumas vezes por mim no CAPS-IJ e, por esse motivo, fui convocado a participar de uma Audiência Concentrada que ocorreu quatro meses após seu acolhimento. Era a primeira vez que eu participava de uma Audiência Concentrada, não sabia do que se tratava exatamente. A única coisa que havia ficado clara para mim era que dali sairia a deliberação sobre sua permanência na Casa de Acolhimento ou retorno à casa da mãe. Confesso que havia escutado muito pouco o garoto, tanto pelo fato de não manter a assiduidade, como pelo seu silêncio durante as poucas sessões em que comparecia.

Ao que tudo indicava não havia motivos para que se mantivesse acolhido. Estava frequentando a escola; constatou-se que a mãe não estava sendo negligente e desejava o retorno de seu filho; e não havia mais situações de fuga. Tudo caminhava para o desacolhimento, mas um fato novo mudou o rumo da discussão. Uma conselheira tutelar informou que o garoto revelara ter escutado vozes que ordenavam suas fugas, levantando a hipótese de que Lucas se encontrava em um quadro psicótico. Este fato – um garoto com um quadro grave de saúde mental sem os devidos atendimentos – constituía um problema, pois não houve uma adesão efetiva ao tratamento no CAPS-IJ quando a tutela do adolescente estava ainda com a mãe. Isso configuraria uma negligência por parte dela. É importante acrescentar que nessa época as Audiências Concentradas ocorriam em uma cidade vizinha, em um outro fórum, e tinham o seguinte formato: primeiro havia uma discussão apenas com os profissionais da rede e só posteriormente o adolescente e os familiares eram chamados. Quase não falavam, apenas escutavam a deliberação. A discussão mencionada, portanto, ocorreu sem a presença de Lucas e de sua mãe.

Esse foi o contexto em que foi solicitado que eu proferisse o meu parecer acerca de um possível diagnóstico de psicose, solicitação que veio do próprio juiz. Minha hipótese era a de que o garoto, acuado, havia inventado tal história, temendo represálias ainda maiores do que as que recaíram sobre ele. Evidentemente, tal invenção possui, também, um valor de sentido, pois é uma narrativa que coloca no Outro (presentificado por uma voz) a motivação do ato. Ou seja, ainda que se tratasse de uma invenção, um trabalho analítico poderia operar a partir dessa fala, pois a verdade do inconsciente não equivale à noção de verdade que buscava o magistrado em sua pergunta. Ele queria saber se era plausível ou não que Lucas estivesse alucinando, para, a partir disso, decidir se a mãe fora negligente ao não o levar às consultas. Nesse momento, o juiz me convoca a ocupar o lugar da soberania, em que o meu saber (suposto) embasaria a decisão jurídica sobre a permanência de Lucas na Casa de Acolhimento. Ou seja, sou acionado para ocupar, com meus significantes, a posição de suporte de um saber, $S_2$, o que conduziria Lucas à posição de objeto. Minha decisão foi outra; diante da pergunta, respondi que o melhor seria escutar do próprio garoto sua versão dos fatos. Não confirmei, nem neguei a hipótese de que ele alucinava deveras. A proposta foi acolhida e Lucas e sua mãe foram chamados para a sala de Audiência. Ele respondeu algumas questões feitas pelo juiz, discorreu sobre seu cotidiano, afirmou o desejo de retornar à sua casa e comprometeu-se a não mais fugir. Quando perguntado sobre as vozes de comando, falou que tinha sido apenas uma brincadeira, que na realidade sempre decidiu por si próprio pelas fugas. Por fim, foi decidido que ele seria desacolhido, voltando a morar imediatamente com sua mãe. Foi estabelecido um acordo em que a mãe se prontificou a acompanhá-lo em suas consultas ao CAPS-IJ. Posteriormente, diversos problemas marcaram a vida desse jovem, mas ele nunca mais mencionou qualquer tipo de fenômeno alucinatório. Nosso ato não foi calculado, os efeitos nós recolhemos só depois. Um deles, que nos parece essencial, é o fato de que o sujeito foi colocado em uma posição em que as consequências de sua fala no espaço público retornaram sobre ele. No caso, trata-se das consequências do desacolhimento, mas poderiam muito bem ser as consequências da manutenção do acolhimento.

Ali onde houve uma convocação para que se respondesse através de um saber científico, como agente do discurso universitário, o objeto *a* assumiu o lugar do semblante. O discurso analítico instaura um modo bastante particular de relação com o saber. Atua como se estivesse sempre à espreita o risco de que o lugar da verdade possa ser ocupado por um saber qualquer, por um saber que não seja o da estrutura, pois o saber que ocupa o lugar da verdade no discurso analítico é o saber da estrutura (Lacan, 1970/2003, p. 446). Nessa modalidade discursiva, o saber tem como função sustentar a causa de desejo que se apresenta como agente. Em relação ao significante mestre, como já mencionamos, o saber estabelece uma relação de disjunção. Precisamente pelo fato de o analista não encarnar o significante mestre – tendo a barreira da impotência entre $S_1$ e $S_2$ colocada pela própria estrutura do discurso –, é possível a emergência do sujeito ocupando a posição do semblante. A partir disso, "a impotência adquire o valor de fazer o paciente transformar-se em agente" (Lacan, 1970/2003, p. 446). Ao elevar o paciente à posição de agente, o discurso analítico produz um giro para o discurso histérico, em que o sujeito fala desde a sua divisão.

Esta é uma função importantíssima do discurso do analista: produzir giros discursivos. Em outros termos, o essencial da prática psicanalítica não é a existência do discurso analítico, mas, sim, sua capacidade de produzir giros (Checchia, 2015, p. 370). O analista, por meio de seus atos, produzirá a histerização do discurso, de tal modo que o sujeito possa ocupar o lugar de agente. Não estamos com isso argumentando que na vinheta acima o sujeito falou desde o lugar de um analisante, mas, sim, que uma das tarefas necessárias do analista no contexto intersetorial é fazer barreira aos discursos de dominação e à política do Um. Fazer barreira através dos giros, revolucionando pelo avesso.

É importante ressaltar que não há a intenção de negar a pertinência do discurso do mestre e do discurso universitário na intersetorialidade. Se não houvesse uma suposição de saber nos especialistas da rede pública, sequer haveria a possibilidade de participarmos de uma Audiência Concentrada. Essa suposição se articula à hegemonia contemporânea do discurso da universidade no campo social. Da mesma forma, entendemos que o discurso da lei é importantíssimo para a proteção e garantia de direitos daqueles que atendemos, alvos principais do estado de exceção da necropolítica. Nossa tese é a de que é preciso que haja uma circulação entre os discursos; argumentamos contra a fixidez dos discursos de dominação que podem conduzir ao pior. No exemplo mencionado, houve um giro discursivo com importantes efeitos tanto na dimensão subjetiva como na dimensão política. Se na prática em intensão o fundamental da experiência analítica é a produção de giros discursivos, do mesmo modo, nos parece que no campo da micropolítica socioassistencial o essencial é que se produzam giros discursivos, que possam conduzir ao avesso da dominação pela política do Um, efetivando a vocação intersetorial.

## *Conclusão*

Apresentamos neste ensaio as raízes da concepção moderna de política na filosofia hobbesiana. Apontamos que desde o princípio a questão da unificação se encontra articulada aos objetivos do Estado. Em seguida, retomamos a discussão que Freud realiza em torno da unificação das massas movidas por um ideal em comum, articulando à tese de que a política que prevalece no Ocidente é atravessada pela lógica do significante "Um" (em sua função homogeneizante). Trouxemos algumas situações da prática para discutir o modelo intersetorial no planejamento de políticas públicas. A tese subjacente a este ensaio é a de que toda intervenção no campo socioassistencial se assenta em uma escolha tática, estratégica e política. A política do Estado é a política do Um. A intersetorialidade é uma estratégia que visa ir contra o Um, mas, muitas vezes, a tendência à lógica unificante retorna, ora através da estrutura administrativa, ora através dos próprios técnicos. Uma das questões que surge é referente à forma que a psicanálise possa contribuir na sustentação do furo na rede. Para isso, trouxemos a teoria dos discursos, indicando que cada um deles implica uma determinada política. Finalizamos com uma vinheta institucional, tendo como ponto central a política do discurso do analista, uma política de separação.

## *Referências*

Agamben, G. (2018). *Stasis: la guerra civil como paradigma político.* Adriana Hidalgo.

Bobbio, N. (1997). *Estado governo e sociedade: para uma teoria geral da política* (Nogueira, M. A., Trad.). Paz e Terra.

Borysow, I., & Furtado, J. (2014). Acesso, equidade e coesão social: avaliação de estratégias intersetoriais para a população em situação de rua. *Rev. Esc. Enferm. USP, 48*(6), 1069-1076.https://doi.org/10.1590/S0080-623420140000700015

Brasil. [Constituição (1988/2016)]. *Constituição da República Federativa do Brasil.* Senado Federal.

Bueno, P. (2016). *Clínica Ampliada: interlocuções entre Psicanálise e a Atenção Psicossocial.* [Dissertação de mestrado]. Pontifícia Universidade Católica (PUC-SP).

Bueno, P. (2021). *O direito e o avesso: psicanálise e a exceção necropolítica.* PUC-SP.

Checchia, M. (2015). *Poder e política na clínica psicanalítica*. Annablume.

Duarte, R. (2012). A intersetorialidade a partir da construção de um caso clínico: aproximações entre Clínica Ampliada e a Psicanálise. *CliniCAPS*, 6(17).

Douzinas, C. (2009). *O fim dos direitos humanos*. Unisinos.

Freud, S. (1912-1913/2012). Totem e tabu, Contribuição à história do movimento psicanalítico e outros textos (1912-1914) In *Obras completas* (Vol. 11; P. C. de Souza, Trad.). Companhia das Letras.

Freud, S. (1921/2020). Psicologia das massas e análise do eu. In *Cultura, sociedade, religião: o mal-estar na cultura e outros escritos. Obras incompletas de Sigmund Freud* (pp. 137-232). Autêntica.

Freud. S. (1930/2020). Mal-estar na cultura. In *Cultura, sociedade, religião: o mal-estar na cultura e outros escritos. Obras incompletas de Sigmund Freud*. Autêntica.

Hobbes, T. (1640/2015). *Do cidadão*. (F. Lima, Trad.). Martin Claret.

Hobbes, T. (1651/2014). Leviatã: ou matéria, forma e poder de um estado eclesiástico e civil. (R. D'Angina, Trad.). Martin Claret.

Inojosa, R. M. (1998, mar.-abr.). Intersetorialidade e a configuração de um novo paradigma organizacional. *Revista de Administração Pública*, 35-48.

Junqueira, L. A., Inojosa, R. M., & Komatsu. (1997). Descentralização e intersetorialidade na gestão pública municipal no Brasil: a experiência de Fortaleza. *XI Concurso de Ensayos y Monografias del Clad*.

Lacan, J. (1966/1998). A subversão do sujeito e a dialética do desejo. In *Escritos*. Jorge Zahar.

Lacan, J. (1970/2003). Radiofonia. In *Outros Escritos*. (V. Ribeiro, Trad.). Jorge Zahar.

Lacan, J. (2018). *O seminário, livro 21: os não-tolos erram/os nomes do pai 1973-1974*. (F. Denez, & G. Volaco, Trads.). Fi.

Quinet, A. (2009). *A estranheza da psicanálise*. Zahar.

Soler, C. (2016). *O que faz laço?* Escuta.

# 12. Quarenta anos esta noite

*Fabio Chiossi*

*O fanático não quer que haja diferenças entre as pessoas. Sua vontade é que sejamos todos "como um só homem". Que não haja cortinas fechadas no mundo, nem venezianas baixadas, nem portas trancadas. Nem sombra de uma vida privada, pois temos todos de ser um só corpo e uma só alma, temos todos de marchar juntos, em fileiras de três, por um caminho que leva à redenção (que pode ser esta aqui ou aquela outra, que lhe é oposta).*

Amós Oz, 2017

"Guerra é paz.

Liberdade é escravidão.

Ignorância é força."[1]

Considerando que não estamos tratando de processo primário, recebemos essas três afirmações como absurdas. Isso porque elas não seguem o princípio da não contradição. Ou se está em guerra, ou em paz. Ou se tem liberdade, ou se é escravo. Ignorância é uma fraqueza.

É esse o "defeito" desses enunciados.

Defeito é o que nós, brasileiros, parecemos também ter experimentado no que diz respeito ao "funcionamento" da nossa sociedade no quadriênio de 2019 a 2022, quando se instalou no poder, por meio de eleições livres e diretas – um expediente bem recente e,

---

1 Do livro *1984*, de George Orwell.

notou-se, ainda frágil neste país –, a kakistocracia[2] liderada por Jair Bolsonaro. O ex-deputado de carreira e militar reformado assumiu, em janeiro de 2019, a função de presidente da República, apesar de sempre ter lhe faltado o mínimo conhecimento do que significassem efetivamente esses dois substantivos, presidente e República. O que se seguiu após sua posse, até sua derrota eleitoral por margem bastante reduzida, quase quatro anos depois, faz da subversão do discurso apenas uma das inúmeras semelhanças entre o que vivemos e o conto do qual foram extraídas as frases que abriram este capítulo.

A tríade esdrúxula é o lema do governo autoritário imaginado pelo escritor britânico George Orwell em seu famoso romance *1984*. Na história, publicada em 1948,[3] o herói Winston Smith tenta lidar com as angústias de viver em um país cujo regime autoritário – uma mescla de práticas e ideologias que Orwell buscou nos regimes nazista e stalinista – sufoca seus cidadãos, tornando-lhes a vida um apêndice dos desejos do Grande Irmão, o notório *Big Brother*.

Tendo sido absorvido pela cultura pop ao longo de mais de 70 anos, o romance de Orwell inspirou centenas de manifestações culturais, entre peças, músicas e outros romances, algumas interessantes, algumas profundas, várias rasas.[4]

Indício da perenidade que muitas vezes adquirem as interpretações simplistas – quando não ofensivas – de alguns clássicos, vemos a difusão ampla do termo *Big Brother* como referência a alguma instância que observa continuamente o sujeito, roubando-lhe a

---

2 Sistema de governo no qual os líderes são os piores e os menos qualificados cidadãos.

3 Embora 84 seja uma inversão de 48, o título do romance não tem nada a ver com o ano de sua publicação, segundo Dorian Linksey (2012), pesquisador da obra.

4 Já existe até um jogo de computador chamado Orwell, em que o jogador pode ter um gozo sádico, ao viver um dos agentes do aparato repressor de uma ditadura fictícia. Disponível em: https://store.epicgames.com/pt-BR/p/orwell-keeping-an-eye-on-you.

privacidade e, talvez mais perverso, vendo-o se acostumar com isso. Daí, sabe-se, o nome do famoso *reality show* mundial que convoca o voyerismo e alimenta o sadismo de milhares e milhares de telespectadores espalhados pelo globo.

A supervisão constante dos cidadãos da Pista de Pouso Um – como se chama no romance a região em que antes se situava o Reino Unido – acontece por meio de um aparato semelhante a uma televisão, que se denomina teletela. Ela está espalhada em todos os cantos da nação distópica criada por Orwell, inclusive nas residências das pessoas. Não há como evitá-las, não há como desligá-las. O regime sempre sabe o que todos estão fazendo (mas não sabem o que os cidadãos estão pensando; e, para tratar desse problema, como veremos adiante, Orwell imagina o que talvez seja o mais assustador e significativo instrumento de controle do regime do Grande Irmão).

A teletela foi imaginada como uma extrapolação criativa dos mecanismos de controle reais dos quais Hitler e Stalin lançavam mão no pré-guerra e durante o conflito mundial. Mas é impossível não a associar ao poder que têm hoje os veículos da internet e os algoritmos de espionar nossas interações e moldar o ambiente virtual em que nos inserimos, além de (tentar) dirigir nossos desejos. Tudo, é claro, não para fazer funcionar azeitada alguma máquina governamental autoritária, mas para levar as pessoas a não pararem de consumir.

Nós não tivemos que engolir nenhuma "teletela bolsonarista" – as que temos estão aí para servir ao capital, independentemente de quem seja o inquilino do Palácio do Planalto. O que não significa que não tivemos de encarar outras tentativas de controle sobre pensamento e ações postas em campo pelo bolsonarismo, como também veremos mais adiante.

Sigamos, por ora, pela estrutura burocrática do regime do Grande Irmão, guiados por Winston, que era funcionário do Ministério da

Verdade. Ele não detinha um alto cargo, e sua função era operacional. O que ele fazia era alterar textos históricos e noticiosos para os adaptar ao desejo do regime. No ministério, apagavam-se arquivos, reescreviam-se textos, sumiam-se com imagens. Inventava-se uma nova história. Criavam-se mentiras.

Da mesma forma – sim, da mesma forma – como atuou o Ministério da Saúde na Presidência de Bolsonaro[5] durante a pandemia de covid-19. A pasta, principalmente no período em que esteve sob o comando do general Eduardo Pazuello, cuidou zelosamente de dificultar o acesso da população às vacinas, além de adotar outras estratégias perversas cujo fim era a destruição da saúde dos brasileiros.

> *Dia a dia e quase minuto a minuto o passado era atualizado. Desse modo era possível comprovar com evidências documentais que todas as previsões feitas pelo Partido haviam sido acertadas; sendo que, simultaneamente, todo vestígio de notícia ou manifestação conflitante com as necessidades do momento eram eliminados. A história não passava de um palimpsesto, raspado e reescrito tantas vezes quantas fosse necessário. (Orwell, 2020, p. 79)*

O trabalho que Winston e seus colegas executavam trata da adulteração do passado, para que este se adeque ao presente desejado pelo Grande Irmão. Hoje, com a altíssima velocidade com que são produzidas e postas a circular as informações – e desinformações – é possível, e mais interessante, alterar as percepções do presente; a deturpação das narrativas, que em *1984* necessariamente passava pela fabricação de um passado inverídico, atualmente é imediata. Não é mais preciso refabricar o passado para mudar o presente.

---

5 Recuso-me a usar a designação "governo Bolsonaro", porque o significado da palavra governo comporta a ideia de condução para um bom fim. Nada mais distante do que aquilo que experimentamos.

O Grande Irmão não para por aí.

Nem Bolsonaro parou.

Na Pista de Pouso Um, o Ministério da Paz encarregava-se de manter o país constantemente em guerra contra um dos dois outros blocos hegemônicos mundiais imaginados no romance. Aqui, o Ministério das Relações Exteriores empenhou-se em minar as relações diplomáticas e comerciais do Brasil com diversos países que compunham desde sempre nossa rede de conexões de interesses, e em tentar ligá-lo a domínios dos Grandes Irmãos da vida real, como a Hungria, de Viktor Orbán, e a Rússia, de Vladimir Putin.

Na terra de Winston Smith, o Ministério da Fartura encarregava-se de mentir para os cidadãos a respeito da situação econômica do país, sempre pintando um quadro melhor do que o atual (e mentir é mentir mesmo; George Orwell não quis enfeitar de sutilezas nem lançar sugestões sobre o que fazia esse braço da burocracia. Era simplesmente "não digam A, digam B"). Aqui, foi isso e a orientação de privilegiar o funcionamento da economia a despeito da saúde dos cidadãos.

A comparação poderia se estender, desafiando nosso senso de realidade, incitando o domínio de um processo primário em que nos sentíssemos personagens de uma obra de ficção, com o Ministério da (Destruição) do Meio Ambiente, de Bolsonaro; o Ministério (Contra) os Direitos Humanos, de Bolsonaro; o Ministério da (Erradicação) da Educação, de Bolsonaro etc. Mas a cereja do bolo é o terceiro e último ministério criado por Orwell e que tem papel fundamental no desenrolar da trama de *1984*: o Ministério do Amor, encarregado da espionagem, da repressão e da tortura. Vou me furtar de elencar motivos para compará-lo com o assim chamado Gabinete do Ódio, formado pelo clã Bolsonaro e os membros mais próximos de sua corte.

Essas são as comparações óbvias, que nem requerem uma leitura muito atenta do romance para serem estabelecidas.

Há, porém, um outro componente da trama, que não é evocado nos derivados pop que o livro involuntariamente gerou, mas que talvez seja a imagem do mais significativo elemento do pesadelo instaurado pelo bolsonarismo no poder. Esse elemento foi captado pelo folclórico Thomas Pynchon e anunciado no prefácio que ele fez para a obra em 2003: "seus interesses [do regime da Oceânia] estão . . . no exercício do poder por si mesmo, na guerra inexorável contra a memória, o desejo e a linguagem como veículo do pensamento" (Orwell, 2020, p. 24).

Antes, porém, de destrincharmos o comentário de Pynchon, vamos examinar algumas características da democracia.

Originada dos termos gregos *demos* e *kratos*, a democracia é o poder (*kratos*) do povo (*demos*). Nas democracias modernas, para que o povo exerça o poder, é necessário que ele se faça representar; hoje, dado que centenas e centenas de milhares de pessoas se agrupam em comunidades democráticas, não é viável uma prática direta de democracia, diferentemente de como era na Atenas antiga. Assim, para lidarmos com o problema da representatividade, temos as eleições.

Até aí, nada de novo.

Uma outra característica da democracia, observada pelo professor Renato Janine Ribeiro, é o fato de o desejo ser parte constitutiva fundamental dela. Segundo o professor de filosofia da USP, é na democracia que o povo pode colocar em praça, tornar públicos seus desejos – ela é um veículo para tal. E, quando fala de desejos, Janine Ribeiro (2013) não se refere apenas às necessidades básicas, mas também ao que está além: "Não se cogita negar a importância das necessidades fundamentais. Mas algo falta nelas. É a dimensão do afeto, da paixão, do sentimento; em suma, do desejo" (p. 47). Como diriam os Titãs, "A gente não quer só comida/A gente quer comida, diversão e arte/A gente não quer só comida/A gente quer saída para qualquer parte".[6]

6 "Comida", composição de Arnaldo Antunes, Sergio Britto e Marcelo Fromer (1987).

Daí conclui-se que, em uma sociedade democrática, é preciso que os desejos dos cidadãos se façam representar – no sentido de que sejam defendidos por seus representantes eleitos. E, para que se façam representar, eles precisam ser enunciados. A constituição dos direitos humanos na história, segundo Janine Ribeiro, teria se dado como consequência da validação e materialização de desejos dos cidadãos. Podemos deduzir que são, portanto, o resultado de uma boa articulação entre enunciação e representação – novamente, no sentido da funcionalidade da democracia – dos desejos.

Isto posto, retornemos a *1984*.

Além dos Ministérios perversos e das teletelas, o regime do Grande Irmão instaura um outro mecanismo de controle social, aquele que instrumentaliza os vícios enumerados por Pynchon. Refiro-me à Novafala.

"A décima primeira edição é a edição definitiva", comenta com Winston um de seus colegas, um filólogo, a respeito do mais recente Dicionário da Novafala, em cuja confecção ele trabalha. E segue:

> *Estamos dando os últimos retoques na língua – para que ela fique do jeito que há de ser quando ninguém mais falar outra coisa. Depois que acabarmos, pessoas como você serão obrigadas a aprender tudo de novo. Tenho a impressão de que você acha que nossa principal missão é inventar palavras novas. Nada disso! Estamos destruindo palavras – dezenas de palavras, centenas de palavras todos os dias. Estamos reduzindo a língua ao osso . . . Se você tem uma palavra como "bom", qual a necessidade de uma palavra como "ruim"? "Desbom" dá conta perfeitamente do recado . . . Qual é o sentido de se dispor de uma verdadeira série de palavras imprecisas e inúteis como "excelente", "esplêndido" e todas as demais? . . . No fim o conceito inteiro de bondade e ruindade será coberto por apenas seis palavras*

> *– na realidade uma palavra apenas. Você consegue ver a beleza da coisa, Winston? Claro que a ideia partiu do "G.I."*[7] *(Orwell, 2020, pp. 92-93)*

Como visto, o objetivo do Grande Irmão ao instituir a Novafala é substituir a linguagem corrente na Pista de Pouso Um, o inglês, por outra com um vocabulário muito menor. "Você não vê que a verdadeira finalidade da Novafala é estreitar o âmbito do pensamento?" (Orwell, 2020, p. 93), emenda o filólogo.[8] Estreitar o âmbito do pensamento e, portanto, reduzir as possibilidades de manifestação.

Para entendermos a violência desse projeto do ponto de vista psicanalítico, não precisamos nem avançar muito nos escritos de Freud – mesmo porque a proposta freudiana é, desde cedo, também a do fortalecimento da autonomia do sujeito, via reconhecimento e enunciação dos próprios desejos desse sujeito. Já nos *Estudos sobre a histeria*, no relato do caso Elizabeth, aprendemos que os afetos reprimidos, se não encontram representação, produzem sintomas: Elisabeth von R., apaixonada por seu cunhado, desenvolveu uma paralisia que a impedia de passear com ele no parque. O problema físico, que não tinha nenhuma raiz fisiológica, sumiu quando, guiada por Freud, Elizabeth se deu conta dos sentimentos que nutria pelo marido de sua irmã. No processo de análise, sabemos, o que se mostrava na paralisia foi nomeado, foi posto em palavras. E a partir daí sua perna ficou boa.

Mais, quem não tem fala fica submetido ao outro; não se torna um sujeito. E, logicamente, não pode se tornar um cidadão. Como diz Marion Minerbo (2016), "a criança não pode dizer 'não quero pagar essa conta', coisa que alguém na posição de sujeito pode fazer. Pois bem, tornar-se sujeito significa tornar-se capaz de construir um sentido e integrar ao Eu a experiência emocional" (p. 33). O "não

7 Grande Irmão.

8 Qualificativo, não por acaso, no mínimo irônico.

quero pagar essa conta" é referência a uma relação específica em que alguém, por estar regredido, não consegue comunicar ao outro o seu incômodo, o seu desejo de não receber o que lhe está sendo dado – ou vice-versa. A transposição para o exercício da cidadania é quase simétrica: o cidadão que não tem o recurso da fala – no caso aqui considerado, porque lhe está sendo tirada – não tem meios para comunicar à comunidade e a seus governantes o que ele deseja e o que ele não deseja.

Assim, a destruição da linguagem é também um processo de destruição da democracia.[9]

Uma transposição não tão simétrica é a da conexão entre a Novafala e a política bolsonarista de destruição da linguagem. Na verdade, seria cômico, se não fosse trágico, mas o fato é que a kakistocracia bolsonarista veio com a Novafala embutida – de fábrica, para adotar um jargão desta nossa era do consumismo. Explico-me adiante.

Lembremos primeiro do covarde ataque que o ocupante do Palácio do Planalto e seus asseclas fizeram ao conhecimento científico, no período da pandemia de covid-19. Assumindo (embora não reconhecendo) a responsabilidade pela morte de centenas de milhares de brasileiros – se não efetivamente a desejando –, eles espalharam, principalmente via redes sociais (lembremo-nos da teletela), as mais descaradas mentiras sobre a eficácia das vacinas produzidas e comercializadas ao redor do mundo para o combate ao coronavírus. Pelos mesmos meios, atacaram sistematicamente a política de quarentena implementada por quase todos os Estados da Federação e protegida pelo Poder Judiciário.

---

9 Vale comentar que George Orwell tinha uma grande preocupação com a deterioração da língua inglesa. Um dos textos em que trata desse problema, da organicidade da linguagem e de suas conexões com a cultura e a política, é *Política e língua inglesa*, de 1946.

Podemos ficar só por aqui – embora haja, tristemente, abundância de exemplos semelhantes – para já observamos a tentativa, em boa parte bem-sucedida, da formatação de uma linguagem cuja "novidade" é a exclusão de um determinado saber adquirido pela humanidade: o saber científico aplicado à saúde. Assim como o Grande Irmão criou, por exemplo, "desbom", Bolsonaro tentou extinguir do vocabulário nacional a vacinação – ou, antes, associá-la a algo nocivo –, tornando assim a experiência do brasileiro em relação aos cuidados na pandemia significativamente mais restrito – para usar um eufemismo.

Mas por que "de fábrica"?

Porque Bolsonaro e sua corte são cria, também, da limitação das possibilidades de representação – são ignorantes, enfim. O boicote à vacinação não era, a meu ver, um plano elaborado, pensado e posto em prática a fim de manter a economia girando, ou a fim de manter o poder, ou a serviço de qualquer outro fim escuso e irrevelável. Ele pareceu-me desde sempre a reação ressentida de uma criança contra o coleguinha/adversário que teve a ideia de comprar vacinas no exterior antes dela. A Novafala é a língua de Bolsonaro. É o que ele sabe (consegue) falar. Isso fica evidente em seus discursos, eivados de palavrões, pobres de vocabulário ("talquei"; "essa questão, aquela questão"). Fica evidente também na crueza de seu discurso, que revela, sabemos, uma incapacidade de associar afetos a representações – a criança, incapaz de falar, chora e esperneia.

Nesse aspecto, ele é, portanto, tão distante do Grande Irmão quanto próximo do cidadão que este poderia considerar ideal em sua ditadura, o Campo de Pouso Um. Bolsonaro seria aquele que sempre participaria com prazer dos *Dois Minutos de Ódio*, pois falta-lhe linguagem – logo falta-lhe conhecimento, e vice-versa – e sobra-lhe agressividade.

Sem fala, o cidadão do Campo de Pouso Um faz dos *minutos de ódio* o ápice de sua manifestação "cívica":

> *Pouco depois um guincho pavoroso, estridente . . ., escapou da vasta teletela posicionada no fundo da sala. Era um barulho que mexia com os nervos da pessoa e arrepiava os cabelos da nuca. O Ódio havia começado. Como de costume, o rosto de Emmanuel Goldstein, o Inimigo do Povo, surgira na tela. Ouviram-se assobios em vários pontos da plateia. A mulher ruiva e franzina soltou um guincho em que medo e repugnância se fundiam. Goldstein era o renegado e apóstata que um dia, muito tempo antes (quanto tempo, exatamente, era coisa de que ninguém se lembrava), fora uma das figuras destacadas do Partido, quase tão importante quanto o próprio Grande Irmão, e que depois se entregara a atividades contrarrevolucionárias, fora condenado à morte e em seguida fugira misteriosamente e sumira do mapa. A Programação de Dois Minutos de Ódio variava todos os dias, mas o principal personagem era sempre Goldstein. Ele era o traidor original, o primeiro conspurcador da pureza do Partido. Todos os crimes subsequentes contra o Partido, todas as perfídias, sabotagens, heresias, todos os desvios eram resultado direto de sua pregação. (Orwell, 2020, p. 46)*

A incapacidade de representar sua insatisfação pelo regime, de a colocar em palavras, produz nos sujeitos do romance uma angústia que, "bem" canalizada pelo instrumental criado pelo Grande Irmão, torna-se a raiva que ganha espaço nesse espetáculo que são os *minutos de ódio*; bastou ao Grande Irmão oferecer às pessoas um objeto para o qual ódio pudesse se deslocar – Goldenstein –, e ele flui.[10] Como diz o

10 Goldstein pode representar, no romance, Leon Trótski, o antípoda de Stálin no contexto da Revolução Russa. Mas representa também, como o próprio nome indica, o povo judeu, objeto de ódio dos nazistas.

professor Janine Ribeiro (2013), "o miserável, confinado no instante, perde o futuro como dimensão para melhorar a vida" (pp. 46-47).

Confinado no instante porque, como argumenta Pierre Fédida (1998), a linguagem se dá com a nominação de um afeto:

> *A origem da cultura está no momento da dotação de um sentido, isto é, na nominação do afeto. Uma criança que grita: tem fome? Frio? Sede? Incômodo no berço? Grito é descarga à espera de uma recepção de sentido. Quando a mãe o entende como fome . . . há uma nominação, um ato de nominação, um ato de linguagem e daí se constitui para a criança o que chamamos de afeto. Antes da linguagem não é um afeto. O afeto se constitui pela nominação do outro". (pp. 51-52)*

Assim, a destruição da linguagem não mina apenas a capacidade de raciocinar, mas antes a de nomear e, consequentemente, de distinguir os afetos. É um confinamento no instante porque é um aprisionamento em um estado em que não se consegue nomear os desejos; um aprisionamento em um estado primitivo, pré-cultural.

Mais uma vez, a conclusão é a mesma: o desejo dos sujeitos não ganha elaboração e não é enunciado. O sujeito, portanto, não é capaz de ser cidadão, logo não há democracia. E esta fica ainda mais prejudicada porque o empobrecimento das relações entre os sujeitos acarretada pela destruição da linguagem produz ainda o efeito de os cidadãos não compreenderem o que o próprio Estado representa, a forma como ele interfere na vida dessas mesmas pessoas e qual o significado e o resultado de suas políticas. O solapamento da comunicação torna as pessoas, por assim dizer, como mudas, por serem incapazes de comunicar seus desejos. Mas também as faz surdas.

A referência de Janine Ribeiro, supracitada, é à miséria material; mas, vê-se, bem vale para a miséria intelectual e afetiva.

Além da Novafala, outro método que sufoca o desejo dos habitantes da Pista de Pouso Um é o da vigilância constante de um ente castrador – a comparação do Grande Irmão com o supereu é óbvia. Essa vigilância é exercida, emblematicamente, pela teletela, os onipresentes olhos e ouvidos do regime autoritário. Não é por acaso que Freud, comentando a relutância de Elizabeth em reconhecer sua paixão proibida, afirma que ela reprimia essa paixão com "toda a força de seu ser moral" (Freud, S. & Breuer, J., 2001). Apesar de àquela época ainda não existir, na teoria freudiana, o supereu, a censura que seria posteriormente atribuída a ele já tinha força no psiquismo, associada a um código moral, portanto social. No romance de Orwell, o código "moral" em vigor é constantemente fiscalizado pelo Estado, não dando chance aos cidadãos de refletirem sobre ele. O "ser moral" de Elizabeth, ou a introjeção do código de conduta de sua comunidade, corresponde, em boa parte dos casos, a uma força exterior, instaurada no aparato de vigilância com o qual todos convivem. Tanto que Winston tenta fugir dele, sem sucesso, procurando uma outra casa para viver. Em outros casos, esse código de conduta perverso já está interiorizado, como ocorre com os filhos de um casal vizinho de Winston, os Parsons, cuja agressividade e apreço pelo regime Winston tem o dissabor de testemunhar no início da história. Em um dia em que nosso herói é chamado pela sra. Parsons para ajudar a resolver um entupimento de cano, os dois filhos dela o cercam, munidos de armas de brinquedo, acusando-o de traidor e de "criminoso do pensamento" – acusação, a propósito, que cabe muito bem a um supereu sádico proferir. Mas, caso ainda haja dúvidas sobre o sadismo dos rebentos Parsons, o trecho seguinte de uma conversa entre a mãe e seus filhos, ocorrida no momento em que Winston tentava sair da casa deles, acabará com elas:

> *"Eles fazem tanta algazarra", disse ela. "Estão desapontados porque não puderam ver o enforcamento. Estou*

> *ocupada demais para levá-los e o Tom não vai chegar a tempo do trabalho". "Por que a gente não pode ir ver o enforcamento?", rugiu o garoto com seu vozeirão . . . Alguns prisioneiros eurasianos, praticantes de crimes de guerra, seriam enforcados no Parque naquela noite, lembrou-se Winston. Isso acontecia aproximadamente uma vez por mês, e era um espetáculo muito popular. As crianças faziam questão de que os pais as levassem para assistir". (Orwell, 2020, p. 60)*[11]

Seguindo no cotejamento entre os anos Bolsonaro e *1984*, é fácil verificar a assustadora plausibilidade das comparações feitas até aqui. Talvez seja um pouco mais difícil, porém, incluir com propriedade a vigilância opressora – e repressora – nela.

Ou não.

Não podemos nos esquecer do projeto bolsonarista de armar os cidadãos, para que eles "não deixassem de ser livres". Vou me abster de comentar a falácia nazifascista que associa diretamente liberdade à facilitação do assassínio, mas não vou deixar de ressaltar um dos motivos reais desse projeto, que era o de dar poder de coerção a quem estivesse a favor do regime neofascista de Bolsonaro. Os estragos da política implantada para tornar realidade essa ideia perversa foram grandes, mas o desastre poderia ter sido maior, como vimos no dia 8 de janeiro de 2023.

A teletela de Bolsonaro teria, então, um braço armado. E teve outro, muito mais abrangente e eficiente. No entanto, ele não vigiava as pessoas, mas as induzia a viver em um mundo apartado da realidade. No texto orwelliano, seria como se o ministério em que trabalhava Winston utilizasse ativamente a teletela para "mostrar" aos cidadãos o que o regime queria que eles vissem. Estou me referindo às ditas

11 Este trecho do romance é obviamente uma referência à Juventude Hitlerista.

*fake news* – ou, em bom português, mentiras – espalhadas pelas redes sociais, por meio dos atores que serviam ao bolsonarismo.

> *Dia a dia e quase minuto a minuto o passado era atualizado. Desse modo era possível comprovar com evidências documentais que todas as previsões feitas pelo Partido haviam sido acertadas; sendo que, simultaneamente, todo vestígio de notícia ou manifestação conflitante com as necessidades do momento eram eliminados. A história não passava de um palimpsesto, raspado e reescrito tantas vezes quantas fosse necessário. (Orwell, 2020, p. 79)*

O trabalho que Winston e seus colegas executavam trata da adulteração do passado, para que este se adeque ao presente desejado pelo Grande Irmão. Hoje, com a altíssima velocidade com que são produzidas e postas a circular as informações – e desinformações –, é possível, e mais interessante, alterar as percepções do presente; a deturpação das narrativas, que em *1984* necessariamente passava pela fabricação de um passado inverídico, atualmente é imediata. Não é mais preciso arquitetar um "novo passado" para mudar o presente.

A psicanálise enxerga a percepção do presente, sabemos, como intrinsecamente ligada às vivências do passado. E é o movimento de revisitar o passado que permite acessar as angústias que o sujeito vive no presente. Nada mais antipsicanalítico, portanto, do que um esforço de apagamento e reconstrução do passado. De uma política assim, nada se pode esperar além da manutenção e até do recrudescimento das angústias das pessoas.

Percebemos então como, no universo imaginado por George Orwell, tudo vai se encaixando para promover uma dessubjetivação dos cidadãos. Tudo – Novafala, teletela, *minutos de ódio*, falsificação da história – compõe um ambiente que sufoca os desejos e exacerba as angústias. Um mundo de pessoas adoecidas que passa pela destruição da democracia e que promove essa destruição.

Nessas minhas palavras está uma das infinitas redes de interpretações possíveis para o romance de Orwell, construída fazendo uso de alguns poucos elementos da vasta gama que o autor usou para compor sua obra e fazer dela um clássico da literatura. Clássico, a propósito, como nos ensinou Ítalo Calvino (2001), é toda obra "que persiste como rumor mesmo onde predomina a atualidade mais incompatível" (p. 15). Nessa definição, parece-me, o italiano reconhece o registro, nas histórias clássicas, do vaticínio de uma repetição a que nós, humanos, estamos condenados. Em um eterno retorno do mesmo, ou em uma compulsão à repetição, ficamos a rodar em círculos no percurso da história, reservando nossa inventividade mais para o exercício da técnica do que para o desenvolvimento de uma boa convivência com o outro. *1984* carrega, não há dúvida, a marca do pessimismo de uma obra parida no caldo do autoritarismo, da violência e das angústias da Segunda Guerra. Não obstante – e a esse ponto Calvino chama nossa atenção –, sua sombra ainda nos acompanha, a nós, seres do século XXI, tão confiantes que somos, de que a calma que experimentávamos havia pouco era o modo justo e perene de ser do mundo e das nossas relações. Mas é, creio, um traço narcísico comum que atravessa as épocas achar-se no domínio dos tempos.

A nós, então, um feliz 1983!

Encerro agradecendo aos membros do grupo de estudos que coordeno no Departamento de Formação em Psicanálise, do Instituto Sedes Sapientiae. A Daniela Pacheco, a Maria Cláudia Julien e a Thiago Esperandio, com quem no ano passado pude discutir o romance de Orwell, meu muito obrigado pelas contribuições que deram com o desenvolvimento de várias das ideias que coloquei aqui. Espero que o texto tenha saído à altura de seu interesse e cuidado.

## *Referências*

Calvino, I. (2001). *Por que ler os clássicos*. Companhia das Letras.

Fédida, P. (1988). *Clínica psicanalítica: estudos*. Escuta.

Freud, S., & Breuer, J. (2001). Studies on hysteria. In *The standard edition of the complete psychological works of Sigmund Freud* (Vol.2). Vintage.

Linskey, D. (2012). *O ministério da verdade: uma biografia de 1984, o romance de George Orwell*. Companhia das Letras.

Minerbo, M. (2016). *Diálogos sobre a clínica psicanalítica*. Blucher.

Orwell, G. (2020). *1984*. Companhia das Letras.

Orwell, G. (2022). Política e a língua inglesa. In Orwell, G. *Por que escrevo*. Companhia das Letras.

Oz, A. (2017). Caro fanático. In A. Oz, *Mais de uma luz: uma resposta aos fanáticos*. Companhia das Letras.

Ribeiro, R. J. (2013). *A Democracia – Folha explica*. Publifolha.

Ribeiro, R. J. (2017). A inveja do tênis. In R. J. Ribeiro, *A boa política: ensaios sobre a democracia na era da internet*. Companhia das Letras.

**GRÁFICA PAYM**
Tel. [11] 4392-3344
paym@graficapaym.com.br